2011～2012(全新版)

证券从业资格考试同步预测真题系列

证券投资基金

考前冲刺同步预测试卷

【赠送】2008～2011 历年真题

证券从业资格考试命题研究组　编

中国言实出版社

图书在版编目(CIP)数据

证券投资基金/证券从业资格考试命题研究组编.
—北京:中国言实出版社,2011.9
ISBN 978-7-80250-584-1

Ⅰ.①证…
Ⅱ.①证…
Ⅲ.①证券投资—基金—资格考试—习题集
Ⅳ.①F830.91-44

中国版本图书馆 CIP 数据核字(2011)第 174803 号

出版发行 中国言实出版社
地 址:北京市朝阳区北苑路 180 号加利大厦 5 号楼 105 室
邮 编:100101
电 话:64924716(发行部) 64924735(邮 购)
64924880(总编室) 64963107(一编部)
网 址:www.zgyscbs.cn
E-mail:zgyscbs@263.net
经 销 新华书店
印 刷 华强印刷厂
版 次 2011 年 9 月第 1 版 2011 年 9 月第 1 次印刷
规 格 787×960 毫米 1/16 21.5 印张
字 数 280 千字
定 价 32.00 元 ISBN 978-7-80250-584-1/F·365

前 言

随着我国证券业的不断发展，证券从业资格证成为人们青睐的资格证之一。为迎接2011年从业资格的考试，帮助广大考生在有限的时间内有效地掌握其中的重点与难点内容，迅速提高应试技巧，我们精心地编写了这本证券从业考试考前冲刺模拟预测试题集。

本书内容涵盖面广，着力在巩固基础知识之上提高做题能力，并突出了重点和难点部分。对各章的主要内容，均设计了单项选择题，不定项选择题和判断题三种题型，充分与证券资格考试的题型相挂钩，旨在帮助广大的考生加深对考试题型的理解和掌握，并在较短的时间内把握教材的主要内容和考试的出题方向。

本书还包含4套历年的真题，具有较强的代表性和测试价值。希望广大考生能够在规定的时间进行自测，以便检测学习效果和自己所掌握的知识。

本书注意博采众家之长，参考了多本同类书籍，吸取了不少精华，在此向这些书籍的编者表示感谢！尽管对此书进行了精心的编写和认真的校对，但书中出现一些遗漏和错误在所难免，恳请广大读者予以谅解并提出宝贵意见，以便进行更正和改进。为了及时有效的和考生进行沟通和交流，我们还特设咨询邮箱（xinkaodian@163.com），我们期待你的热情参与，认真对待回复每一封邮件。

最后，真心希望本书能够助广大考生一臂之力，并预祝广大考生考试顺利！

编者

2011年8月

目　录

考前冲刺同步预测试卷(一)

一、单项选择题(以下各小题所给出的4个选项中,只有1项最符合题目要求,请将正确选项的代码填入括号内)

1. 证券投资基金是一种实行组合投资、专业管理、利益共享、风险共担的(　　)投资方式。

A. 联合　　B. 集资

C. 集合　　D. 合作

2. 证券投资基金在英国和香港特别行政区被称为(　　)。

A. 共同基金　　B. 单位信托基金

C. 集合投资基金　　D. 证券投资信托基金

3. 基金合同和(　　)是基金设立的两个重要法律文件。

A. 招募说明　　B. 基金成立公告

C. 基金份额上市交易公告书　　D. 风险说明书

4. 基金当事人即基金合同的当事人,是指基金的(　　)。

A. 受益人、管理人和份额持有人

B. 托管人、发起人和份额持有人

C. 管理人、托管人和份额持有人

D. 发起人、管理人和份额持有人

5. 证券投资基金反映的是信托关系,是一种(　　)。

A. 信用凭证　　B. 产权凭证

C. 受益凭证　　D. 债务凭证

6. 以下(　　)不是契约型基金与公司型基金的主要区别。

A. 法律主体资格　　B. 投资者地位

C. 营运依据　　D. 基金规模

7. 以下对于封闭式基金与开放式基金区别的叙述，不正确的是（　　）。

A. 期限不同　　B. 基金份额面值不同

C. 份额限制不同　　D. 价格形成方式不同

8. 开放式基金的价格是以（　　）为基础计算的。

A. 基金份额净值　　B. 市场供求关系

C. 市盈率　　D. 购买股票的占比

9. 以下说法不正确的是（　　）。

A. 封闭式基金没有规模限制

B. 开放式基金规模不固定

C. 封闭式基金的基金份额在证券交易所上市交易

D. 开放式基金的基金份额可以在证券交易所上市交易

10. 基金托管人承担着基金资产保管、（　　）、会计复核以及对基金投资运作的监督等职责。

A. 基金信息披露　　B. 基金估值

C. 基金资金清算　　D. 基金会计复核

11. 依据（　　）不同，可将基金市场的参与主体分为基金当事人、基金市场服务机构、监管自律机构三大类。

A. 服务方式　　B. 参与方式

C. 设立条件　　D. 所承担的职责与作用

12. 我国目前只能由依法设立的（　　）担任基金管理人。

A. 基金投资者　　B. 基金发起人

C. 基金管理公司　　D. 基金托管银行

13. （　　）是负责基金登记、存管、清算和交收业务的机构。

A. 证券交易所　　B. 基金管理公司

C. 基金注册登记机构　　D. 基金托管银行

14. 世界上第一个开放式基金是 1924 年 3 月 21 日诞生于美国的（　　）

A. 海外及殖民地政府信托基金　B. 马萨诸塞投资信托基金

C. 苏格兰美国投资信托　D. 外国和殖民地政府信托

15. 上海证券交易所和深圳证券交易所的开业时间分别为(　　)。

A. 1990 年 12 月　1991 年 7 月　B. 1991 年 12 月　1990 年 12 月

C. 1990 年 7 月　1991 年 12 月　D. 1991 年 7 月　1990 年 12 月

16. 中国境内第一家较为规范的投资基金(　　)于 1992 年 11 月经中国人民银行总行批准正式设立。

A. 淄博乡镇企业基金　B. 富岛基金

C. 武汉证券投资基金　D. 深圳南山投资基金

17. 基金通常会购买几十种甚至上百种股票,投资者购买基金就相当于用很少的资金购买了一篮子股票。这体现了证券投资基金的(　　)特点。

A. 集合理财　B. 组合投资

C. 利益共享　D. 保障安全

18. 下列不属于全球基金业发展的趋势和特点的是(　　)。

A. 美国占据主导地位,其他的国家和地区发展迅猛

B. 封闭式基金成为证券投资基金的主流产品

C. 基金市场竞争加剧,行业集中趋势突出

D. 基金资产的资金来源发生了重大的变化

19. 为加强对基金的监管,美国于 1940 年出台的(　　)和《投资顾问法》不但对美国基金业的发展具有基石作用,也对基金在全球的普及性发展影响深远。

A.《证券法》　B.《投资公司法》

C.《股份有限公司法》　D.《证券投资基金法》

20. 2001 年 9 月,我国第一只开放式基金(　　)诞生,使我国基金业发展实现了从封闭式基金到开放式基金的历史性跨越。

A. 基金开元　B. 招商安泰

C. 基金金泰　D. 华安创新

21. 1997 年 11 月 14 日颁布的(　　)是我国首次颁布的规范证

券投资基金的行政法规，为我国基金业的规范发展奠定了规制基础。

A.《证券投资基金管理暂行办法》

B.《中华人民共和国证券投资基金法》

C.《开放式证券投资基金试点办法》

D.《中华人民共和国证券法》

22. 1998 年 3 月 27 日，经中国证监会批准，新成立的（　　）和国泰基金管理公司分别发起设立了两只规模均为 20 亿的封闭式基金——基金开元和基金金泰，由此拉开了中国证券投资基金试点的序幕。

A. 南方基金管理公司　　B. 华夏基金管理公司

C. 大成基金管理公司　　D. 嘉实基金管理公司

23. 在基金运作中具有核心作用的是（　　）。

A. 基金托管人　　B. 基金管理人

C. 基金监管机构　　D. 基金服务机构

24.（　　）既是基金当事人又是基金市场服务机构。

A. 基金销售公司　　B. 基金管理公司

C. 基金托管公司　　D. 基金评级机构

25. 以下不属于基金管理人职责的是（　　）。

A. 基金产品的设计　　B. 基金份额的销售

C. 基金资金清算　　D. 基金的注册登记

26. 目前，在我国承担基金份额注册登记工作的主要是基金管理公司自身和（　　）。

A. 基金托管公司

B. 中国证券登记结算有限责任公司

C. 基金投资咨询公司

D. 基金评级机构

27. 以下不属于基金与股票、债券差异的是（　　）。

A. 反映的经济关系不同　　B. 所筹资金的投向不同

C. 信息披露程度不同　　D. 投资收益与风险大小不同

28. 以下金融工具按风险由大到小排列正确的是(　　)。

A. 股票　基金　银行储蓄存款

B. 基金　银行储蓄存款　债券

C. 银行储蓄存款　基金　股票

D. 债券　银行储蓄存款　基金

29. 在我国,契约型基金依据________与________之间所签署的基金合同设立。(　　)

A. 基金托管人　基金管理人　　B. 基金管理人　基金投资者

C. 基金投资者　基金托管人　　D. 基金管理人　中国证监会

30. (　　)是依据基金合同设立的一类基金。

A. 私募基金　　B. 契约型基金

C. 公司型基金　　D. 开放式基金

31. 依据(　　)的不同,可分为封闭式基金和开放式基金。

A. 法律形式　　B. 运作方式

C. 投资理念　　D. 投资目标

32. (　　)是向投资者以及其他市场参与主体提供基金评级业务、基金资料与数据服务的机构。

A. 证券交易所　　B. 基金投资咨询机构

C. 基金评级机构　　D. 基金管理人

33. 经证监会授权,(　　)对基金的投资交易行为承担着重要的一线监控职责。

A. 基金监管机构　　B. 证券交易所

C. 基金托管人　　D. 基金销售机构

34. (　　)向基金管理人提供了更好的激励约束机制。

A. 封闭式基金　　B. 开放式基金

C. 契约型基金　　D. 公司型基金

35. 在日本和中国台湾地区,证券投资基金被称为(　　)。

A. 共同基金　　B. 单位信托基金

C. 集合投资计划　　　　　　　　D. 证券投资信托基金

36. ________依据基金合同营运基金，________依据基金公司章程营运基金。(　　)

A. 公司型基金　契约型基金　　　B. 契约性基金　开放式基金

C. 契约型基金　公司型基金　　　D. 封闭式基金　公司型基金

37. 早期的基金基本上是(　　)。

A. 开放式基金　　　　　　　　　B. 契约型基金

C. 封闭式基金　　　　　　　　　D. 公司型基金

38. 以下国家不属于全球十大基金市场的是(　　)。

A. 法国　　　　　　　　　　　　B. 澳大利亚

C. 巴西　　　　　　　　　　　　D. 印度

39. 中国境内第一家较为规范的投资基金——淄博基金，于 1992 年 11 月经中国人民银行总行批准正式设立，该基金为(　)。

A. 契约型封闭式基金　　　　　　B. 公司型开放式基金

C. 公司型封闭式基金　　　　　　D. 契约型开放式基金

40. ________年开始实施的《证券投资基金法》，为我国基金业的发展奠定了重要的法律基础，标志着我国基金业的发展进入了一个新的发展阶段。(　　)

A. 2003 年 6 月 1 日　　　　　　B. 2004 年 6 月 1 日

C. 2003 年 12 月 1 日　　　　　D. 2004 年 12 月 1 日

41. 2006 年 5 月推出的国内首只生命周期基金是(　　)。

A. 国投瑞银瑞福基金　　　　　　B. 兴业社会责任基金

C. 汇丰晋信 2016 基金　　　　　D. 南方避险增值基金

42. 自《证券投资基金法》实施以来，我国基金业在发展上出现的新变化不包括(　　)。

A. 基金业监管的法律体系日益完善

B. 基金品种日益丰富，开放式基金取代封闭式基金成为市场发展的主流

C. 开放式基金的发展为基金产品的创新开辟了新的天地

D. 基金行业对外开放程度不断提高

43. 我国开放式基金的资产规模首次超过封闭式基金的资产规模是在(　　)。

A. 2003 年　　B. 2005 年

C. 2004 年　　D. 2001 年

44. 基金与银行储蓄存款的差异不包括(　　)。

A. 性质不同　　B. 收益与风险特征不同

C. 所筹资金投向不同　　D. 信息披露程度不同

45. 合格境内机构投资者(QDII)的推出体现了(　　)。

A. 基金公司业务开始走向多元化

B. 基金行业对外开放程度不断提高

C. 基金业市场营销和服务创新日益提高

D. 基金品种日益丰富

46. 开放式基金买卖价格主要受(　　)的影响。

A. 市场利率　　B. 二级市场供求关系

C. 上市公司质量　　D. 基金资产净值

47. 以下基金品种不属于我国基金业快速发展阶段的是(　　)。

A. 华夏上证 50ETF　　B. 国投瑞银瑞福基金

C. 华安现金富利基金　　D. 兴业社会责任基金

48. 以下关于封闭式基金与开放式基金叙述不正确的是(　　)。

A. 两者的存续期限不同

B. 封闭式基金的基金份额是固定的,开放式基金规模不固定

C. 封闭式基金的交易价格以基金份额净值为基础;开放式基金的交易价格主要受二级市场供求关系的影响

D. 与封闭式基金相比,一般开放式基金向基金管理人提供了更好的激励约束机制

49 .(　　)份额不固定,投资者可以按照基金管理人确定的时间和地

点向基金管理人或其销售代理人提出申购，赎回申请，交易在投资者和基金管理人之间完成。

A. 开放式基金　　B. 契约型基金

C. 封闭式基金　　D. 公司型基金

50. 我国封闭式基金的存续期限大多在（　　）左右。

A. 5 年　　B. 10 年

C. 15 年　　D. 20 年

二、不定项选择题（以下各小题所给出的 4 个选项中，至少有 1 项以上符合题目要求，请将符合题目要求选项的代码填入括号内）

1. 证券投资基金是一种实行________、________、________、________的集合投资方式。（　　）

A. 组合投资　　B. 专业管理

C. 利益共享　　D. 风险共担

2. 基金运作中的主要当事人有________、________、________。（　　）

A. 基金管理人　　B. 基金托管人

C. 基金销售机构　　D. 基金投资者

3. 招募说明书中的内容包括（　　）。

A. 基金的投资目标与理念　　B. 投资范围与对象

C. 投资策略与限制　　D. 基金的发售与买卖

4. 证券投资基金的特点包括（　　）。

A. 集合理财、专业管理　　B. 组合投资、分散风险

C. 利益共享、风险共担　　D. 统一托管、保障安全

5. 以下属于基金与股票、债券差异的有（　　）。

A. 反映的经济关系不同　　B. 所筹资金投向不同

C. 信息披露程度不同　　D. 投资收益与风险大小不同

6. 基金运作活动从基金管理人角度看,可以分为(　　)三大部分。

A. 基金的市场营销　　B. 基金资产的托管

C. 基金的投资管理　　D. 基金的后台管理

7. 以下属于基金的参与主体的有(　　)。

A. 基金当事人　　B. 基金市场服务机构

C. 基金监管机构　　D. 自律组织

8. 以下属于基金当事人的权利有(　　)。

A. 分享基金财产收益

B. 依法转让或申请赎回其持有的基金份额

C. 参与基金产品的设计

D. 查阅或者复制公开披露的基金信息资料

9. 基金管理人的职能有(　　)。

A. 基金资金清算　　B. 基金产品的设计

C. 基金份额的注册与注册登记　　D. 基金资产的管理

10. 基金托管人的职责主要体现在(　　)。

A. 基金资产保管　　B. 基金资金清算

C. 会计复核　　D. 对基金投资运作的监督

11. 以下属于基金市场服务机构的有(　　)。

A. 基金销售机构　　B. 证券监督委员会

C. 基金管理人　　D. 证券交易所

12. 目前,(　　)可以向中国证监会申请基金代销业务资格,从事基金的代销业务。

A. 商业银行　　B. 证券公司

C. 专业基金销售机构　　D. 证券投资咨询机构

13. 基金注册机构是指负责基金(　　)的机构。

A. 登记　　B. 存管

C. 清算　　D. 交收业务

14. 证券投资基金 通过独立托管保障基金财产安全的机制具体是指

(　　)。

A. 基金管理人不参与基金财产的保管

B. 独立于基金管理人的基金托管人负责保管基金财产

C. 托管人对管理人的资产运作情况进行监督

D. 基金资产与基金管理人的资产都有托管人保管

15. 以下那些业务属于基金管理公司可以开展的业务(　　)。

A. 公募基金管理　　B. QDII 基金管理

C. 社保基金管理　　D. 特定客户资产管理

16. 封闭式基金的交易价格主要受(　　)的影响。

A. 市场利率　　B. 上市公司质量

C. 二级市场供求关系　　D. 基金资产净值

17. 契约型基金依据(　　)之间所签署的基金合同设立。

A. 基金管理人　　B. 基金监管部门

C. 基金托管人　　D. 基金份额持有人

18. (　　)是基金设立的两个重要法律文件。

A. 风险揭示书　　B. 基金宣传册

C. 基金合同　　D. 基金招募说明书

19. 商业银行等中国证监会规定的机构可以向(　　)申请基金代销业务资格,从事基金的代销业务。

A. 证券投资咨询机构　　B. 中国证监会

C. 证券交易所　　D. 专业基金销售机构

20. 按照基金的法律形式,证券投资基金可以分为(　　)。

A. 开放式基金　　B. 公司型基金

C. 契约型基金　　D. 封闭式基金

21. 基金的市场营销主要包括(　　)。

A. 基金份额的募集　　B. 基金资产的估值

C. 客户服务　　D. 基金份额的注册登记

22. 注册登记机构的具体业务包括(　　)。

A. 投资者基金账户管理　　　　B. 基金份额注册登记、清算

C. 基金交易确认　　　　　　　D. 红利发放

23. 目前,在我国承担基金份额注册登记工作的主要是(　　)。

A. 证券公司

B. 基金销售机构

C. 基金管理公司

D. 中国证券登记结算有限责任公司

24. 契约型基金与公司型基金的区别有(　　)。

A. 基金规模不同　　　　　　B. 法律主体资格不同

C. 投资者地位不同　　　　　D. 基金营运依据不同

25. 封闭式基金与开放式基金的主要区别有(　　)。

A. 份额限制不同　　　　　　B. 交易场所不同

C. 价格形成方式不同　　　　D. 投资策略不同

26. 以下关于封闭式基金与开放式基金说法正确的有(　　)。

A. 封闭式基金一般有一个固定的存续期,而开放式基金一般是无期限的

B. 封闭式基金的份额是固定的,开放式基金规模不固定

C. 开放式基金的交易是在投资者之间完成的,而封闭式基金的交易是在投资者和基金管理人之间完成的

D. 开放式基金的交易价格主要受二级市场供求关系的影响,封闭式基金的买卖价格以基金份额净值为基础

27. 以下属于全球十大基金市场的有(　　)。

A. 美国　　　　　　　　　　B. 英国

C. 爱尔兰　　　　　　　　　D. 中国

28. 美国 1940 年出台的(　　)不但对美国基金业的发展具有基石性作用,也对基金在全球的普及性发展影响深远。

A.《投资公司法》　　　　　　B.《投资顾问法》

C.《证券投资基金法》　　　　D.《证券法》

29. 全球基金业发展的趋势与特点有(　　)。

A. 美国占据主导地位,其他的国家和地区发展迅猛

B. 开放式基金成为证券投资基金的主流产品

C. 基金市场竞争加剧,行业集中趋势突出

D. 基金资产的资金来源发生了重大的变化

30. 自《证券投资基金法》实施以来,我国基金业在发展上出现的新变化有(　　)。

A. 基金业监管的法律体系日益完善

B. 基金品种日益丰富,开放式基金取代封闭式基金成为市场发展的主流

C. 基金公司的业务开始走向多元化

D. 基金行业对外开放程度不断提高

31. 以下哪些业务的出现体现了基金业务开始走向多元化(　　)。

A. 社保基金管理　　B. 企业年金管理

C. QDII 基金管理　　D. 募集公募基金

32. 基金行业对外开放程度不断提高,主要体现在(　　)。

A. 基金业市场营销和服务创新日益活跃

B. 合资基金管理公司数量不断增加

C. 合格境内投资者的推出

D. 机构投资者的队伍迅速壮大

33. 基金业在金融体系中的作用包括(　　)。

A. 为中小投资者扩宽了投资渠道

B. 优化金融结构,促进经济增长

C. 促进证券市场的稳定健康发展

D. 完善金融体系和社会保障体系

34. 以下选项中体现了证券投资基金集合理财、专业管理的特点(　　)。

A. 基金将众多投资者的资金集中起来,委托基金管理人进行共同

投资

B. 基金管理人拥有大量的专业投资研究人员和强大的信息网

C. 某些股票价格下跌造成的损失可以用其他股票上涨产生的盈余来弥补

D. 基金通常会购买几十种甚至上百种股票

35. 在我国,基金管理人由依法设立的(　　)担任。

A. 证券公司　　B. 商业银行

C. 基金管理公司　　D. 基金评级公司

36. 以下关于开放式基金说法正确的是(　　)。

A. 开放式基金的基金份额不固定

B. 开放式基金一般是无期限的

C. 开放式基金的买卖价格以基金份额净值为基础,不受市场供求的影响

D. 开放式基金向基金管理人提供了更好的激励约束机制

37. 在我国基金业快速发展阶段具有代表性的基金创新品种有(　　)。

A. 华安创新　　B. 南方避险增值基金

C. 兴业社会责任基金　　D. 国投瑞银瑞福基金

38. 在试点发展阶段,监管部门出台的激励基金业发展的措施有(　　)。

A. 向基金进行新股配售

B. 推出封闭式基金试点

C. 允许保险公司通过购买基金间接进行股票投资

D. 对老基金进行全面的规范清理

39. 基金的投资管理体现了基金管理人的服务价值,而包括(　　)等后台管理服务则对保障基金安全运作起着重要的作用。

A. 基金份额的注册登记　　B. 基金资产的估值

C. 会计核算　　D. 信息披露

40. 我国基金业的发展可以分为三个历史阶段,分别是(　　)。

A. 20 世纪 70 年代以前的零星发展阶段

B. 20 世纪 80 年代末至 1997 年 11 月 14 日《证券投资基金管理暂行办法》颁布之前的早期探索阶段

C.《证券投资基金管理暂行办法》颁布以后至 2004 年 6 月 1 日《证券投资基金法》实施前的试点发展阶段

D.《证券投资基金法》实施以来的快速发展阶段

三、判断题(判断以下各小题的对错,正确的打"√",错误的打"×")

1. 证券投资基金是一种实行组合投资、专业管理、利益共享、风险共担的联合投资方式。 ( )

2. 与股票、证券相同,证券投资基金是一种直接投资工具。 ( )

3. 根据组织形式的不同,基金可以分为契约型基金与公司型基金。 ( )

4. 基金在欧洲一些国家被称为单位信托基金。 ( )

5. 基金将众多投资者的资金集中起来,委托基金管理人进行共同投资,表现出一种集合理财的特点。 ( )

6. 为基金提供服务的基金托管人和基金管理人与基金投资者一同参与基金收益的分配。 ( )

7. 基金反映的是一种信托关系,因此是一种信用凭证。 ( )

8. 基金作为一种投资工具,所筹资金主要投向实业领域。 ( )

9. 基金的运作活动从基金管理人的角度,可以分为基金的市场营销、基金的投资管理与基金的后台管理三大部分。 ( )

10. 我国的证券投资基金依据基金合同设立。 ( )

11. 在我国,基金托管人主要由取得基金托管资格的证券公司和商业银行担任。 ( )

12. 基金份额持有人即基金投资者,是基金的出资人、基金资产的所有者和基金投资回报的收益人。 ( )

13. 基金管理人最主要的职责就是按照基金合同的约定,负责基金资产的投资运营,在有效控制风险的基础上为基金投资者争取最大的投资收益。( )

14. 基金销售机构是受证监会委托从事基金代理销售的机构。( )

15. 在我国,只有证监会认定的机构才能从事基金的代理销售。( )

16. 与开放式基金相比,封闭式基金向基金管理人提供了更好的激励约束机制。( )

17. 契约型基金与公司型基金都具有法人资格。( )

18. 契约型基金依据基金合同营运基金,公司型基金依据基金公司章程营运基金。( )

19. 公司型基金与契约型基金的区别主要表现在运作方式的不同,并无优劣之分。( )

20. 日本和中国台湾将证券投资基金称为单位信托基金,英国和中国香港特别行政区称为证券投资信托基金。( )

21. 基金托管人负责基金的投资操作,基金财产的保管由独立于基金托管人的基金管理人负责。这种相互制约、相互监督的制衡机制对投资者的利益提供了重要保护。( )

22. 封闭式基金的价格主要受基金份额净值的影响,开放式基金的价格主要取决于市场供求关系的大小。( )

23. 在我国,基金托管人承担基金份额的销售与注册登记工作。( )

24. 开放式基金是指基金份额不固定,基金份额可以在基金合同约定的时间和场所进行申购或者赎回的一种基金运作方式。( )

25. 在我国,封闭式基金的存续期限一般为10—15年,在此期间内已发行的基金份额只能转让,不能被赎回。( )

26. "淄博乡镇企业投资基金"经中国人民银行总行批准后,于1993年8

月在上海证券交易所最早挂牌上市。（ ）

27. 我国在基金业试点发展阶段成功推出了开放式基金。（ ）

28. 20 世纪 80 年代以来，开放式基金的数量和规模增加的幅度最大，目前已经成为证券投资基金中的主流产品。（ ）

29. 证券投资基金作为社会化的理财工具，起源于美国。（ ）

30. 商业银行必须向中国证券业协会申请基金代销业务资格，才能从事基金的代销业务。（ ）

31. 1971 年货币市场基金的推出为美国基金业的发展注入了新的活力，基金开始受到越来越多的投资者的青睐。（ ）

32. 1987 年中国新技术创业投资公司与汇丰集团、渣打集团在中国香港联合设立了中国置业基金，这标志着中资金融机构开始正式涉足投资基金业务。（ ）

33. 上海证券交易所和深圳证券交易所的开业，标志着中国证券市场的正式形成。（ ）

34. 2004 年底推出的国内首只交易型开放式指数基金是汇丰晋信 2016 基金。（ ）

35. 我国基金投资者的队伍迅速壮大，个人投资者取代机构投资者成为基金的主要持有者。（ ）

36. 2003 年我国开放式基金的数量首次超过了封闭式基金的数量，开放式基金取代封闭式基金成为市场发展的主流。（ ）

37. 以基金和股票为代表的直接融资工具能够有效分流储蓄资金，在一定程度上降低金融业的非系统性风险。（ ）

38. 公司型基金在形式上类似于一般股份公司，但不同于一般股份公司的是，它委托基金管理公司作为专业的财务顾问来经营与管理基金财产。（ ）

39. 封闭式基金的份额固定，即使基金表现好其扩展能力也受到较大的限制。（ ）

40. 在我国，契约型基金依据基金投资者和基金管理人之间所签署的基

金合同设立。 ( )

41. 我国的基金均为契约型基金,公司型基金则以美国的投资公司为代表。 ( )

42. 基金投资者尽管也可以通过持有人大会表达意见,但与契约型基金的股东大会相比,公司型基金持有人大会赋予基金持有者的权利相对较小。 ( )

43. 在基金的发展历史上,早期的基金基本上是封闭式基金。 ( )

44. 开放式基金的买卖价格受二级市场供求关系的影响。 ( )

45. 封闭式基金可能出现溢价交易现象,也可能出现折价交易现象。 ( )

46. 截至2008年年末,我国的基金管理公司已有61家,有5家基金管理公司的管理资产超过了1000亿元。 ( )

47. 公司型基金是依据基金合同而设立的一类基金。 ( )

48. 在我国,基金管理人只能由依法设立的基金管理公司担任。 ( )

49. 基金管理人只是受托管理投资者资金,并不承担投资损失的风险。 ( )

50. 基金管理公司除了募集,管理公募基金外,不得从事其他类型的资产管理业务。 ( )

参考答案

一、单项选择题

1. C	2. B	3. A	4. C	5. C
6. D	7. B	8. A	9. A	10. C
11. D	12. C	13. C	14. C	15. A
16. A	17. B	18. B	19. B	20. D
21. A	22. A	23. B	24. B	25. C
26. B	27. C	28. A	29. A	30. B

31. B	32. C	33. B	34. B	35. D
36. C	37. C	38. D	39. C	40. B
41. C	42. C	43. C	44. C	45. A
46. D	47. C	48. C	49. A	50. C

二、不定项选择题

1. ABCD	2. ABD	3. ABCD	4. ABC	5. ABD
6. ACD	7. ABCD	8. ABD	9. BCD	10. ABCD
11. AC	12. ABCD	13. ABCD	14. AB	15. ABCD
16. C	17. AC	18. CD	19. B	20. BC
21. AC	22. ABCD	23. CD	24. BCD	25. ABCD
26. AB	27. ABCD	28. A	29. ABCD	30. ABCD
31. ABC	32. BC	33. ABCD	34. AB	35. C
36. ABCD	37. CD	38. AC	39. ABCD	40. BCD

三、判断题

1. ×	2. ×	3. √	4. ×	5. √
6. ×	7. ×	8. ×	9. √	10. √
11. ×	12. √	13. √	14. ×	15. √
16. ×	17. ×	18. ×	19. ×	20. ×
21. ×	22. ×	23. ×	24. √	25. ×
26. √	27. √	28. √	29. ×	30. ×
31. √	32. √	33. √	34. ×	35. √
36. ×	37. √	38. √	39. √	40. ×
41. √	42. ×	43. √	44. ×	45. √
46. ×	47. ×	48. √	49. √	50. ×

考前冲刺同步预测试卷(二)

一、单项选择题(以下各小题所给出的4个选项中,只有1项最符合题目要求,请将正确选项的代码填入括号内)

1. 根据(　　)的不同,可以将基金分为封闭式基金和开放式基金。

A. 运作方式　　B. 法律形式

C. 投资对象　　D. 资金来源和用途

2. 美国的(　　)依据基金投资目标和投资策略的不同,将美国的基金分为33类。

A. 投资公司协会　　B. 美联储

C. 证券交易所　　D. 证券业协会

3. 2004年7月1日开始实施的(　　),首次将我国的基金类别分为股票基金、债券基金、货币市场基金、混合基金等基本类别。

A.《证券投资基金管理暂行办法》

B.《证券投资基金法》

C.《证券投资基金运作管理办法》

D.《证券投资基金托管管理办法》

4. 以下基金类型中,不是从基金的投资目标来划分的是(　　)。

A. 增长型基金　　B. 混合型基金

C. 平衡型基金　　D. 收入型基金

5. 根据中国证监会对基金类别的分类标准,基金资产(　　)以上投资于股票的为股票基金。

A. 80%　　B. 50%

C. 60%　　D. 70%

6. 根据(　　)的不同,可以将基金分为主动型与被动型基金。

A. 募集方式　　B. 投资对象

C. 投资目标　　D. 投资理念

7.(　　)的投资对象主要是那些大盘蓝筹股、公司债、政府债券等稳定收益的有价证券。

A. 成长型基金　　B. 主动型基金

C. 平衡型基金　　D. 收入型基金

8. 以下关于股票基金的说法正确的是(　　)。

A. 与其他类型基金相比,投资风险小,回报率高

B. 适合于投资于短期金融工具

C. 适合长期投资

D. 无法抗御通货膨胀

9.(　　)一般选取特定的指数作为跟踪的对象,因此通常又被称为指数型基金。

A. 主动型基金　　B. 增长型基金

C. 被动型基金　　D. 平衡型基金

10.(　　)结合了开放式基金与封闭式基金的运作特点。

A. 系列基金　　B. 保本基金

C. 交易型开放式指数基金　　D. 基金中的基金

11.(　　)是以追求稳定的经常性收入为根本目标的基金。

A. 增长型基金　　B. 收入型基金

C. 主动型基金　　D. 混合型基金

12. 关于私募基金与公募基金说法不正确的是(　　)

A. 公募基金的募集对象不固定

B. 私募基金只能采取非公开方式,面向特定投资者募集发售

C. 公募基金在运作上具有较大的灵活性,所受到的约束和限制也较少

D. 私募基金的投资风险较高

13.(　　)一般采用被动式投资策略跟踪某一标的市场指数,因此具有指数基金的特点。

A. 基金中的基金

B. 交易型开放式指数基金

C. 系列基金

D. 保本基金

14. 子基金之间可以进行相互转换的基金是(　　)。

A. 债券基金　　B. 股票基金

C. 货币市场基金　　D. 系列基金

15. 世界上第一只交易型开放式指数基金(ETF)是(　　)。

A. 标准普尔存托凭证(SPDRs)　　B. 上证 50ETF

C. 指数参与份额(TIPs)　　D. ETF 联接基金

16. 在本国募集资金并投资于本国证券市场的证券投资基金为(　　)。

A. 离岸基金　　B. 在岸基金

C. 国内股票基金　　D. 国外股票基金

17. 通常将市值小于(　　)亿元人民币的公司归为小盘股,将超过(　　)亿元人民币的公司归为大盘股。(　　)

A. 3　20　　B. 4　25

C. 5　20　　D. 6　25

18. 根据(　　)的不同,可以将股票分为价值型股票和成长型股票。

A. 股票规模　　B. 股票性质

C. 投资市场　　D. 所属行业

19. 以下不属于价值型股票基金的是(　　)。

A. 蓝筹股基金　　B. 收益型基金

C. 周期型股票基金　　D. 逆势型股票基金

20. 人们常常会依据基金所持有的全部股票市值的平均规模与(　　)的不同而将股票基金分为不同的投资风格的基金。

A. 市场的不同　　B. 性质的不同

C. 行业的不同　　D. 风险的不同

21. 以下不属于反映股票基金经营业绩的指标的是(　　)。

A. 基金分红　　B. 已实现收益

C. 平均市值　　D. 净值增长率

22. 在下列指标中,最能全面反映基金经营成果的是(　　)。

A. 净值增长率　　B. 贝塔值

C. 已实现收益　　　　　　　D. 基金分红

23. 以下不属于基金运作费用的是(　　)。

A. 基金管理费　　　　　　　B. 基金申购费

C. 基金托管费　　　　　　　D. 基于基金资产计提的营销服务费

24. 混合基金的风险(　　)债券基金,预期收益则要(　　)股票基金。

A. 低于　高于　　　　　　　B. 高于　低于

C. 低于　低于　　　　　　　D. 高于　高于

25. (　　)的申购是用一篮子股票换取其份额,赎回时则是换回一篮子股票而不是现金。

A. LOF　　　　　　　　　　B. ETF

C. ETE　联接基金　　　　　D. 基金中的基金

26. 在基金的风险分析指标中,(　　)将一个股票基金的净值增长率与某个市场指数联系起来,用以反映基金净值变动对市场指数变动的敏感程度。

A. 标准差　　　　　　　　　B. 持股集中度

C. 贝塔值　　　　　　　　　D. 行业投资集中度

27. 股票基金最大的特点是(　　)。

A. 投资风险小,回报率低　　B. 投资于短期金融工具

C. 适合长期投资　　　　　　D. 无法抵御通货膨胀

28. 偏股型混合基金中股票的配置比例一般为(　　)。

A. 50%～80%　　　　　　　B. 60%～70%

C. 50%～60%　　　　　　　D. 50%～70%

29. 关于保本基金,以下说法不正确的是(　　)。

A. 保本的性质在一定程度上限制了基金收益的上升空间

B. 其他条件相同,保本比例较低的基金投资于风险性资产的比例较低

C. 常见的保本比例介于80%～100%之间

D. 保本基金往往会对提前赎回基金的投资者收取较高的赎回费

30. 以下股票基金不属于成长型股票基金的是(　　)。

A. 持续成长型基金　　　　　B. 趋势增长型基金

C. 防御型股票基金　　D. 周期型股票基金

31. QDII 基金是指在一国(　　)设立，经该国有关部门批准从事(　　)证券市场的股票、债券等有价证券投资的基金。(　　)

A. 境内　境外　　B. 境内　境内

C. 境外　境内　　D. 境外　境外

32. (　　)是一类力图取得超越基准组合表现的基金。

A. 被动型基金　　B. 收入型基金

C. 主动型基金　　D. 成长型基金

33. 保本基金通常将大部分资金投资于(　　)。

A. 股票　　B. 与保本期一致的债券

C. 货币市场工具　　D. 衍生金融工具

34. 我国第一只 ETF 是成立于 2004 年年底的(　　)。

A. 南方积极配置基金　　B. 汇丰晋信 2016 基金

C. 国投瑞银瑞福基金　　D. 华夏上证 50ETF

35. 以下指标不能反映股票基金组合投资特点的是(　　)。

A. 平均市值　　B. 平均市盈率

C. 净值增长率　　D. 平均市净率

36. 以下不属于保本基金的分析指标的有(　　)。

A. 投资比例　　B. 保本期

C. 安全垫　　D. 赎回费

37. 以下不能反映股票基金风险大小的指标是(　　)。

A. 标准差　　B. 贝塔值

C. 平均市盈率　　D. 持股集中度

38. 反映股票基金操作策略的指标是(　　)。

A. 净值增长率　　B. 贝塔值

C. 周转率　　D. 费用率

39. 债券基金与债券的不同之处不包括(　　)。

A. 债券基金的收益不如债券的利息固定

B. 债券基金没有明确的到期日

C. 面临的系统风险不同

D. 债券基金的收益率更难以预测

40. 债券基金投资风格主要依据基金所持债券久期与债券的(　　)来划分。

A. 发行者　　　　B. 到期日

C. 信用等级　　　　D. 平均规模

41. 债券基金主要的投资风险不包括(　　)。

A. 利率风险　　　　B. 信用风险

C. 管理运作风险　　　　D. 通货膨胀风险

42. (　　)基金份额可以通过跨系统转托管(即跨系统转登记)实现在场外市场与场内市场的转换。

A. LOF　　　　B. 基金中的基金

C. ETF　　　　D. ETF　联接基金

43. 我国推出首批 QDII 基金是在(　　)年。

A. 2005　　　　B. 2006

C. 2007　　　　D. 2008

44. 交易型开放式指数基金(ETF)的主要特点不包括(　　)。

A. 被动操作的指数型基金

B. 独特的实物申购赎回机制

C. 实行一级市场与二级市场并存的交易制度

D. 在锁定下跌风险的同时力争有机会获得潜在的高回报

45. 根据中国证监会对基金类别的分类标准,基金资产(　　)以上投资于债券的为债券基金。

A. 80%　　　　B. 50%

C. 60%　　　　D. 70%

46. QDII 基金除应付赎回、交易清算等临时用途以外,可以借入现金,但临时用途借入现金的比例不得超过基金、集合计划资产净值的(　　)。

A. 5%　　　　B. 10%

C. 15%　　　　D. 20%

47. 作为被动型的指数基金,(　　)的投资目标不是超越指数的表现,而是希望取得与指数基本一致的收益。

A. 混合基金　　B. QDII 基金

C. LOF　　D. ETF

48. 用于分析 ETF 运作效率的指标不包括(　　)。

A. 折价率　　B. 周转率

C. 基金净值收益率　　D. 费用率

49. (　　)机制的存在将会迫使 ETF 二级市场的价格与份额净值趋于一致,使 ETF 既不会出现类似封闭式基金二级市场大幅折价交易、股票大幅溢价交易现象,也克服了开放式基金不能进行盘中交易的弱点。

A. 套期保值　　B. 实行申购、赎回

C. 套利　　D. 跨系统转登记

50. 以下关于 ETF 说法不正确的是(　　)。

A. 实物申购、赎回机制是 ETF 最大的特色

B. ETF 实行一级市场与二级市场并存的交易制度

C. ETF 可以有效地避免所跟踪的指数面临的系统性风险

D. ETF 本质上是一种指数基金

51. (　　)提供了一种"一站式"的资产配置投资方式。

A. 保本基金　　B. 混合基金

C. 基金中的二基金　　D. 系列基金

52. 我国货币市场基金不得投资于剩余期限高于(　　)的债券,投资组合的平均剩余期限不得超过(　　)。

A. 180 天　180 天　　B. 180 天　397 天

C. 397 天　360 天　　D. 397 天　180 天

53. 固定比例投资组合保险策略是一种通过比较投资组合(　　),从而动态调整投资组合中风险资产与保本资产的比例,以兼顾保本与增值目标的保本策略。

A. 现时市值与价值底线　　B. 现值与安全垫

C. 现时净值与价值底线　　D. 现时净值与价格底线

54. 以下不属于用以反映货币市场基金风险指标的是(　　)。

A. 投资组合平均剩余期限　　B. 融资比例

C. 信用等级　　D. 浮动利率债券投资情况

55. 债券基金所承担的利率风险将取决于所持有债券的(　　)。

A. 平均到期日　　B. 平均票面价值

C. 平均利率　　D. 久期

56. 债券的凸性是指(　　)是一种凸线型关系。

A. 债券价格与利率之间的正向关系

B. 债券票面利率与市场利率之间的反向关系

C. 债券面值与利率之间的反向关系

D. 债券价格与利率之间的反向关系

57. 根据中国证监会发布的《货币市场基金信息披露特别规定》,货币市场基金在计算和披露最近 7 年化收益率时,会由于(　　)的不同而有所不同。

A. 收益分配水平　　B. 收益分配规模

C. 收益分配频率　　D. 收益分配时间

58. 费用率的计算公式是(　　)。

A. 费用率=基金运作费用/基金平均净资产×100%

B. 费用率=基金运作费用/基金总资产×100%

C. 费用率=基金运作费用/基金税后净资产×100%

D. 费用率=基金运作费用/基金税前利润×100%

59. 在二级市场的净值报价上,ETF 每(　　)提供一个基金参考净值报价。

A. 10 秒　　B. 15 秒

C. 45 秒　　D. 1 分钟

60. 以下关于货币市场工具说法不正确的是(　　)。

A. 货币市场工具是指到期日不足一年的短期金融工具

B. 货币市场基金的投资门槛通常很高

C. 货币市场基金同样会面临利率风险,信用风险等

D. 货币市场基金不得投资于股票

二、不定项选择题(以下各小题所给出的 4 个选项中,至少有 1 项以上符合题目的要求,请将符合题目要求选项的代码填入括号内)

考前冲刺同步预测试卷(二)

1. 根据募集方式的不同,基金可分为(　　)等类别。

A. 主动型基金　　B. 公募基金

C. 被动型基金　　D. 私募基金

2. 依据投资目标的不同,可以将基金分为(　　)。

A. 增长型基金　　B. 主动型基金

C. 收入型基金　　D. 平衡型基金

3. 以下关于交易型开放式基金(ETF)说法不正确的是(　　)。

A. ETF 最早产生于美国

B. ETF 结合了封闭式基金与开放式基金的运作特点

C. ETF 具有指数基金的特点

D. ETF 用股票申购,赎回时换回的是股票不是现金

4. 以下属于价值型股票基金的是(　　)。

A. 蓝筹股基金　　B. 周期型股票基金

C. 收益型基金　　D. 逆势型股票基金

5. 成长型基金具有(　　)特点。

A. 以追求资本增值为基本目标

B. 较少考虑当期收入

C. 以大盘蓝筹股、公司债、政府债券等为投资对象

D. 主要以具有良好增长潜力的股票为投资对象

6. 以下风险属于系统性风险的有(　　)。

A. 政策风险　　B. 经济周期性波动风险

C. 利率风险　　D. 汇率风险

7. 人们常常根据基金所持有的(　　)而将股票基金分为不同投资风格的基金。

A. 全部股票市值的平均规模　　B. 投资场所的不同

C. 性质的不同　　D. 行业的不同

8. 债券基金的投资风格主要依据(　　)来划分。

A. 基金所持债券的久期　　B. 投资风险的不同

C. 债券到期日的不同　　D. 债券的信用等级

9. 债券基金与债券的不同之处有(　　)。

A. 债券基金的收益不如债券的利息固定

B. 债券基金没有确定的到期日

C. 债券基金的收益率更难以预测

D. 投资风险不同

10. 平衡型基金具有（　　）特点。

A. 既注重资本增值又注重当期收入

B. 兼具成长与收入双重目标

C. 风险、收益介于成长型基金与收入型基金之间

D. 以追求稳定的经常性收入为基本目标

11. 债券基金的主要投资风险包括（　　）。

A. 利率风险　　B. 信用风险

C. 提前赎回风险　　D. 通货膨胀风险

12. 关于货币市场基金说法正确的是（　　）。

A. 货币市场基金具有风险低、流动性好的特点

B. 货币市场基金不适合进行长期投资

C. 货币市场基金的投资门槛很高

D. 货币市场基金不得投资于股票

13. 收入型基金的特点有（　　）。

A. 较少考虑当期的收入

B. 主要以具有以大盘蓝筹股、公司债、政府债券等稳定收益证券为投资对象

C. 以追求稳定的经常性收入为基本目标

D. 与增长型基金的投资目标不同

14. 关于私募基金与公募基金的说法不正确的是（　　）。

A. 私募基金只能采取非公开方式面向特定的投资者发售

B. 公募基金可以面向公众发售

C. 私募基金具有较大的灵活性，所受到的约束和限制较少

D. 私募基金的投资风险一般要高于公募基金

15. 按投资市场分类，股票基金可以分为（　　）。

A. 国内股票基金　　B. 国外股票基金

C. 联合股票基金　　D. 全球股票基金

16. 国外股票基金可以分为(　　)。

A. 单一国家型股票基金　　B. 区域型股票基金

C. 洲际型股票基金　　D. 国际股票基金

17. 公募基金主要具有的特征有(　　)。

A. 可以面向社会公开发售基金份额和宣传推广

B. 基金募集对象不固定

C. 投资金额要求高

D. 必须遵守基金法律和法规的约束,并接受监管部门的严格监管

18. 按股票性质的不同,可以将股票分为(　　)。

A. 价值型股票　　B. 收入型股票

C. 成长型股票　　D. 平衡型股票

19. 以下属于成长型股票基金的是(　　)。

A. 持续成长型股票基金　　B. 趋势增长型股票基金

C. 周期型股票基金　　D. 防御型股票基金

20. 以下关于系列基金的说法正确的是(　　)。

A. 我国目前共有 10 只系列基金

B. 多个基金共用一个基金合同

C. 子基金独立运作

D. 子基金之间可以进行相互转换

21. 以某一特定的行业或板块为投资对象的基金就是行业股票基金,以下属于行业股票基金的是(　　)。

A. 基础行业基金　　B. 金融服务基金

C. 科技股基金　　D. 房地产基金

22. 反映股票基金经营业绩的指标主要有(　　)。

A. 基金分红　　B. 持股集中度

C. 已实现收益　　D. 净值增长率

23. 基金运作费用主要包括(　　)。

A. 基金管理费　　B. 基金申购费

C. 投资利息费　　D. 交易佣金费

24. (　　)可以反映基金的操作策略。

A. 费用率　　B. 平均市盈率

C. 股票基金周转率　　D. 净值增长率

25. 目前,我国货币市场基金能够进行投资的金融工具主要包括(　　)。

A. 现金　　B. 期限在一年以内的债券回购

C. 股票　　D. 剩余期限在 397 天以内的债券

26. 反映货币市场基金风险的指标有(　　)。

A. 投资组合平均剩余期限　　B. 融资比例

C. 费用率　　D. 浮动利率证券投资情况

27. 反映股票基金风险大小的指标主要有(　　)。

A. 标准差　　B. 贝塔值

C. 净值增长率　　D. 持股数量

28. 依据资产配置的不同,将混合基金可以分为(　　)。

A. 偏股型基金　　B. 偏债型基金

C. 股债平衡型基金　　D. 灵活配置型基金

29. 关于保本基金说法正确的是(　　)。

A. 保本基金本质上是一种混合基金

B. 保本基金通常会将大部分资金投资于与基金到期日一致的债券

C. 保本基金的投资目标是在锁定风险的同时力争有机会获得潜在的高报酬

D. 保本基金比较适合不能忍受亏损,比较稳健和保守的投资者

30. 保本基金的类型有(　　)。

A. 本金保证　　B. 风险保证

C. 红利保证　　D. 收益保证

31. ETF 的三大特点是(　　)。

A. 被动操作的指数基金

B. 进行套利交易

C. 独特的实物申购、赎回机制

D. 实行一级市场和二级市场并存的交易制度

32. 以下属于保本基金分析指标的有(　　)。

A. 保本期　　B. 赎回费

C. 投资收益率　　D. 安全垫

33. 根据有关规定,除中国证监会另有规定外,QDII 基金可投资于下列金融产品或工具(　　)。

A. 银行存款、可转让存单、银行承兑汇票等

B. 政府债券、公司债券、可转换债券等

C. 远期合约、期权期货等金融衍生品

D. 与固定收益、股权、信用、基金等标的物挂钩的结构性投资产品

34. 依据股票基金所持有的全部股票的(　　)等指标,可以对股票基金的投资风格进行分析。

A. 平均市值　　B. 平均市盈率

C. 平均市净率　　D. 平均费用率

35. 不同的投资目标决定了基金的(　　),以适应不同投资者的投资需要。

A. 基本规模　　B. 基本结构

C. 基本投向　　D. 基金的投资策略

36. ETF 联接基金投资的对象有(　　)。

A. 备选成分股　　B. 标的指数的成分股

C. 目标 ETF 的资产　　D. 中国证监会规定的其他证券品种

37. LOF 结合了(　　)的销售优势,为开放式基金销售开辟了新的渠道。

A. 银行等代销机构　　B. 交易所交易网络

C. 证券公司　　D. 基金管理公司

38. 以下关于一篮子股票组合的股票基金的说法,不正确的有(　　)。

A. 股票基金的份额净值不会由于买卖数量或申购、赎回数量的多少而受到影响

B. 对股票基金份额净值高低进行合理与否的判断是没有意义的

C. 每一交易日股票基金不只有一个价格

D. 投资风险低于单一股票的投资风险

39. 关于 ETF 的说法正确的是(　　)。

A. 实行一级市场与二级市场并存的交易制度是 ETF 的最大特色

B. 有“最小申购、赎回份额”的规定

C. 本质上是一种指数基金

D. 折价套利会导致 ETF 总份额增加,溢价套利会导致 ETF 总份额减少

40. LOF 所具有的(　　)制度安排,使 LOF 不会出现封闭式基金的大幅折价交易现象。

A. 转托管机制　　B. 可以在交易所进行申购、赎回

C. 赎回时换回一篮子股票　　D. 在交易所二级市场买卖

41. 国际上比较流行的保本基金投资组合保险策略主要有(　　)。

A. 对冲保险策略　　B. 套期保值策略

C. 固定比例投资组合保险策略　　D. 固定并长期持有策略

42. 用于分析 ETF 的收益指标不包括(　　)。

A. 折(溢)价率　　B. 二级市场价格收益率

C. 基金净值收益率　　D. 跟踪偏离度

43. (　　)可以用来作为分析 ETF 运作效率的指标。

A. 折(溢)价率　　B. 周转率

C. 跟踪偏离度　　D. 费用率

44. 以下关于折(溢)价率说法不正确的是(　　)。

A. 大于一定的幅度时会引发套利交易

B. 反映 ETF 交易效率的指标

C. 反映 ETF 市场流动性强弱的指标

D. 等于 ETF 二级市场成交量与 ETF 总份额之比

45. 境外保本基金提供的保证类型有(　　)。

A. 本金保证　　B. 流动性保证

C. 红利保证　　D. 收益保证

46. 基金收益与标的指数收益之间的偏离程度可以用(　　)来衡量。

A. 折(溢)价率　　B. 周转率

C. 跟踪误差　　D. 跟踪偏离度

47. 股票基金面临的投资风险包括(　　)。

A. 成本一收益风险　　B. 系统性风险

C. 非系统性风险　　D. 管理运作风险

48. 跟踪偏离度等于考察期内跟踪误差的(　　)。

A. 平均值　　B. 标准差

C. 加权平均值　　D. 协方差

49. ETF 与 LOF 的区别有(　　)。

A. 申购、赎回的标的不同　　B. 申购、赎回的场所不同

C. 对申购、赎回限制不同　　D. 基金投资策略不同

50. (　　)是指一只基金内部结构化的设计与安排,将普通基金份额拆分为具有不同预期收益与风险的两类或多类份额并可上市交易的一种产品。

A. 基金中的基金　　B. 结构型基金

C. 可分离交易基金　　D. 分级基金

51. 除证监会另有规定的除外,QDII 基金不得有以下哪些行为(　　)。

A. 购买不动产　　B. 购买房地产抵押按揭

C. 购买实物商品　　D. 从事证券承销业务

52. 以下关于 QDII 基金的投资风险的说法,正确的是(　　)。

A. 国际市场投资会面临国内基金所没有的汇率风险

B. 国际市场投资将会面临国别风险、新兴市场风险等特别投资风险

C. 进行国际市场投资可以有效地排除市场风险

D. QDII 基金申购、赎回的时间要长于国内其他基金

53. 非系统性风险包括(　　)。

A. 信用风险　　B. 经营风险

C. 利率风险　　D. 财务风险

三、判断题。(判断以下各小题的对错,正确的打“√”,错误的打“×”)

1. 一些国家常常由监管部门或行业协会出面制定基金分类的统一标准。　(　　)

2. 2004 年 7 月 1 日开始实施的《证券投资基金运作管理办法》,首次将

我国的基金类别分为股票基金、债券基金、货币市场基金、混合基金等基本类别。（ ）

3. 目前我国既有契约型基金又有公司型基金，而美国的绝大多数基金则是公司型基金。（ ）

4. 基金资产80%投资于股票的为股票基金。（ ）

5. 根据中国证监会对基金类别的分类标准，仅投资于货币市场工具的为货币市场基金。（ ）

6. 收入型基金以追求资本增值为目标，主要以大盘股、公司债、政府债券等为投资对象。（ ）

7. 依据投资目标的不同，可以将基金分为增长型基金、收入型基金和平衡型基金。（ ）

8. 主动型基金是一类力图取得超越基准组合表现的基金。（ ）

9. 私募基金的投资风险较高，主要以具有较高风险承受能力的富裕阶层为目标客户。（ ）

10. 目前，我国已有多只基金中的基金。（ ）

11. ETF最早产生于加拿大，但其发展成熟主要是在美国。（ ）

12. 世界上第一只ETF是美国1993年推出的标准普尔存托凭证(SPDRs)。（ ）

13. 股票基金以追求短期资本增值为目标，比较适合短期投资。（ ）

14. 按股票市值的大小可将股票分为小盘股票、中盘股票与大盘股票。（ ）

15. 平衡型基金又被称为混合型基金。（ ）

16. 保本基金的投资目标是在锁定下跌风险的同时力争有机会获得潜在的高回报。（ ）

17. 股票基金通过分散投资可以大大地降低个股的系统性风险，但却不能回避非系统性投资风险。（ ）

18. 基金净值增长率的波动可以用数学上的贝塔值来计量。（ ）

19. 成长型股票通常是指收益增长速度快，未来发展潜力大的股票，其市盈率，市净率通常较高。（ ）

20. 同时投资于增长型股票与收入型股票的基金称为平衡型基金。 (　　)

21. 价值型股票基金的投资风险要低于成长型股票,但回报通常也不如成长型基金。 (　　)

22. 系统性风险不能通过分散投资加以消除,因此又可称为不可分散风险。 (　　)

23. 管理运作风险是指由于基金经理对基金的主动性操作行为而导致的风险。 (　　)

24. 相对于其他类型的基金,股票基金费用率较高;相对于小型基金,大型基金的费用率通常较高;相对于国内股票基金,国外股票基金的费用率较高。 (　　)

25. 基金股票周转率通过对基金股票买卖频率的衡量,可以反映基金的操作策略。 (　　)

26. 指数基金是选取特定的指数作为跟踪对象,力图取得超越基准组合表现的基金。 (　　)

27. 如果某基金的贝塔值大于 1,说明该基金是一只活跃或激进型基金。 (　　)

28. 与成长型基金相比,收入型基金的风险大,收益高。 (　　)

29. 标准差将一个股票基金的净值增长率与某个市场指数联系起来,以反映基金净值变动对市场指数变动的敏感程度。 (　　)

30. 债券基金的价值会受到市场利率变动的影响,债券基金的平均到期日越长,债券基金的利率风险越高。 (　　)

31. 与单个债券的久期一样,债券基金的久期越长,净值的波动幅度就越小,所承担的利率风险就越低。 (　　)

32. 当市场利率降低时,持有附有提前赎回权债券的基金将不能再获得高息收益,而且还会面临再投资风险。 (　　)

33. 我国首只 ETF——上证 50ETF 是采用抽样复制的方法进行构建的。 (　　)

34. QDII 基金只能以人民币、美元为计价货币募集。 (　　)

35. 保本期越长,投资者承担的机会成本越高。 (　　)

36. 与 QDII 基金一样，公募基金也可以进行国际市场投资。（　）

37. 货币市场工具通常是指到期日在 1～3 年的短期金融工具。（　）

38. 债券基金没有固定的到期日，所承担的利率风险将取决于所持有债券的平均到期日。（　）

39. 单一债券的信用风险比较集中，而债券基金通过分散投资则可以有效避免单一债券可能面临的较高的信用风险。（　）

40. 债券价格与市场利率成正方向变动。（　）

41. 债券基金的价值会受市场利率变动的影响，债券基金的平均到期日越短，债券基金的利率风险越高。（　）

42. 货币市场属于场内交易市场，交易主要由买卖双方通过电话或电子交易系统以协商价格完成。（　）

43. 货币市场的进入门槛通常很高，在很大程度上限制了一般投资者的进入。（　）

44. ETF 实行一级市场与二级市场并存的交易制度，中小投资者被限制在外。（　）

45. 混合基金的投资风险主要取决于股票与债券配置比例的大小。（　）

46. 日每万份基金净收益和最近 7 日年化收益率都是长期指标。（　）

47. LOF 所具有的转托管机制可以在交易所进行申购、赎回的制度安排，使 LOF 不会出现封闭式基金的大幅折价交易现象。（　）

48. 债券投资基金提供了一种长期的投资增值性，可供投资者用来满足教育支出、退休支出等远期指支出的需要。（　）

49. 货币市场基金在计算和披露最近 7 日年化收益率时，会由于收益分配率的不同而有所不同。（　）

50. 低风险和高流动性是货币市场基金的主要特征，投资组合平均剩余期限是反映基金组合的重要指标。（　）

51. 货币市场基金不能投资于剩余期限小于 397 天但剩余存续期超过 397 天的浮动利率的债券。（　）

52. 保本基金从本质上来说是一种混合基金。 ( )

53. 保本基金于 20 世纪 70 年代中期起源于美国，其核心是运用投资组合保险策略进行基金的操作。 ( )

54. 目前，除了基金管理公司和证券公司外，商业银行等其他金融机构不可以发行代客境外理财产品。 ( )

55. ETF 的收益率与所跟踪指数的收益率之间往往存在跟踪误差。 ( )

56. 用于分析 ETF 的收益指标的包括二级市场价格收益率，基金净值收益率和周转率。 ( )

57. 作为被动型的指数基金，ETF 的投资目标不是超越指数的表现，而是希望取得与指数基本一致的收益。 ( )

58. 安全垫是风险资产投资可承受的最低损失限额。 ( )

59. 较高的安全垫在提高基金运作灵活性的同时也有助于增强基金到期保本的安全性。 ( )

60. 如果某基金的贝塔值大于 1 说明该基金是一只稳定或防御型的基金。 ( )

参考答案

一、单项选择题

1. A	2. A	3. C	4. B	4. C
6. D	7. D	8. C	9. C	10. C
11. B	12. C	13. B	14. D	15. C
16. B	17. C	18. B	19. C	20. B
21. C	22. A	23. B	24. B	25. B
26. C	27. C	28. B	29. B	30. C
31. A	32. C	33. B	34. D	35. C
36. A	37. C	38. C	39. C	40. C
41. C	42. A	43. C	44. D	45. A
46. B	47. D	48. C	49. C	50. C

51. C　52. D　53. A　54. C　55. A
56. D　57. B　58. A　59. B　60. B

二、不定项选择题

1. BD　2. ACD　3. A　4. ACD　5. ABD
6. ABCD　7. AC　8. AD　9. ABCD　10. ABC
11. ABCD　12. ABD　13. BCD　14. ABCD　15. ABD
16. ABD　17. ABD　18. AC　19. D　20. BCD
21. ABCD　22. ACD　23. A　24. C　25. ABD
26. ABD　27. ABD　28. ABCD　29. ABCD　30. ACD
31. ACD　32. ABD　33. ABCD　34. ABC　35. CD
36. ABCD　37. AB　38. C　39. BC　40. AB
41. AC　42. AD　43. ABCD　44. D　45. ACD
46. CD　47. BCD　48. B　49. ABCD　50. BCD
51. ABCD　52. ABD　53. ABD

三、判断题

1. √　2. √　3. ×　4. ×　5. √
6. ×　7. √　8. √　9. √　10. ×
11. √　12. ×　13. ×　14. √　15. ×
16. √　17. ×　18. ×　19. √　20. ×
21. √　22. √　23. √　24. ×　25. √
26. ×　27. √　28. ×　29. ×　30. √
31. ×　32. √　33. ×　34. ×　35. √
36. ×　37. ×　38. √　39. √　40. ×
41. ×　42. ×　43. √　44. ×　45. √
46. ×　47. √　48. ×　49. √　50. √
51. ×　52. √　53. ×　54. ×　55. √
56. ×　57. √　58. ×　59. √　60. ×

考前冲刺同步预测试卷(三)

一、单项选择题(以下各小题所给出的4个选项中,只有1项最符合题目要求,请将正确选项的代码填入括号内)

1. (　　)是证券投资基金投资的起点。

A. 基金的认购　　B. 基金的募集

C. 基金份额的注册登记　　D. 基金份额的发售

2. 基金的募集一般要经过申请、(　　)、发售、基金合同生效四个步骤。

A. 批准　　B. 发行

C. 核准　　D. 登记

3. 关于开放式基金的认购说法不正确的是(　　)。

A. 认购开放式基金通常分为开户、认购和确认三个步骤

B. 一般情况下,已经正式受理的认购申请不得撤销

C. 销售机构对认购的受理即表示申请成功

D. 投资者在募集期内可以多次认购基金份额

4. 依据规定,基金认购费率统一以(　　)为基础收取。

A. 认购金额　　B. 认购份额

C. 基金份额面值　　D. 净认购金额

5. 我国封闭式基金的交收同A股一样实行(　　)日交割、交收。

A. T+0　　B. T+1

C. T+2　　D. T+3

6. 关于封闭式基金的认购说法正确的是(　　)。

A. 封闭式基金发售方式只有网上发售和网下发售两种

B. 拟认购封闭式基金份额的投资人只需开立深、沪基金账户

C. 认购申请一经受理就不能撤单

D. 封闭式基金的认购以“金额”为单位提交认购申请

7. 如果封闭式基金募集期限届满后不能成立，基金管理人要在（　　）日内返还投资者已缴纳的款项，并加计银行同期存款利息。

A. 15　　B. 20

C. 30　　D. 45

8. 封闭式基金的交易遵从“价格优先，时间优先”的原则。具体是指（　　）。

A. 较高价格买进申报优先于较低价格买进申报

B. 较高价格的卖出申报优先于较低价格卖出申报

C. 买卖价格相同、申报价格相同的，后申报者优先于先申报者

D. 较低价格买进申报优先于较高价格买进申报

9. 以下不属于认购与申购区别的是（　　）。

A. 两者的发生时间不同

B. 认购期购买基金的费率要比申购期优惠

C. 认购期购买的基金与申购期购买的基金赎回的时间不同

D. 认购在交易时间内可以多次提交；申购在交易时间内只能提交一次申请

10. 我国封闭式基金交易佣金不得高于成交金额的（　　），不足5元的按5元收取。

A. 0.1%　　B. 0.3%

C. 0.5%　　D. 1%

11. 开放式基金份额的发售，由（　　）负责办理。

A. 商业银行　　B. 基金托管人

C. 专业基金销售机构　　D. 基金管理人

12. 基金管理人可以对选择前端收费方式的投资人根据其（　　）适用不同的前端申购费率标准。

A. 持有期限　　B. 申购份额

C. 申购金额　　D. 基金种类的不同

13.《证券投资基金销售管理办法》规定，开放式基金的认购费率不得超

过认购金额的(　　)。

A. 1%　　B. 2%

C. 3%　　D. 5%

14. 对于持有期低于(　　)年的投资者,基金管理人不得免收其后端申购费用。

A. 5　　B. 4

C. 3　　D. 2

15. 投资者在办理开放式基金赎回时,赎回费率不得超过基金份额赎回金额的(　　),赎回费总额的(　　)归入基金财产。

A. 5%　20%　　B. 3%　25%

C. 5%　25%　　D. 3%　20%

16. LOF 份额的认购分为(　　)两种。

A. 公开认购和私人认购　　B. 场内认购和场外认购

C. 集体认购和个人认购　　D. 有偿认购和无偿认购

17. 根据《证券投资基金运作管理办法》规定,开放式基金合同生效后,可以在基金合同和招募说明书规定的期限内不办理赎回,但该期限最长不得超过(　　)。

A. 3 个月　　B. 5 个月

C. 6 个月　　D. 12 个月

18. 关于封闭式基金的交易,以下说法不正确的是(　　)。

A. 封闭式基金的交易遵从"价格优先,时间优先"的原则

B. 封闭式基金价格涨跌幅限制比例为 20%

C. 每份基金的申报价格最小变动单位为 0.001 元人民币

D. 封闭式基金的报价单位为每份基金价格

19. 投资者申购基金成功后,注册登记机构一般在(　　)日为投资者办理增加权益的登记手续,投资者在(　　)日起有权赎回该部分的基金份额。

A. T+2　T+3　　B. T+1　T+2

C. T+1　T+3　　D. T+0　T+1

20. 单个开放日基金净赎回申请超过基金总份额的(　　)时,为巨额

赎回。

A. 10％　　B. 15％

C. 20％　　D. 25％

21.（　　）是指不采用申购、赎回等交易方式，将一定数量的基金份额按照一定的规则从某一投资者基金账户转移到另一投资者基金账户的行为。

A. 开放式基金份额的转换　　B. 开放式基金的非交易过户

C. 开放式基金份额的转托管　　D. 开放式基金份额的冻结

22. 开放式基金的赎回费在扣除手续费后，余额不得低于赎回费总额的（　　），并应当归入基金财产。

A. 10％　　B. 25％

C. 30％　　D. 35％

23. ETF 基金份额折算由（　　）办理，并由登记结算机构进行基金份额的变更登记。

A. 基金托管人　　B. 证券交易所

C. 基金管理人　　D. 基金注册登记机构

24. 关于 ETF 的申购与赎回说法不正确的是（　　）。

A. 一般最小的申购、赎回单位为 50 万份或 100 万份

B. 采用份额申购份额赎回的方式

C. 申购赎回申请提交后不得撤销

D. ETF 的证券申购与赎回不得使用现金

25. 以下公式正确的是（　　）。

A. 净认购金额＝认购金额/(1—认购费率)

B. 认购费用＝净认购金额/认购费率

C. 净认购金额＝认购金额/(1＋认购费率)

D. 认购份额＝(净认购金额—认购利息)/基金份额面值

26. 通常货币型基金从基金财产中计提不高于（　　）比例的销售服务费，用于基金的持续销售和给基金份额持有人提供服务。

A. 0.1％　　B. 0.15％

C. 0.25%　　D. 0.3%

27. 目前,我国境内基金申购款一般能在(　　)日内到达基金的银行存款账户,赎回款一般于(　　)日内从基金的银行账户划出。

A. T+0　T+1　　B. T+1　T+2

C. T+2　T+3　　D. T+3　T+4

28. 以下不属于注册登记机构职责的是(　　)。

A. 基金的营销

B. 发放红利

C. 建立并保管基金投资者的名册

D. 负责基金份额登记,确认基金交易

29. 通常货币市场基金的申购、赎回费率为(　　)。

A. 0　　B. 0.1%

C. 0.15%　　D. 0.25%

30. LOF 份额的场内、场外申购和赎回采取(　　)原则。

A. 金额申购,金额赎回　　B. 金额申购,份额赎回

C. 份额申购,份额赎回　　D. 份额申购,金额赎回

31. 基金连续 2 个开放日以上发生巨额赎回,基金管理人已经接受的赎回申请可以延缓支付赎回款项,但不得超过正常支付时间(　　)个工作日,并应当在至少一种中国证监会指定的信息披露媒体公告。

A. 7　　B. 15

C. 20　　D. 30

32. 投资者常常使用折(溢)价率反映(　　)与其二级市场价格之间的关系。

A. 封闭式基金份额净值　　B. 净认购金额

C. 认购份额　　D. 认购金额

33. 某投资者投资 1 万元认购基金,认购资金在募集期产生的利息为 3 元,其对应的认购费率为 1.2%,基金份额面值为 1 元,则以下计算正确的是(　　)。

A. 认购费用为 115 元　　B. 认购费用为 118.58 元

C. 净认购金额为 9884.42 元　　D. 认购份额为 9881 份

34. 当基金管理人认为兑付投资者的赎回申请有困难,或认为兑付投资者的赎回申请进行的资产变现可能使基金份额净值发生较大波动时,基金管理人在当日接受赎回比例不低于上一日基金总份额(　　)的前提下,对其余赎回申请延期办理。

A. 5%　　B. 9%

C. 15%　　D. 10%

35. 对于从事开放式基金短期交易的投资人,其持续持有期少于 30 日的投资人,对其收取不低于赎回金额(　　)的赎回费。

A. 0.75%　　B. 1%

C. 1. 5%　　D. 2%

36. 基金的申报价格最小变动单位为(　　)元人民币,买入与卖出封闭式基金份额申报数量应当为 100 份或其整数,单笔最大数量应低于(　　)万份。

A. 0.01　200　　B. 0.001　200

C. 0.01　100　　D. 0.001　100

37. 关于 LOF 份额交易的说法不正确的是(　　)。

A. 基金上市首日的开盘参考价为上市首日前一交易日基金份额净值

B. 申报价格最小变动单位为 0.01 元人民币

C. LOF 交易实行价格涨跌幅限制,涨跌幅比例为 10%

D. T 日买入的基金份额自 T+1 日即可在深圳证券交易所卖出或赎回

38. 证券交易所在开市后 根据 ETF 份额的申购、赎回清单和组合证券内各只证券的实时成交数据,计算并每(　　)发布一次基金份额参考净值。

A. 15 秒　　B. 30 秒

C. 45 秒　　D. 1 分钟

39. 基金合同生效后,基金管理人应逐步调整实际组合直至达到跟踪指数要求,此过程为 ETF 建仓阶段。ETF 建仓期不得超过(　　)个月。

A. 1　　B. 3

C. 5　　D. 6

40. 关于开放式基金份额转换的说法不正确的是(　　)。

A. 基金转换业务所涉及的基金,必须是由同一基金管理人管理的、在同一注册登记机构处注册登记的基金

B. 基金转换转入的基金份额可赎回的时间为T+1日

C. 基金份额的转换常常会收取一定的费用

D. 投资者采用“份额转换”的原则提交申请

41. 封闭式基金上市交易应符合的条件不包括(　　)。

A. 基金的募集符合《证券投资基金法》的规定

B. 基金合同期限为5年以上

C. 基金募集金额不低于1亿元人民币

D. 基金份额持有人不少于1000人

42. 基金份额申购、赎回的资金清算是由(　　)根据确认的投资者申购、赎回数据信息进行的。

A. 基金管理公司　　B. 基金份额持有人

C. 注册登记机构　　D. 证券交易所

43. 关于ETF与LOF份额的认购说法不正确的是(　　)。

A. ETF可以用现金认购,也可以以证券认购

B. 我国投资者一般可以选择场内现金认购、场外现金认购以及证券认购等方式认购ETF份额

C. LOF份额的认购分为场外认购和场内认购两种方式

D. 我国的上海和深圳证券交易所均开办LOF业务

44. 基金募集期限届满,封闭式基金需满足募集的基金份额总额达到核准规模的(　　)以上,基金份额持有人不少于(　　)人的要求。

A. 70%　200　　B. 80%　200

C. 70%　300　　D. 80%　300

45. 基金管理人应当自募集期限届满之日起(　　)日内聘请法定验资机构验资,并自收到验资报告起(　　)日内,向证监会提交备案申请和验资

保告，办理资金的备案手续。

A. 10　20　　B. 20　10

C. 10　10　　D. 20　20

46. ETF 的申购对价、赎回对价不包括(　　)。

A. 现金　　B. 组合证券

C. 现金替代　　D. 其他对价

47. 对 QDII 基金而言，一般情况下，基金管理公司会在(　　)日内对该申请的有效性进行确认。T 日提交的有效申请，投资者应在(　　)日到销售网点柜台或以销售机构规定的其他方式查询申请的确认情况。

A. T＋0　T＋2　　B. T＋1　T＋2

C. T＋2　T＋3　　D. T＋1　T＋3

48. (　　)一般不收取认购费。

A. 开放式基金　　B. 封闭式基金

C. 货币市场基金　　D. ETF

49. 由于 QDII 基金主要投资于境外市场，在募集认购的具体规定上的特点不包括(　　)。

A. 发售 QDII 基金的基金管理人必须具备合格境内投资者资格和经营外汇业务的资格

B. 基金管理人可以根据产品特点确定 QDII 基金份额市值的大小

C. QDII 基金份额可以用人民币进行认购

D. QDII 基金份额可以用美元或其他外汇货币为计价货币认购

50. 如果基金募集失败，基金管理人在基金募集期限届满后(　　)日内返还投资者已缴纳的款项，并加计银行同期存款利息。

A. 20　　B. 30

C. 15　　D. 25

二、不定项选择题(以下各小题所给出的 4 个选项中，至少有 1 项以上符合要求，请将符合题目要求选项的代码填入括号内)

1. 基金账户能用于(　　)的认购及交易。

A. 股票　　B. 基金

C. 国债　　D. 其他债券

2. 封闭式基金发售方式主要有(　　)。

A. 金额认购　　B. 证券认购

C. 网上发售　　D. 网下发售

3. 我国投资者一般可选择(　　)等方式认购 ETF 份额。

A. 场内现金认购　　B. 场外现金认购

C. 证券认购　　D. 份额认购

4. 封闭式基金份额上市交易的条件有(　　)。

A. 基金的募集符合《证券投资基金法》的规定

B. 基金合同期限为 3 年以上

C. 基金募集金额不低于 2 亿元人民币

D. 基金份额持有人不少于 1000 人

5. 关于封闭式基金说法正确的有(　　)。

A. 封闭式基金的交易遵从“价格优先,时间优先”的原则

B. 每位投资者只能开设和使用一个证券账户或基金账户

C. 封闭式基金的申报价格最小变动单位为 0.01 元人民币

D. 封闭式基金与 A 股一样实行 T+1 日交割、交收

6. 基金份额上市交易,应符合下列条件(　　)。

A. 基金合同期限为 5 年以上

B. 基金份额持有人不少于 1000 人

C. 基金募集金额不低于 3 亿元人民币

D. 基金份额总额达到核准规模的 70%以上

7. 开放式基金所遵循的申购、赎回主要原则为(　　)。

A. “未知价”交易原则　　B. “已知价”交易原则

C. 金额申购、份额赎回　　D. 份额申购、份额赎回

8. 以下公式表示正确的是(　　)。

A. 净申购金额=申购金额/(1—申购费率)

B. 申购费用＝净申购金额×申购费率

C. 申购份额＝净申购金额/ 申购当日基金份额净值

D. 净申购金额＝申购金额—固定金额

9. 以下哪些情况会发生开放式基金的非交易过户。( )

A. 继承　　B. 捐赠

C. 司法强制执行　　D. 经注册登记机构认可

10. 目前，我国可以办理开放式基金认购业务的机构主要包括(　　)。

A. 商业银行　　B. 保险公司

C. 证券公司　　D. 证券投资咨询机构

11. 关于 ETF 份额的申购、赎回说法正确的是(　　)。

A. 投资者申购、赎回的基金份额须为最小申购、赎回单位的整数倍

B. 申购、赎回 ETF 采用份额申购、份额赎回的方式

C. 申购、赎回申请提交后不得撤销

D. ETF 一般以证券交付

12. 股票、债券型基金的申购、赎回原则有(　　)。

A. “已知价”原则　　B. “未知价”交易原则

C. “份额申购、金额赎回”原则　　D. “金额申购、份额赎回”原则

13. LOF 份额的上市条件有(　　)。

A. 基金的募集符合《证券投资基金法》的规定

B. 募集金额不少于 2 亿元人民币

C. 持有人不少于 1000 人

D. 交易所规定的其他条件

14. 出现巨额赎回时，基金管理人可以根据基金当时的资产组合状况决定(　　)。

A. 拒绝全额赎回　　B. 接受全额赎回

C. 部分延期赎回　　D. 全部延期赎回

15. LOF 份额的交易规则包括(　　)。

A. 买入 LOF 申报数量应为 100 份或其整数倍

B. 申报价格最小变动单位 0.01 元

C. 实行涨跌幅限制

D. 涨跌幅比例为 5%

16. 申请募集基金应提交的主要文件包括(　　)。

A. 募集基金的申请保告　　B. 基金合同草案

C. 基金托管协议草案　　D. 招募说明书草案是

17. 下列说法正确的是(　　)。

A. 基金份额的注册登记是证券投资基金投资的起点

B. 基金的交易与申购和赎回为基金投资提供了流动性

C. 基金的募集一般要经过申请、核准、发售、基金合同生效四个步骤

D. 份额的注册登记在确保基金募集与交易活动的安全性上起着主要的作用

18. ETF 上市后要遵循的交易规则有(　　)。

A. 基金上市首日的开盘参考价为前一工作日基金份额净值

B. 基金价格涨跌幅比例为 15%,自上市首日起实行

C. 基金买入申报数量为 100 份或其整数倍,不足 100 份的部分可以卖出

D. 基金申报价格最小变动单位为 0.001 元

19. 基金募集期限届满之后,开放式基金满足以下(　　)的条件,基金管理人应当自募集期限届满之日起 10 日之内聘请法定验资机构验资。

A. 募集金额不少于 2 亿份

B. 募集金额不少于 2 亿元人民币

C. 基金份额持有人不少于 200 人

D. 基金份额总额达到核准规模的 80%以上

20. 关于申购与认购的说法正确的是(　　)。

A. 认购是在基金募集期内申请购买基金,申购是在基金合同生效之后申请购买基金

B. 认购期购买基金的费率要比申购期优惠

C. 无论是认购还是申购,在交易时间内投资者可以多次提交认购、申购申请

D. 认购期购买的基金份额一般要过了封闭期才能赎回，申购的基金份额要在申购成功后的第二个工作日就可赎回

21. 场内申购赎回时，ETF 申购对价是指投资者申购基金份额时应交付的（　　）。

A. 现金替代　　B. 现金差额

C. 组合证券　　D. 其他对价

22. 关于巨额赎回，说法不正确的是（　　）。

A. 单个开放日基金净赎回申请超过总份额的 20%时，为巨额赎回

B. 基金管理人可以决定全额赎回或部分延迟赎回

C. 当发生巨额赎回或部分延迟赎回时，基金管理人应立即向中国证监会备案

D. 部分延迟赎回时，转入下一开放日的赎回申请不享有赎回优先权

23. 关于开放式基金申购、赎回的资金清算，以下为了保护基金持有人利益的规定中正确的是（　　）。

A. 基金管理人应当自收到投资人申购、赎回申请之日起 5 个工作日内，对该申购、赎回的有效性进行确认

B. 申购款应于 5 日内到达基金在银行的存款账户

C. 赎回款应于 7 日内到达投资人基金账户

D. 各基金申购、赎回的资金和申购款一般在 T+3 日内到达基金银行存款账户

24. 一般而言，ETF 最小的申购、赎回单位为（　　）。

A. 200 万份　　B. 150 万份

C. 100 万份　　D. 50 万份

25. 某基金申购费率，100 万元（含 100 万元）—500 万元为 0.9%。假定 T 日的基金份额净值为 1. 25 元。若申购金额为 100 万元，则以下计算结果不正确的是（　　）。

A. 净申购金额为 991080.28 元

B. 申购份额为 792864. 22 份

C. 净申购金额为 1009000 元

D. 申购份额为 800000 份

26. 下列关于 ETF 认购方式的表述正确的是( )。

A. 我国投资者一般可以选择场内现金认购、场外现金认购以及证券认购等方式认购 ETF 份额

B. 场内现金认购是指投资者通过基金管理人指定的发售代理机构以现金方式参与证券交易所上网定价发售

C. 场外现金认购是指投资者通过基金管理人及其指定的发售代理以现金进行的认购

D. 进行场内现金认购时需具有沪、深证券账户

27. 代办登记业务的机构,可以接受基金管理人的委托,开办下列业务( )。

A. 建立并管理投资者基金份额账户

B. 建立并保管基金投资者名册

C. 代理发放红利

D. 确认基金交易

28. ETF 上市交易后要遵循的交易规则包括( )。

A. 上市首日的开盘参考价前一交易日的基金份额净值

B. 实行价格涨跌幅限制,涨跌幅设置为 10%

C. 买入申报数量为 100 份及其整数倍

D. 基金申报价格最小变动单位为 0.01 元

29. 最新价格确定原则为( )。

A. 该证券正常交易时,采用最新成交价

B. 该证券出现涨停时,采用涨停价格

C. 该证券停牌且当日有成交时,采用最新成交价

D. 该证券停牌且当日无成交时,采用前一交易日收盘价

30. 关于 ETF 份额的申购与赎回,以下说法正确的是( )。

A. 基金自基金合同生效日后不超过 2 个月的时间内开始办理赎回

B. ETF 的最小申购、赎回单位为 50 万份或 100 万份

C. 申购、赎回申请提交后不得撤销

D. 场外申购赎回 ETF 采用份额申购和份额赎回的方式

31. LOF 份额的交易规则为(　　)。

A. 与 ETF 份额的交易规则基本相同

B. 买入 LOF 申报数量应为 100 份或其整数倍

C. 申报价格最小变动单位为 0.001 元人民币

D. LOF 交易实行价格涨跌限制,涨跌幅为 10%

32. QDII 基金申购和赎回与一般开放式基金申购和赎回的相似之处有(　　)。

A. 申购和赎回渠道相同

B. 申购与赎回的开放日及时间相同

C. 申购与赎回的程序、原则相似

D. 申购份额与赎回金额的确定,巨额赎回的处理办法等相似

33. 我国开放式基金的注册登记体系的模式由(　　)。

A. 基金管理人自建注册登记系统的"内置"模式

B. 委托中国结算公司作为注册登记机构的"外置"模式

C. 基金托管人自建注册登记机构的"内置"模式

D. 以上两种情况的兼有的"混合"模式

34. 跨系统转托管是指基金份额持有人将持有的基金份额在(　　)和(　　)之间进行转登记的行为。

A. 基金注册登记系统　　B. 基金管理人

C. 证券登记结算系统　　D. 基金托管人

35. 基金份额持有人(　　),必须先办理跨系统转托管。

A. 拟申请将登记在证券登记结算系统中的基金份额赎回

B. 拟申请将登记在基金注册登记系统中的基金份额进行上市交易

C. 拟申请将登记在证券登记结算系统中的基金份额进行上市交易

D. 拟申请将登记在基金注册登记系统中的基金份额赎回

36. 关于赎回登记和赎回款项的支付,下列说法不正确的是(　　)。

A. 对一般基金而言,基金管理人应当自受理基金投资者有效赎回申请之日起 5 个工作日内支付赎回款项

B. 投资者提交赎回申请成交之后,基金管理人应通过销售机构按规定向投资者支付赎回款项

C. 基金申购采用全额缴款方式。

D. 申购不成功或无效,款项将退回投资者资金账户

37. 有下列情形的 LOF 份额不得办理跨系统转托管(　　)。

A. 处于募集期内或封闭期内的 LOF 份额

B. 处于质押、冻结状态的 LOF 份额

C. 分红派息前 R－1 日至 R 日(R 日为权益登记日)LOF 份额

D. 分红派息前 R－2 日至 R 日(R 日为权益登记日)LOF 份额

38. 由于 QDII 基金主要投资于境外市场,在募集认购的具体规定上的特点不包括(　　)。

A. 发售 QDII 基金的基金管理人必须具备合格境内投资者资格和经营外汇业务的资格

B. 基金管理人可以根据产品特点确定 QDII 基金份额面值的大小

C. QDII 基金份额可以用人民币进行认购

D. QDII 基金份额可以用美元或其他外汇货币为计价货币认购

39. ETF 份额申购赎回清单的内容包括(　　)。

A. 最小申购、赎回单位所对应的组合证券内各成分证券数据

B. 现金替代

C. T 日预估现金部分

D. 基金份额净值

40. 下列关于认购开放式基金的表述不正确的是(　　)。

A. 已经正式受理的认购申请可以撤销

B. 投资者在募集期内可以多次认购基金份额

C. 申请的成功与否应以销售机构对认购申请的受理为准

D. 拟进行基金投资的投资人,必须先开立基金账户和资金账户

三、判断题(判断以下各小题的对错,正确的打"√",错误的打"×")

1. 我国封闭式基金份额的发售价格一般采用1元基金份额面值加计0.05元发售费用的方式加以确定。 ( )

2. 基金的交易与申购和赎回为基金投资提供了流动性。 ( )

3. 基金的募集是指基金管理公司根据有关规定向中国证券交易所提交募集申请文件、发售基金份额、募集基金的行为。 ( )

4. 根据《证券投资基金》的规定,中国证监会应当自受理基金募集申请之日起6个月内做出核准与不予核准的决定。 ( )

5. 基金的募集期限自基金份额发售日开始计算,募集期限不得超过3个月。 ( )

6. 基金管理人应当自收到核准文件之日起3个月内进行封闭式基金份额的发售。 ( )

7. 中国证监会自收到基金管理人验资报告和基金备案材料之日起3个工作日内予以书面确认。 ( )

8. 在基金募集期内购买基金份额的行为通常被称为基金的申购。 ( )

9. 开放式基金的认购采用份额认购的方式。 ( )

10. 开放式基金的申购成功与否应以注册登记机构的确认结果为准。 ( )

11. 投资者在T日提交了认购申请之后,可于T+1日起到办理认购的网点查询认购申请的受理情况。 ( )

12. 基金份额的转换一般采取已知价法,按照转换申请日的基金份额净值为基础计算转换基金份额数量。 ( )

13. 开放式基金的认购费率不得超过认购金额的5%。 ( )

14. 我国股票基金的认购费率大多在1%~1.5%左右,债券基金的认购费率通常在1%以下,货币市场基金一般不收取认购费。 ( )

15. 拟认购封闭式基金份额的投资人只需开立深、沪基金账户及资金账户。 ( )

16. 与普通开放式基金的相同,ETF份额的申购需要用现金。 ( )

17. 场外现金认购是指投资者通过基金管理人指定的发售代理机构以

现金方式参与证券交易所上网定价发售。 （ ）

18. 基金转托管在转入方进行申报,基金份额转托管一次完成。（ ）

19. 基金账户或基金份额被冻结的,被冻结部分产生的权益(包括现金分红和红利再投资)一并冻结。 （ ）

20. 场内认购 LOF 份额,应以深圳人民币普通证券账户或证券投资基金基金账户。 （ ）

21. QDII 基金份额除可以用人民币认购外,也可以用美元或者其他外汇货币为计价货币认购。 （ ）

22. 基金账户可以用于基金、股票、国债以及其他债券的认购及交易。 （ ）

23. 为便于对基金的管理,投资者可以同时开设和使用证券账户和基金账户。 （ ）

24. 封闭式基金的交易遵从“价格优先,时间优先”的原则。 （ ）

25. 封闭式基金的申报价格最小变动单位为 0.001 元人民币,单笔最大交易数量应低于 100 万份。 （ ）

26. 按照深、沪证券交易所公布的收费标准,我国基金交易佣金不得高于成交金额的 0.5%。 （ ）

27. 目前,我国的封闭式基金和开放式的基金交易都要收取印花税。 （ ）

28. 开放式基金的申购与赎回价格只能以申购、赎回日交易时间结束后基金管理人公布的基金份额净值为基准进行计算。 （ ）

29. 开放式基金采取“金额申购,份额赎回”的原则。 （ ）

30. 基金管理人可以对选择前端收费方式的投资人根据其持有期限的不同确定不同的收费标准。 （ ）

31. 对于开放式基金短期交易的投资人,其持有期限少于 7 日的投资人,收取不低于赎回金额 1.5%的赎回费。 （ ）

32. ETF 份额的认购可用现金认购,也可用证券认购。 （ ）

33. 投资者申购基金成功之后,注册登记机构一般在 T 日为投资者办理增加权益的登记手续,投资者在 T+1 日起有权赎回该部分的基金份额。 （ ）

34. 基金申购采用全额缴款方式，若资金在规定的时间内未全部到账，则申购不成功。 ( )

35. 现金替代分为可以现金替代和必须现金替代两种类型。 ( )

36. LOF 采取“金额申购、份额赎回”原则，即申购以金额申报，赎回以份额申报。 ( )

37. 基金转换转入的基金份额可赎回的时间为 T+1 日。 ( )

38. 基金转换业务相比较赎回基金份额后再进行基金的申购而言，时间成本和交易费用都较高。 ( )

39. 目前，国内开放式基金转托管业务的办理有两步转托管和一步转托管两种方式。 ( )

40. ETF 基金份额折算由基金管理人办理，并由登记结算机构进行基金份额的变更登记。 ( )

41. 投资者可办理申购、赎回业务的开放日为证券交易所的交易日。 ( )

42. 基金连续 3 个开放日以上发生巨额赎回，如基金管理人认为有必要，可暂停接受赎回申请。 ( )

43. 基金登记机构不但负责基金份额的登记工作，而且还承担着与基金份额登记有关的份额存管、资金清算和资金交收等业务。 ( )

44. 基金管理人可以从开放式基金财产中计提销售服务费，用于基金的持续销售和服务基金份额持有人。 ( )

45. 基金份额被冻结后，被冻结部分产生的权益并不会随之冻结。 ( )

46. 我国封闭式基金的交易采用电脑集合竞价和连续竞价两种方式。 ( )

47. 我国封闭式基金的募集期限一般为 6 个月。 ( )

48. ETF 买入申购数量为 100 份或其整数倍，不足 100 份的部分可以卖出。 ( )

49. T 日申购、赎回清单中公告 T—1 日预估现金部分。 ( )

50. 基金份额申购、赎回的资金清算是由基金管理公司根据确认的投资

者申购、赎回数据信息进行的。 ( )

51. 封闭式基金募集期限届满,基金份额总额达到核准规模的60%以上,并且基金份额持有人人数达到200人以上,基金管理人应当自募集期限届满之日起10日内聘请法定验资机构验资。 ( )

52. 每个有效证件只能开设1个基金账户。 ( )

53. LOF的上市须由基金管理人及基金托管人共同向证券交易所提交上市申请。 ( )

54. 目前,基金份额的跨系统转托管需要3个交易日的时间。 ( )

55. 资金结算分为清算和交收两个环节。 ( )

56. 上证基金指数在计算方法上采用派许指数计算公式,以基金份额净值为权数。 ( )

57. 目前,我国开放式基金的最低认购金额一般为5000元人民币。 ( )

58. 基金份额登记具有确定和变更基金份额持有人及其权利的法律效力。 ( )

59. 场外申购赎回时,申购对价、赎回对价为现金。 ( )

60. 基金份额申购、赎回的资金清算是由基金管理人根据确认的投资者申购、赎回数据信息进行的。 ( )

参考答案

一、单项选择题

1. B	2. C	3. C	4. D	5. B
6. C	7. C	8. A	9. D	10. B
11. D	12. C	13. D	14. C	15. C
16. B	17. A	18. B	19. B	20. A
21. B	22. B	23. C	24. D	25. C
26. C	27. C	28. A	29. A	30. B

31. C	32. A	33. B	34. D	35. A
36. D	37. B	38. A	39. B	40. B
41. C	42. C	43. D	44. B	45. C
46. A	47. C	48. C	49. B	50. B

二、不定项选择题

1. BCD	2. CD	3. ABC	4. ACD	5. ABD
6. AB	7. AC	8. BCD	9. ABCD	10. ACD
11. ABCD	12. BD	13. ABCD	14. BC	15. AC
16. ABCD	17. BCD	18. ACD	19. ABC	20. ABCD
21. ABCD	22. A	23. BC	24. CD	25. CDC
26. ABCD	27. ABCD	28. ABC	29. ABCD	30. BC
31. BCD	32. ABCD	33. ABD	34. AC	35. AB
36. A	37. ABD	38. ABCD	39. ABCD	40. AC

三、判断题

1. ×	2. √	3. ×	4. √	5. √
6. ×	7. √	8. ×	9. ×	10. √
11. ×	12. ×	13. √	14. √	15. ×
16. ×	17. ×	18. ×	19. √	20. √
21. √	22. ×	23. ×	24. √	25. √
26. ×	27. ×	28. √	29. √	30. ×
31. √	32. √	33. ×	34. √	35. ×
36. √	37. ×	38. ×	39. √	40. √
41. √	42. ×	43. √	44. √	45. ×
46. √	47. ×	48. ×	49. ×	50. ×
51. ×	52. √	53. √	54. ×	55. √
56. ×	57. ×	58. √	59. √	60. ×

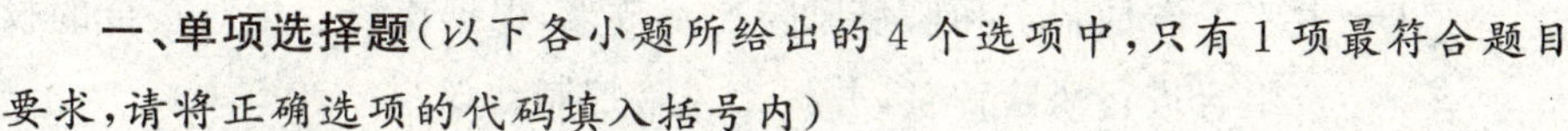

考前冲刺同步预测试卷(四)

一、单项选择题(以下各小题所给出的4个选项中,只有1项最符合题目要求,请将正确选项的代码填入括号内)

1.(　　)是基金管理公司管理基金投资的最高决策机构。

A. 总经理　　B. 董事会

C. 风险控制委员会　　D. 投资决策委员会

2. 依据我国《证券投资基金法》的规定,基金管理人只能由依法设立的(　　)担任。

A. 基金发起人　　B. 基金托管公司

C. 基金管理公司　　D. 基金投资公司

3. 中外合资基金管理公司的境外股东实缴资本不少于(　　)元人民币的等值可自由兑换货币。

A. 1亿元　　B. 2亿元

C. 3亿元　　D. 5亿元

4. 基金管理公司的主要业务不包括(　　)。

A. 证券投资基金业务　　B. 专户理财业务

C. 投资者资金托管业务　　D. 投资咨询服务

5. 基金管理公司的治理应当以(　　)为基本原则。

A. 基金份额持有人利益优先

B. 基金管理公司的股东利益最大化

C. 投资风险最小化

D. 投资回报最大化

6. 证券投资基金业务不包括(　　)。

A. 基金募集与销售　　B. 基金的托管

C. 基金的投资管理　　　　　D. 基金的运营服务

7. 关于风险控制委员会说法不正确的是(　　)。

A. 是基金管理公司管理基金投资的最高决策机构

B. 是非常设议事机构

C. 一般由副总经理、监察稽核部经理及其他相关人员组成

D. 主要工作是制定和监督风险控制政策,根据市场变化对基金的投资组合进行风险评估,并提出风险控制建议

8. 以下对于基金管理公司治理结构的论述,不正确的为(　　)。

A. 公司治理结构能够使股东大会、董事会、监事会和经营层之间的职责明确,相互协助,又相互制衡

B. 应实行独立董事制度

C. 应建立完善的内部监督和控制机制

D. 应坚持以股东利益最大化

9. 以下不属于监察稽核部的主要工作的是(　　)。

A. 基金管理稽核

B. 财务管理稽核

C. 定期或不定期执行、协调公司对外信息披露的工作

D. 对各业务部门及运作流程中的各项环节进行监控

10. (　　)是基金管理公司为适应业务向受托资产管理方向发展需要而设立的独立部门,它专门服务于提供该类型资金的机构。

A. 市场部　　　　　B. 机构理财部

C. 基金营运部　　　　　D. 风险管理部

11. 关于基金管理公司的主要股东的描述不正确的是(　　)。

A. 注册资本不低于 10 亿元人民币

B. 持续经营 3 个以上完整的会计年度,公司治理健全

C. 从事证券经营等金融资产管理业务

D. 最近 3 年没有因违法违规行为受到行政处罚或者刑事处罚

12. 以下不属于基金清算工作的是(　　)。

A. 开立投资者基金账户

B. 确认基金认购、申购、赎回、划转以及非交易过户等交易类申请

C. 按日计提基金管理费和托管费

D. 管理基金销售机构的资金交收情况

13. 财务部属于(　　)。

A. 后台支持部门　　B. 基金营运部门

C. 市场营销部门　　D. 风险管理部门

14. 在基金管理公司,核算每日基金资产净值的工作由(　　)承担。

A. 投资部　　B. 研究部

C. 基金运营部　　D. 财务部

15. 关于基金管理公司的投资决策机构叙述不正确的是(　　)。

A. 投资决策委员会是公司最高决策机构

B. 投资决策委员会一般由公司总经理、分管投资的副经理、投资总监、研究总监等人员组成

C. 投资决策委员会的职责包括制定公司投资管理相关制度

D. 负责宏观和策略的研究

16. 基金管理公司最核心业务是(　　)。

A. 基金设立　　B. 投资管理

C. 基金发行　　D. 风险管理

17. 通常由(　　)负责建立并维护股票池。

A. 投资决策委员会　　B. 研究发展部

C. 投资部　　D. 交易部

18. (　　)决定基金的总体投资计划;(　　)制定投资组合的具体方案。

A. 投资决策委员会　投资部

B. 投资决策委员会　研发部

C. 风险决策委员会　投资部

D. 风险决策委员会　研发部

19. 基金管理公司应当建立健全独立董事制度,独立董事人数不得少于3人,且不得少于董事会人数的(　　)。

A. 1/4　　B. 1/3

C. 1/2　　D. 2/3

20. (　　)是基金管理公司股票投资的落脚点。

A. 宏观与策略研究　　B. 行业研究

C. 个股研究　　D. 投资研究

21. 特定客户资产管理业务的管理费率、托管费率不得低于同类型或相似类型投资目标和投资策略的证券投资基金管理费率、托管费率的(　　)。

A. 50%　　B. 60%

C. 70%　　D. 80%

22. 基金资产与公司的其他资产的运作应当分离，是遵循基金管理公司内部控制的(　　)原则。

A. 健全性　　B. 有效性

C. 独立性　　D. 相互制约

23. 资产管理人可以与资产委托人约定，根据委托财产的管理情况提取适当的业绩报酬。在一个委托投资期间内，业绩报酬的提取比例不得高于所管理资产在该期间净收益的(　　)。

A. 10%　　B. 20%

C. 30%　　D. 40%

24. 公司及其业务部门与股东、实际控制人及其下属之间没有隶属关系体现了公司治理的(　　)原则。

A. 强化制衡机制　　B. 维护公司统一性和完整性

C. 公司独立运作　　D. 公平对待

25. 基金管理公司应当建立健全督察长制度，督察长由(　　)聘任，并对其负责。

A. 股东会　　B. 董事会

C. 董事长　　D. 总经理

26. (　　)是对公司章程规定的内部控制原则的细化和展开，是各项基本管理制度的纲要和总揽，明确内部控制目标，内部控制原则，控制环境和内部控制措施等内容。

A. 内部控制大纲　　B. 基本管理制度

C. 部门业务规章　　D. 业务操作手册

27. 基金管理公司的主要股东是指出资额占基金管理公司注册资本的比例最高,且不低于(　　)的股东。

A. 20%　　B. 25%

C. 33%　　D. 50%

28. 基金管理公司内部控制应遵循的原则不包括(　　)。

A. 健全性原则　　B. 有效性原则

C. 相互制约原则　　D. 审慎性原则

29. 基金管理公司的注册资本不得低于(　　)人民币。

A. 1 亿元　　B. 2 亿元

C. 3 亿元　　D. 5 亿元

30. 基金管理公司建立灵活有效的应急应变措施和危机处理机制体现了内部控制的(　　)要求。

A. 强化内部监察稽核控制

B. 建立完善的信息披露制度

C. 严格制定信息技术系统的管理制度

D. 建立科学严密的风险管理系统

31. 在我国,基金管理公司一般采取的组织形式是(　　)。

A. 股份有限公司　　B. 有限责任公司

C. 合作制　　D. 合伙制

32. 基金运营部的工作职责包括基金清算和基金会计两部分,以下属于基金会计工作内容的是(　　)。

A. 开立投资者基金账户

B. 管理基金销售机构的资金交收情况

C. 复核基金净值计算结果

D. 设立并管理资金清算相关账户

33. 投资决策业务控制的主要内容不包括(　　)。

A. 健全投资决策授权制度

B. 投资决策应有充分的投资依据

C. 建立投资对象的备选库制度

D. 建立投资风险评估与管理制度

34. (　　)要贯穿于公司经营活动的始终，建立健全公司授权标准和程序，确保授权制度的贯彻执行。

A. 严格授权　　B. 明确责任

C. 权利制衡　　D. 风险控制

35. 内部控制制度的制定应遵循(　　)原则，以具有前瞻性，并且必须随着有关法律法规的调整和公司经营战略、经营方针、经营理念等内、外部环境的变化进行及时的修改或完善。

A. 健全性　　B. 适时性

C. 全面性　　D. 审慎性

36. 对于成长型的股票，(　　)是最常用的辅助估值工具。

A. 市盈率　　B. 市净率

C. 现金流折现　　D. 每股盈余成长率

37. 以下关于会计系统控制的说法不正确的是(　　)。

A. 公司对所管理的基金应当以份额为会计核算主体

B. 基金会计核算应当独立于公司会计核算

C. 公司应当建立凭证制度

D. 公司应当建立账务组织和账务处理体系

38. 董事会审议公司及基金投资运作中的重大关联交易事项时应当经过(　　)以上的独立董事通过。

A. 1/3　　B. 1/2

C. 2/3　　D. 2/5

39. 关于股票投资价值的估值，说法正确的是(　　)。

A. 对特定的价值型股票，一般采用每股盈余成长率的方法

B. 对于成长型股票，股息率是最常用的辅助估值工具

C. 最常使用市盈率、市净率、现金流折现以及经济价值对利息、税收、折旧、摊销前利润等估值方法

40. 基金管理公司为单一客户办理特定资产管理业务的,客户委托的初始资产不得低于(　　)人民币。

A. 3000万　　B. 5000万

C. 8000万　　D. 1亿元

41. 公司内部控制的核心是(　　),制定内部控制制度要以审慎经营、防范和化解风险为出发点。

A. 明确责任　　B. 风险控制

C. 权利制衡　　D. 严格授权

42. 下列关于特定客户资产管理说法错误的是(　　)。

A. 基金管理公司开展特定资产管理业务,其净资产不得低于2亿元人民币

B. 基金管理公司为单一客户办理特定资产管理业务的,客户委托的初始资产不得低于3000万元人民币

C. 符合条件的基金管理公司可以为特定的多个客户办理特定资产管理业务

D. 特定资产管理业务的开放,使我国基金管理公司在向综合资产管理公司的转变上迈出了一大步

43. (　　)是指公司为防范和化解风险,保证经营运作符合公司的发展规划,在充分考虑内、外部环境的基础上,通过建立组织机制、运用管理方法、实施操作程序与控制措施而形成的系统。

A. 内部控制　　B. 外部控制

C. 间接控制　　D. 直接控制

44. 单一多个客户特定资产管理计划的委托人人数不得超过(　　)人,客户委托的初始资产合计不得低于(　　)万元人民币。

A. 100　5000　　B. 200　3000

C. 100　3000　　D. 200　5000

45. 符合条件的基金管理公司申请境内机构投资者资格,其净资产不得少于(　　)人民币。

A. 1亿元　　B. 2亿元

C. 3 亿元　　D. 5 亿元

46.（　）是基金投资运作的支撑部门。

A. 投资部　　B. 研究部

C. 交易部　　D. 市场部

二、不定项选择题（以下各小题所给出的四个选项中，至少有1项以上符合题目要求，请将符合题目要求选项的代码填入括号内）

1. 我国基金管理公司一般的决策程序是（　）。

A. 公司研究发展部提出研究报告

B. 投资决策委员会决定基金的总体投资计划

C. 基金投资部制定投资组合的具体方案

D. 风险控制委员会提出风险控制建议

2. 基金管理公司主要股东应具备的条件有（　）。

A. 从事证券经营、信托资产管理或者其他金融资产管理

B. 注册资本不低于 5 亿元人民币

C. 具有良好的经营业绩，资产质量良好

D. 没有挪用客户资产等损害客利益的行为

3. 基金运营服务通常包括（　）。

A. 基金注册登记　　B. 基金核算与估值

C. 基金资产的保管　　D. 基金清算和信息披露

4. 基金管理公司向特定对象提供咨询服务时不得有以下哪些行为（　）。

A. 承诺投资收益

B. 与投资咨询客户约定分担投资损失

C. 通过广告等公开方式招揽投资咨询客户

D. 代理投资咨询客户从事证券投资

5. 基金管理公司制定内部控制制度的原则是（　）。

A. 合法、合规性原则　　B. 全面性原则

C. 审慎性原则　　　　　　　　D. 成本效益原则

6. 基金管理公司申请境内机构投资者资格应当具备以下哪些条件?(　　)。

A. 申请人净资产不少于 3 亿元人民币

B. 经营证券投资基金管理业务达 2 年以上

C. 在最近一个季度末资产管理规模不少于 200 亿元人民币或等值外汇资产

D. 最近 3 年没有受到监管机构的重大处罚

7. 基金管理公司的组织架构包括(　　)。

A. 投资管理部门　　　　　　B. 风险管理部门

C. 市场营销部门　　　　　　D. 基金运营部门

8. 基金管理公司在业务上具有以下(　　)的特点。

A. 基金管理公司的经营风险相对银行、保险公司等要高

B. 资产管理规模的扩大对基金管理公司具有重大意义

C. 投资管理能力是基金管理公司的核心竞争力

D. 基金管理公司的业务对时间和准确性的要求很高

9. 交易部的主要职能有(　　)。

A. 执行投资部的交易指令

B. 记录并保持每日投资交易情况

C. 及时向投资决策委员会提供市场动态信息

D. 负责基金交易席位的安排

10. 基金管理公司内部控制机制一般包括(　　)。

A. 员工自律

B. 部门各级主管的检查监督

C. 公司总经理及其领导的监察稽核部对各部门和各项业务的监督控制

D. 市场监管部门监管

11. 基金会计工作包括(　　)。

A. 开立投资者基金账户

B. 记录基金资产运作过程

C. 核算当日基金资产净值

D. 按日计提基金管理费和托管费

12. 后台支持部门包括(　　)。

A. 行政管理部　　B. 机构理财部

C. 信息技术部　　D. 财务部

13. 与基金运营有关的部门有(　　)。

A. 基金运营部　　B. 行政管理部

C. 信息技术部　　D. 财务部

14. 公司内部控制制度由(　　)等部分组成。

A. 内部控制大纲　　B. 基本管理制度

C. 部门业务规章　　D. 业务操作手册

15. 市场部的主要职能有(　　)。

A. 基金产品的设计

B. 执行投资部交易指令

C. 负责基金营销工作

D. 对客户提出的申购、赎回要求提供服务

16. 财务主要负责的工作包括(　　)。

A. 管理费的收缴　　B. 核算基金资产净值

C. 公司员工薪酬的发放　　D. 公司年度财务预算与决算

17. 投资决策委员会由下列(　　)人员组成。

A. 公司总经理　　B. 分管投资的副总经理

C. 基金经理　　D. 投资总监

18. 关于投资决策实施的说法正确的是(　　)。

A. 基金经理的投资理念、分析方法和投资工具的选择是基金投资运作的关键

B. 交易员水平的高低直接决定了基金的投资收益

C. 基金经理的投资指令直接交由交易员完成

D. 交易员要协助基金经理完成基金投资运作

19. 交易指令中的具体内容包括(　　)。

A. 买入(卖出)何种有价证券

B. 买入(卖出)的时间

C. 买入(卖出)的数量

D. 买入(卖出)的价格控制

20. 基金管理公司开展特定资产管理业务应符合以下(　　)条件。

A. 净资产不低于 2 亿元人民币

B. 在最近一个季度末的资产管理规模不低于 500 亿元人民币或等值外汇资产

C. 已建立公平交易管理制度

D. 已经建立有效的投资监控制度和报告制度

21. 基金的投资决策过程涉及(　　)。

A. 研究发展部　　B. 基金投资部

C. 投资决策委员会　　D. 风险控制委员会

22. 开展特定资产管理业务应符合以下(　　)规范。

A. 将委托财产交由具备基金托管资格的商业银行担任

B. 资产委托人、资产管理人、资产托管人应当订立书面的资产管理合同

C. 多个客户资产管理计划每年至少开放一次计划份额的参与和退出

D. 不得采用任何方式向资产委托人返还管理费

23. 关于特定客户资产管理产品的说法正确的是(　　)。

A. 基金管理公司可以为单一客户办理特定客户资产管理业务

B. 基金管理公司可以为多个客户办理特定客户资产管理业务

C. 基金管理公司为单一客户办理特定客户资产管理业务的,客户委托的初始资产不得低于 5000 万元人民币

D. 单一多个客户特定管理计划的委托人数不得超过 100 人

24. 基金管理人的主要职责有(　　)。

A. 依法募集基金

B. 计算并公告基金资产净值，确定基金份额申购、赎回价格

C. 进行基金资产的评估管理

D. 编制中期和年度基金报告

25. 基金管理公司在治理结构上必须遵守以下哪些法律？（ ）

A.《中华人民共和国公司法》

B.《证券投资基金法》

C.《证券投资基金管理公司管理办法》

D.《证券投资基金管理公司治理准则》

26. 公司治理的基本原则包括（ ）。

A. 基金份额持有人利益优先原则

B. 成本效益原则

C. 强化制衡机制原则

D. 股东诚信与合作原则

27. 以下哪些事项的审议需要经过 2/3 以上的独立董事通过？（ ）

A. 公司及基金投资运作中的重大关联交易

B. 更换会计师事务所

C. 聘请督察长

D. 公司管理的基金的半年度和年度报告

28. 基金管理公司的主要业务为（ ）。

A. 证券投资基金业务

B. 受托资产管理业务

C. 投资咨询服务

D. 社保基金管理及企业年金管理业务

29. 基金管理公司内部控制应遵循的原则有（ ）。

A. 健全性原则　　B. 独立性原则

C. 适时性原则　　D. 审慎性原则

30. 中外合资基金管理公司的境外股东应当具备的条件有（ ）。

A. 为依其所在国家或者地区的法律设立，合法存续并具有金融资产管理经验的金融机构，财务稳健，资信良好，最近 3 年没有受到监

管机构或者司法机关的处罚

B. 所在国家或者地区具有完善的证券法律和监管制度,其证券监管机构已与中国证监会或者中国证监会认可的其他机构签订证券监管合作谅解备忘录,并保持着有效的监管合作关系

C. 实缴资本不少于2亿元人民币的等值可自由兑换货币

D. 经国务院批准的中国证监会规定的其他条件

31. 基金管理公司制定内部控制制度应当遵循的原则有(　　)。

A. 合法、合规性原则　　B. 全面性原则

C. 审慎性原则　　D. 有效性原则

32. 关于基金管理公司的业务特点,以下说法正确的是(　　)。

A. 收入主要来自以资产规模为基础的咨询费

B. 核心竞争力来自其盈利能力

C. 与具有较高负债的银行、保险公司等其他金融机构相比,经营风险较低

D. 业务对时间与准确性的要求很高,任何失误与迟误都会造成很大的问题

33. 内部控制的基本要求有(　　)。

A. 部门设置要体现职责明确、相互制约的原则

B. 严格授权控制

C. 严格控制基金资产的财务风险

D. 建立完善的信息披露制度

34. 以下哪些属于内部控制的内容?(　　)

A. 投资管理业务控制　　B. 信息披露控制

C. 财务系统控制　　D. 风险管理控制

35. 关于基金管理公司的监察稽核控制,以下说法不正确的是(　　)。

A. 公司应当设立督察长,对股东大会负责,并报中国证监会批准

B. 督察长由总经理提名,董事会聘任

C. 督察长应当定期或者不定期地向全体董事报送工作报告

D. 公司应当设立监察稽核部门,对公司总经理负责,并保证其独立

性和权威性

36. 基金管理公司监察稽核部的主要工作包括（　）。

A. 内部审计　B. 基金管理稽核

C. 财务管理稽核　D. 协调公司对外信息披露

37. 风险控制制度有以下哪些部分组成？（　）

A. 风险控制的机构设置　B. 风险控制的程序

C. 风险控制的具体制度　D. 风险控制制度执行情况的监督

38. 基金管理公司要建立（　）的治理结构，保持公司规范运作，维护基金份额持有人的利益。

A. 制衡监督有效　B. 激励约束合理

C. 组织机构健全　D. 对证券市场的促进

39. 基金管理人的作用主要体现在（　）。

A. 业务覆盖的广度与深度

B. 资产的保值增值

C. 对基金持有人利益的保护

D. 职责划分清晰

40. 基金营运部负责基金的注册与过户登记和基金会计与结算，其工作职责包括（　）。

A. 基金清算　B. 基金结算

C. 基金会计　D. 基金清产核资

41. 基金清算工作包括（　）。

A. 核算当日基金资产净值

B. 复核基金份额净值计算结果

C. 开立投资者基金账户

D. 复核并监督基金份额清算与资金清算结果

42. 基金管理公司的督察长不享有的权利是（　）。

A. 知情权　B. 收益权

C. 决策参与权　D. 独立调查权

43. 对于上市公司股票的投资价值，最常使用的估值方法有（　）。

A. 每股盈余成长率

B. 现金流折现

C. 市净率

D. 经济价值对利息、税收、折旧、摊销前利润

44. 基金管理公司董事会对督察长的考核,应当以基金公司的(　　)为主要标准。

A. 合规运作情况　　B. 内部风险控制情况

C. 投资收益水平　　D. 市场风险控制情况

45. 基金管理公司的内部控制包括(　　)。

A. 内部控制流程　　B. 内部控制制度

C. 内部控制机制　　D. 内部控制人员

46. 基金管理公司内部风险控制制度具体体现为(　　)。

A. 坚持独立性原则,基金管理公司管理的基金资产与基金管理公司的自有资产应相互独立,分账管理,公司会计和基金会计严格分开

B. 严格按照法律法规和基金契约规定的投资比例进行投资,不得从事规定禁止基金投资的业务

C. 坚持公开性原则

D. 前台和后台部门应独立运作

47. 以下属于程序性风险管理制度的是(　　)。

A. 防火墙制度　　B. 反馈制度

C. 保密制度　　D. 交易风险管理制度

48. 基金管理公司研究部的研究内容有(　　)。

A. 宏观与策略研究　　B. 行业研究

C. 市场研究　　D. 个股研究

49. 基金管理公司应当采取的会计控制措施有(　　)。

A. 公司应当建立凭证制度

B. 公司应当建立账务组织和账务处理体系

C. 公司应当建立复核制度

D. 公司应当建立风险控制制度

50. 基金管理公司所管理的基金应当以基金为会计核算主体，独立建账、独立核算，保证不同基金之间在（　　）等方面相互独立。

A. 名册登记　　B. 账户设立

C. 资金划拨　　D. 账簿记录

三、判断题（判断下列各小题的对错，正确的打"√"，错误的打"×"）

1. 投资决策委员会是基金管理公司的常设机构，是公司最高投资决策机构。（　　）

2. 只有基金管理人才有权发售基金份额，进行基金财产的投资管理。（　　）

3. 基金管理人的投资管理能力与风险控制能力的高低直接关系到投资者投资回报的高低与投资目标能否实现。（　　）

4. 基金必须以基金管理人为会计核算主体，独立建账、独立核算并采取适当的会计控制措施。（　　）

5. 基金管理公司需报经中国证监会审批通过之后才可以向合格境外投资者、境内保险公司等特定对象提供投资咨询服务。（　　）

6. 基金管理公司申请合格境外投资者资格时，其净资产不得低于2亿元人民币。（　　）

7. 风险控制能力是基金管理公司的核心竞争力。（　　）

8. 投资部是基金投资运作的支撑部门。（　　）

9. 交易部是基金投资运作的具体执行部门。（　　）

10. 投资决策委员会制定投资组合的具体方案。（　　）

11. 在具体的基金投资运作中，通常是由基金投资部门的基金经理向(中央)交易室发出交易指令。（　　）

12. 宏观与策略研究是基金管理公司股票投资的落脚点。（　　）

13. 投资研究是基金管理公司进行实际投资的基础和前提，基金实际投资绩效很大的程度上决定于投资研究的水平。（　　）

14. 基金管理公司应当建立和股东之间的业务隔离制度。（　）

15. 基金管理公司应当设立督察长，经总经理聘任，对总经理负责。（　）

16. 基金管理公司自身的研究重点在于以实际投资为导向的上市公司投资价值判断。（　）

17. 交易是实现基金经理投资指令的中间环节。（　）

18. 投资指令应经风险控制部门审核，确认其合法合规与完整后方可执行。（　）

19. 多个客户资产管理计划的资产管理人每月至多向投资委托人报告一次经资产托管人复核的计划份额净值。（　）

20. 投资经理与证券投资基金的基金经理的办公区域应当严格分离，并不得相互兼任。（　）

21. 在基金的运作中，基金管理人实际上处于中心位置，起着核心作用。（　）

22. 基金管理公司的董事会拥有对所管理基金的投资事务的最高决策权。（　）

23. 股东及其实际控制人不得超越股东会和董事会直接任免公司高级管理人员体现了公司强化制衡机制原则。（　）

24. 基金管理公司应当建立健全独立董事制度。独立董事人数不得少于 3 人，且不得少于董事会人数的 2/3。（　）

25. 督察长由总经理提名，由董事会聘任，并应当经全体独立董事同意。（　）

26. 公司督察长和内部监察稽核部门要独立于 其他部门，要严格监察稽核的操作程序和组织纪律。（　）

27. 基金管理公司对其管理的基金必须以基金为会计核算主体，而不能以基金管理公司为会计核算主体。（　）

28. 基金资产与公司资产、不同基金的资产和其他委托资产要实行独立运作，分别核算。（　）

29. 建立投资风险评估与管理制度，在设定的风险权限额度内进行投资

决策属于投资决策业务控制的主要内容。 ( )

30. 督察长应当定期或者不定期向总经理报送工作报告。 ( )

31. 有效性原则要求内部控制应当包括公司的各项业务、各个部门或机构和各级人员，并涵盖到决策、执行、监督、反馈等各个环节。 ( )

32. 投资决策委员会的功能是为基金投资拟订投资原则、投资方向、投资策略以及投资组合的整体目标和计划。 ( )

33. 基金管理公司的董事会和董事长不得越权干预经营管理人员的具体经营活动。 ( )

34. 基金管理公司管理的是投资者的资产，可以进行负债经营，因此，基金管理公司的经营风险相对那些具有较高负债的银行、保险公司等其他金融机构要高得多。 ( )

35. 基金管理公司的收入主要来自以资产规模为基础的管理费。 ( )

36. 基金管理公司不得聘用从其他公司离职未满 6 个月的基金经理从事投资、研究、交易等相关业务。 ( )

37. 风险控制委员会是非常设议事机构，一般由总经理、监察稽核部经理及其他相关人员组成。 ( )

38. 交易部是基金投资运作的具体执行部门，负责基金交易席位的安排、交易量管理等。 ( )

39. 公司内部控制的核心是风险控制，制定内部控制制度要以审慎经营、防范和化解风险为出发点。 ( )

40. 对于基金经理提出的投资额超出自主投资额度的投资项目需由投资决策委员会审批。 ( )

41. 基金管理公司的后台支持部门有行政管理部、信息技术部和机构理财部。 ( )

42. 基金交易应实行集中交易制度，基金经理不得直接向交易员下达投资指令或者直接进行交易。 ( )

43. 在一般情况下，多数基金管理公司的研究工作均需要依靠大量的外部研究报告，主要是作为买方的证券公司的研究报告。 ( )

44. 在公司、股东以及公司员工的利益与基金份额持有人的利益发生冲突时,应当优先保障股东的利益。 ( )

45. 审定基金资产配置比例或比例范围,包括资产类别比例和行业或板块投资比例是投资决策委员会的主要职责。 ( )

46. 审慎性原则要求内部控制制度必须涵盖公司经营管理的各个环节,不得留有制度上的空白或漏洞。 ( )

47. 督察长的薪酬由证监会统一规定。 ( )

48. 公司应当设立监察稽核部门,对公司经理层负责,开展监察稽核工作。公司应保证监察稽核部门的独立性和权威性。 ( )

49. 公司重大业务的授权可以采用书面或口头的形式。 ( )

50. 基金从业人员不得投资封闭式基金,持有的开放式基金份额的期限不得少于12个月。 ( )

参考答案

一、单项选择题

1. D	2. C	3. C	4. C	5. A
6. B	7. A	8. D	9. D	10. B
11. A.	12. C	13. A	14. C	15. D
16. B	17. B	18. A	19. B	20. C
21. B	22. C	23. B	24. C	25. B
26. A	27. B	28. D	29. A	30. D
31. B	32. C	33. C	34. A	35. B
36. D	37. A	38. C	39. D	40. B
41. B	42. B	43. A	44. D	45. B
46. B				

二、不定项选择题

1. ABCD	2. ACD	3. ACD	4. ABCD	5. ABC

6. BCD	7. ABCD	8. BCD	9. ABD	10. ABC
11. BCD	12. ACD	13. ABCD	14. ABCD	15. ACD
16. ACD	17. ABD	18. AD	19. ABCD	20. ACD
21. ABCD	22. ABD	23. ABC	24. ABD	25. ABCD
26. ACD	27. ABD	28. ABCD	29. AB	30. ABD
31. ABC	32. CD	33. ABCD	34. ABD	35. AD
36. BCD	37. ABCD	38. ABCD	39. ABC	40. AC
41. CD	42. BC	43. BCD	44. AB	45. BC
46. ABD	47. ABC	48. ABD	49. ABC	50. ABCD

三、判断题

1. ×	2. √	3. √	4. ×	5. ×
6. √	7. ×	8. ×	9. √	10. ×
11. √	12. ×	13. √	14. √	15. ×
16. √	17. ×	18. √	19. ×	20. √
21. √	22. ×	23. ×	24. ×	25. ×
26. √	27. √	28. √	29. √	30. ×
31. ×	32. √	33. √	34. ×	35. √
36. ×	37. ×	38. √	39. √	40. √
41. ×	42. √	43. ×	44. ×	45. √
46. ×	47. ×	48. √	49. ×	50. ×

考前冲刺同步预测试卷(五)

一、单项选择题(以下各小题所给出的4个选项中,只有1项最符合题目要求,请将正确选项的代码填入括号内)

1. 以下不属于基金托管人承担的职责有(　　)。

A. 资金清算　　B. 会计复核

C. 资产保管　　D. 计算并公告基金资产净值

2. (　　)是指建立基金账册并进行会计核算,复核审查管理人计算的基金资产净值和份额净值。

A. 资产保管　　B. 资金清算

C. 资产核算　　D. 投资运作监督

3. 基金托管人主要通过托管业务获取的托管费收入与托管规模成(　　)。

A. 反比　　B. 正比

C. 凸性　　D. 线性关系

4. 基金托管人的主要职责不包括(　　)。

A. 资产保管　　B. 资产管理

C. 资金清算　　D. 资产核算

5. 以下不能作为基金托管人的是(　　)。

A. 证券公司　　B. 商业银行

C. 保险公司　　D. 信托投资公司

6. (　　)是衡量银行信用风险和市场风险程度的基本指标,反映了银行的资产质量和承担风险的能力。

A. 安全高效的清算交割系统　　B. 净资产和资本充足率

C. 设有专门的基金托管部门　　D. 完善的内部稽核制度

7. (　　)有利于在商业银行内部建立有效的"防火墙"。

A. 有安全高效的清算交割系统　B. 有完善的内部稽核监控制度

C. 有专门的基金托管部门　D. 有完善的风险控制制度

8. 在托管银行内部的基金托管业务流程主要分为签署基金合同、(　　)、基金运作和基金终止四个阶段。

A. 基金发起　B. 基金募集

C. 基金投资　D. 基金托管

9. 托管人对基金的持仓情况编制(　　)。

A. 日报　B. 周报

C. 季报　D. 年报

10. (　　)是基金托管人开展基金托管业务的准备阶段。

A. 签署基金合同　B. 基金募集阶段

C. 基金运作阶段　D. 基金发起阶段

11. 关于基金托管人保管基金财产的说法,不正确的是(　　)。

A. 基金财产的债权应与基金管理人的债务相抵消

B. 对管理人不合规的投资指令拒绝执行

C. 严守基金商业秘密

D. 与管理人的共同行为给基金财产造成损害的,应承担连带赔偿责任

12. 基金财产的债权不得与基金管理人的、基金托管人的固有财产的债务相抵消。这体现了基金财产保管的(　　)要求。

A. 保证基金财产的安全

B. 依法合规处分基金财产

C. 严守基金商业秘密

D. 对基金财产的损失承担赔偿责任

13. 基金银行存款账户是指以(　　)名义在银行开立的,用于基金名下资金往来的结算账户。

A. 托管人　B. 托管人和基金

C. 基金　D. 基金管理公司和基金

14. (　　)是以托管人名义在中国结算公司上海分公司和深圳分公司分别设立的、用于所托管基金在交易所买卖证券的资金结算账户。

A. 基金银行存款账户

B. 交易所证券账户

C. 全国银行间市场债券托管账户

D. 结算备付金账户

15. 我国基金的会计核算由(　　)进行。

A. 基金管理公司　　B. 基金托管人

C. 中介机构　　D. 基金管理公司和基金托管人

16. 基金(　　)是指基金托管人以《证券投资基金法》《证券投资基金会计核算办法》等法律法规为依据，对管理人的账务处理过程与结果进行核对的过程。

A. 账务复核　　B. 头寸复核

C. 资产净值复核　　D. 财务报表复核

17. 基金托管人基金财产保管的内容不包括(　　)。

A. 基金印章的保管　　B. 基金资产账户管理

C. 运作基金资产　　D. 重要文件的保管

18. 基金在证券交易所的证券账户是以(　　)名义在中国证券登记结算有限公司开立的。

A. 基金　　B. 托管人

C. 托管人和基金联名　　D. 基金管理公司和基金联名

19. 基金头寸一般是指(　　)。

A. 基金持有的股票资产余额

B. 基金持有的债券资产余额

C. 基金持有的现金类账户的资金余额

D. 基金的资产净值

20. 基金的资金清算依据(　　)的不同，分为交易所资金清算、全国银行间债券市场交易资金清算和场外资金清算三个部分。

A. 交易种类　　B. 交易场所

C. 交易时间　　D. 交易范围

21. 交易所交易资金清算中，托管人于(　　)日，将经复核、授权确认的清算指令交付执行。

A. T+0　　B. T+1

C. T+2　　D. T+3

22. 基金托管业务的基本业务除了保管资产外，还涉及(　　)。

A. 基金绩效风险分析　　B. 资金清算

C. 增值服务　　D. 基金税务

23. 2003年8月4日以后，中国证券登记结算公司要求以(　　)名义开立清算备付金账户，并通过该账户完成所托管证券投资基金资金结算。

A. 基金管理人　　B. 基金托管人

C. 基金　　D. 托管人和基金联名

24. 下列选项中(　　)不属于在托管银行内部的基金托管业务流程。

A. 基金发起　　B. 基金募集

C. 基金运作　　D. 基金终止

25.《证券投资基金托管资格管理办法》对托管业务准入有更详细的规定。如最近3个会计年度的年末净资产均不低于(　　)亿元人民币。

A. 10　　B. 20

C. 30　　D. 40

26.(　　)是基金托管人全面行使职责的主要阶段。

A. 签署基金合同　　B. 基金募集

C. 基金运作　　D. 基金终止

27. 根据沪、深证券交易所现行的资金清算规则，交易资金采用(　　)制度。

A. T＋0日交割　　B. T＋1日交割

C. T＋2日交割　　D. T＋3日交割

28. 关于交易所交易资金清算的步骤，排序正确的是(　　)。

(1)制作清算指令(2)接收交易数据(3)执行清算指令(4)确认清算结果

A. (1)(2)(3)(4)　　B. (2)(1)(3)(4)

C. (1)(3)(4)(2)　　D. (1)(3)(2)(4)

29. 在我国，(　　)负责对基金管理公司的会计核算结果进行复核，基金管理公司负责将复核后的会计信息对外披露。

A. 中国证监会基金部　　B. 中国证监会信息中心

C. 基金托管人　　D. 中央登记结算公司

30. 基金(　　)是指基金托管人以《证券投资基金法》《证券投资基金会计核算办法》等法律法规为依据，对管理人的账务处理过程与结果进行校对的过程。

A. 账务复核　　B. 头寸复核

C. 财务报表复核　　D. 资产净值复核

31. 基金(　　)是指基金托管人以《证券投资基金法》《证券投资基金会计核算办法》等法律法规为依据,对基金管理人的估值结果即基金份额净值、累计基金份额净值以及期初基金份额净值进行的核对。

A. 头寸复核　　B. 账务复核

C. 资产净值复核　　D. 财务报表复核

32. 基金(　　)是指基金托管人对基金管理人出具的资产负债表、基金经营业绩表、基金收益分配表、基金净值变动表等报表内容进行核对的过程。

A. 账务复核　　B. 头寸复核

C. 资产净值复核　　D. 财务报表复核

33. (　　)是指内部控制制度应当符合国家法律法规及监管机构的监管要求,并贯穿于托管业务经营管理活动的始终。

A. 合法性原则　　B. 完整性原则

C. 审慎性原则　　D. 及时性原则

34. (　　)是指托管业务的各项经营管理活动都必须有相应的规范程序和监督制约,监督制约应渗透到托管业务的全过程和各个操作环节,覆盖所有的部门、岗位和人员。

A. 合法性原则　　B. 完整性原则

C. 及时性原则　　D. 审慎性原则

35. (　　)是指托管业务经营活动必须在发生时能准确、及时地记录;按照“内部控制优先”的原则,新设机构或新增业务品种时必须做到已建立相关的规章制度。

A. 合法性原则　　B. 完整性原则

C. 及时性原则　　D. 审慎性原则

36. (　　)是指各项业务经营活动必须防范风险,审慎经营,保证基金资产的安全与完整。

A. 合法性原则　　B. 完整性原则

C. 及时性原则　　D. 审慎性原则

37. (　　)是指内部控制制度应根据国家政策、法律及经营管理的需要适时修改完善，并保证得到全面落实执行，不得有任何空间、时限及人员的例外。

A. 合法性原则　　B. 完整性原则

C. 有效性原则　　D. 审慎性原则

38. (　　)是指托管人托管的基金资产、托管人的自有资产、托管人托管的其他资产应当分离；直接操作人员和控制人员应相对独立，适当分离；内部控制制度的检查、评价部门必须独立于内部控制制度的制定和执行部门。

A. 合法性原则　　B. 完整性原则

C. 及时性原则　　D. 独立性原则

39. 下面不属于内部控制的基本要素是(　　)。

A. 环境控制　　B. 风险评估

C. 资金清算　　D. 信息沟通

40. 资金清算环节的主要风险点是(　　)。

A. 账实、账帐、账证不符

B. 基金资金清算和交收不及时，从而延误成交时间

C. 基金资金交收不成功，从而成交失败

D. 基金资金清算计算错误，从而延误成交时间

41. 基金投资监督环节可能出现的风险点是(　　)。

A. 基金资金清算和交收不及时，从而延误成交时间

B. 核算办法不合理

C. 人为或系统原因对于基金管理人的投资违规行为未能及时发现，发现后未能有效制止

D. 基金清算，核算系统主机硬件系统故障

42. (　　)构成托管人内部控制的基础。

A. 风险评估　　B. 环境控制

C. 控制活动　　D. 信息沟通

二、不定项选择题(以下各小题所给出的4个选项中,至少有一项以上符合题目要求,请将符合题目要求选项的代码填入括号内)

1. 基金财产保管的基本要求有(　　)。

A. 保证基金资产的安全　　B. 保证基金资产的保值增值

C. 依法处分基金财产　　D. 严守商业秘密

2. 基金资产托管业务或者托管人承担的主要职责包括(　　)。

A. 资产保管　　B. 资金清算

C. 资产核算　　D. 投资运作监督

3. 基金托管人对基金管理人的投资运作进行监督,包括(　　)。

A. 投资对象　　B. 投资范围

C. 投资比例　　D. 禁止投资行为

4. 从基金资产的安全性和基金托管的独立性出发,一般都规定基金托管人必须是由独立于基金管理人并具有一定实力的(　　)等金融机构担任。

A. 商业银行　　B. 证券公司

C. 信托投资公司　　D. 保险公司

5. 基金托管业务的流程有(　　)。

A. 基金发起　　B. 基金募集

C. 基金运作　　D. 基金终止

6. 基金运作阶段是基金托管人全面行使职责的主要阶段。托管人在该阶段的主要工作或业务内容有(　　)。

A. 安全独立保管基金的全部财产

B. 开设基金的各类资金账户

C. 根据管理人的指令办理资金划拨

D. 监督基金投资范围、投资比例、投资风格等

7. 以下体现保证基金资产安全的是(　　)。

A. 基金财产的债权不得与基金管理人、基金托管人固有财产的债务相抵消

B. 基金托管人要根据有关规定和基金管理人合法的合规的投资指令

办理资金的清算、交割事宜

C. 不同基金财产的债权债务不得相互抵消

D. 将基金资产与自有资产、不同基金资产严格分开

8. 为保证基金资产账实、账证相符，基金托管人必须定期对基金全部账户的资产情况进行核对。一般情况下，(　　)每日核对。

A. 基金银行存款账户余额　　B. 基金结算备付金账户余额

C. 基金债券托管账户　　D. 基金证券账户

9. 基金的资金清算依据交易场所的不同分为(　　)。

A. 交易所交易资金清算　　B. 全国银行间市场资金清算

C. 场外资金清算　　D. 地区银行间资金清算

10. 基金资产账户主要包括(　　)。

A. 银行存款账户　　B. 结算备付金账户

C. 不动产账户　　D. 证券账户

11. 基金托管人的机构设置一般包括(　　)。

A. 负责证券投资基金托管业务的市场开拓、研究、客户关系维护的市场部门

B. 负责基金资金清算、核算的部门

C. 负责制定和执行基金交易计划的部门

D. 负责技术维护、系统开发的部门

12. 场外基金清算是指基金在证券交易所和银行间债券市场之外所涉及的资金清算，包括(　　)等的资金清算。

A. 申购　　B. 增发新股

C. 支付基金相关费用　　D. 开放式基金的申购与赎回

13. 基金托管人要对指令的(　　)进行审核，审核无误后制作清算指令。

A. 及时性　　B. 真实性

C. 合法性　　D. 完整性

14. 在我国，基金托管人主要依据(　　)及国家有关法律、法规，对基金的运作进行监督和核查。

A.《证券投资基金法》　　B.《基金合同》

C.《中华人民共和国公司法》　　D.《托管协议》

15. 商业银行申请基金托管人资格,必须经(　　)审查批准。

A. 中国证券业协会　　B. 中国银监会

C. 财政部　　D. 中国证监会

16. 基金账务的复核指基金托管人以(　　)等法律法规为依据,对管理人的账务处理过程与结果进行核对的过程。

A.《证券投资基金法》

B.《中华人民共和国公司法》

C.《证券投资基金会计核算办法》

D.《关于进一步规范证券投资基金估值业务的指导意见》

17. 基金资产账户主要包括(　　)。

A. 银行存款账户　　B. 清算备付金账户

C. 交易所证券账户　　D. 全国银行间市场债券托管账户

18. 基金财务报表的复核指基金托管人对基金管理人出具的(　　)等报表内容进行核对的过程。

A. 资产负债表　　B. 基金经营业绩表

C. 基金收益分配表　　D. 基金净值变动表

19. 基金资产保管的主要内容包括(　　)。

A. 保管基金印章

B. 管理基金资产账户

C. 保管基金的重大合同、基金的开户资料、预留印鉴、实物证券的凭证等重要文件

D. 核对基金资产

20. 基金财产的重要文件保管包括(　　)等。

A. 重大合同　　B. 基金的开户资料

C. 预留印鉴　　D. 实物证券的凭证

21. 基金资产净值的复核指基金托管人以(　　)等法律法规为依据,对基金管理人的估值结果进行核对。

A.《证券投资基金法》

B.《中华人民共和国公司法》

C.《证券投资基金会计核算办法》

D.《关于进一步规范证券投资基金估值业务的指导意见》

22. 交易所交易资金清算流程包括(　　)。

A. 接收交易数据　　B. 制作清算指令

C. 执行清算指令　　D. 确认清算结果

23. 基金托管人内部控制的原则包括(　　)。

A. 合法性原则　　B. 独立性原则

C. 及时性原则　　D. 有效性原则

24. 基金会计复核包括基金(　　)等的复核。

A. 账务　　B. 头寸

C. 资产净值　　D. 合同

25. 基金托管人对基金管理人的投资运作进行监督，对基金投融资比例监督的内容包括(　　)。

A. 基金合同约定的基金投资资产配置比例

B. 融资限制

C. 股票申购限制

D. 法规允许的基金投资比例调整期限

26. 实际运作中，托管人对基金管理人投资运作的监督有以下(　　)特点。

A. 不同基金类型监督的依据和内容不同

B. 日常运作中，托管人对基金管理人投资运作行为的监督主要是基金投资范围、投资比例、交易对手、投资风格等方面

C. 根据投资需要和监管机构的要求，不断增加、完善监督内容

D. 场内交易主要通过人工手段实现，场外交易主要借助于技术系统完成

27. 基金投资运作监督的方式包括(　　)。

A. 电话提示　　B. 书面警示

C. 书面报告　　D. 定期报告

28. 基金托管人对基金管理人投资运作监督的定期报告，包括(　　)。

A. 说明函　　B. 持仓统计表

C. 基金运作监督周报　　D. 基金运作监督报告

29. 不同基金之间在(　　)等方面应完全独立，实行专户、专人管理。

A. 持有人名册登记　　B. 账户设置

C. 资金划拨　　　　　　　　　D. 账册记录

30. 基金托管人会计核算和估值的风险控制措施有(　　)。

A. 对所托管的基金应当以管理人为会计核算主体,独立建账、独立核算

B. 建立凭证管理制度

C. 建立账务组织和账务处理体系,正确设置会计账簿,有效控制会计记账程序

D. 采取合理的估值方法和科学的估值程序,公允反映基金所投资的有价证券在估值时点的价值

31. 稽核监督部门负责内部控制制度的综合管理,其主要职责有(　　)。

A. 对各项业务及其操作提出内部控制建议

B. 独立检查和评价有关内部控制制度

C. 对涉及内部控制方面的问题进行专题检查及调查

D. 对违反内部控制制度的单位和个人建议给予相应的纪律处分

32. 技术系统可能出现的风险点有(　　)等。

A. 基金清算、核算系统主机硬件系统故障

B. 没有严格按流程操作

C. 软件系统、数据接受、交易监督控制系统故障

D. 录音录像系统故障

33. 基金会计核算过程的主要风险点有(　　)等。

A. 核算办法不合理　　　　　　B. 没有严格的操作流程

C. 核算数据错误　　　　　　　D. 清算和交收没有及时进行

34. 资产托管可能存在的风险点有(　　)。

A. 各类账户开设不及时、不独立

B. 印章使用不规范

C. 重要合同没有按规定保管

D. 没有认真对账导致基金账务出现差错

35. 未接到(　　),基金托管人不得自行运用、处分、分配基金的任何资产。

A. 交易所的合法数据

B. 基金份额持有人的指令

C. 基金管理人的指令

D. 登记结算公司的合法数据

36. 内部控制的基本要素包括(　　)。

A. 环境控制　　B. 风险评估

C. 控制活动　　D. 信息沟通

37. 以下关于基金财产的说法不正确的是(　　)。

A. 是基金管理人、托管人的固有财产

B. 基金管理人、托管人不得将基金财产归入其固有财产

C. 相同基金财产的债权债务可以相互抵消

D. 基金财产的债权不得与基金管理人、基金托管人固有财产的债务相抵消

38. (　　)是衡量银行信用风险和市场风险的程度的基本标准,反映了银行的资产质量和承担风险的能力。

A. 净资产　　B. 资本充足率

C. 总资产　　D. 资本收益率

39. 环境控制包括(　　)等内容。

A. 经营理念　　B. 内部控制文化

C. 组织结构　　D. 员工道德素质

40. 对(　　)的情况一般电话提示管理人。

A. 托管基金投资比例接近超标　B. 媒体和舆论反映集中的问题

C. 资产透支　　D. 投资超比例

41. 对于(　　)情况,书面提示有关管理人,并向监管机构报告。

A. 资产透支　　B. 投资超比例

C. 资金头寸不足　　D. 涉嫌违规交易

42. 内部控制是指托管人通过建立有效的(　　),设置专业人员和独立的监察稽核部门,对内部控制制度的执行情况进行持续的监督,保证内部控制制度的落实。

A. 稽核监察体系

B. 内部控制制度

C. 稽核检查制度

D. 内部控制制度的评审和反馈机制

43. 基金托管人内部控制的内容主要有(　　)等。

A. 资产保管　　B. 资金清算

C. 投资监督　　D. 会计核算与估值

44. 场外资金清算包括(　　)等的资金清算。

A. 股票买卖　　B. 申购、增发新股

C. 支付基金相关费用　　D. 开放式基金的申购与赎回

45. 基金财务报表的复核指基金托管人对基金管理人出具的(　　)等报表内容进行核对的过程。

A. 资产负债表　　B. 基金经营业绩

C. 基金收益分配表　　D. 基金净值变动表

46. 对基金投资禁止行为的监督内容包括但不限于《证券投资基金法》、基金合同规定的不得(　　)。

A. 从事承担有限责任的投资　　B. 承销证券

C. 向他人贷款　　D. 向他人提供担保

47. 关于基金托管人资产保管业务的内部控制，下列说法不正确的是(　　)。

A. 基金托管人必须将基金资产与自有资产、不同基金的资产严格分开

B. 托管人可以自行决定运用、处分、分配基金的任何资产

C. 基金托管人应安全保管与基金资产有关的重大合同和实物券凭证

D. 基金托管人应实行不定期对账制度，以核对全部账户资产，保证账实、账帐、账证相符

48. 基金托管人资金清算的风险控制措施有(　　)。

A. 基金托管人应实行严格的岗位分离制度

B. 基金托管人应严格按照基金管理人的有效划款指令办理基金名下资金清算

C. 建立复核制度，形成相互制约机制，防止差错的产生

D. 基金管理人应建立严格的授权制度，在授权的范围内，及时准确的完成基金清算，确保基金资产的安全

49. 基金托管人会计核算估值的风险控制措施有(　　)。

A. 采取合理的估值方法和科学的估值程序，公允反映基金所投资的

有价证券在估值时点的价值

B. 建立账务组织和账务处理体系，正确设置会计账簿，有效控制会计记账程序

C. 建立凭证管理制度

D. 对所托管的基金应当以基金管理人为会计核算主体，独立建账、独立核算

50. 从（　　）出发，一般都规定基金托管人必须是独立与基金管理人并具有一定实力的商业银行、保险公司或信托投资公司等金融机构担任。

A. 基金财产的安全性　　B. 基金托管人的独立性

C. 投资者利益的保护　　D. 基金财产的增值性

三、判断题（判断下列各小题的对错，正确的打“√”，错误的打“×”）

1. 交易所证券账户是指以基金名义在中央国债登记结算有限公司开立的乙类债券托管账户，用于登记存管基金持有的、在全国银行间同业拆借市场交易的债券。（　　）

2. 基金募集阶段是基金托管人开展基金托管业务的准备阶段。（　　）

3. 如果基金募集不成立，则由基金托管人将募集资金返还到投资人账户。（　　）

4. 基金银行存款账户是托管人为办理资金清算需要而设立，由托管人开立并管理。（　　）

5. 基金头寸指基金在进行交易后所有的非现金类账户的资金余额。（　　）

6. 基金托管人应每日对基金的持仓情况编制日报，并向监管机构报告。（　　）

7. 各项业务的经营活动必须防范风险，审慎经营，保证基金资金的安全与完整。这体现了内部控制的有效性原则。（　　）

8. 资金清算环节的主要风险点是基金资金清算和交收不及时，从而延误了成交时间。（　　）

9. 基金投资监督环节可能出现的主要风险点是没有严格按照流程操作导致核算数据错误。（　　）

10. 基金托管人的职责主要体现在基金资产保管、基金投资运作监督、基金资金清算以及基金会计复核等方面。（　　）

11. 基金托管人是根据法律法规的要求，在证券投资基金运作中承担资产保管、交易监督、信息披露、资金清算与会计核算等相应职责的当事人。（　　）

12. 资产核算即执行基金管理人的投资指令，办理基金名下的资金往来。（　　）

13. 从基金资产的安全性和基金托管人的独立性出发，一般都规定基金托管人必须是由独立于基金管理人并具有一定实力的商业银行、保险公司或信托投资公司等金融机构。（　　）

14. 净资产和资本充足率是衡量银行信用风险和市场风险程度的基本标准。（　　）

15. 基金托管人的首要职责就是要保证基金资产的安全，独立、完整、安全的保管基金的全部资产。（　　）

16. 基金托管人主要通过托管业务获取托管费作为其主要收入的来源，托管费收入与托管规模成正比。（　　）

17. 基金托管人在保管基金资产时，基金托管人可以按照自己的投资思路合理地运用、处分和分配基金资产。（　　）

18. 基金托管人必须将基金资产与自有资产、不同基金的资产严格分开。（　　）

19. 基金托管人应定期核对全部账户资产，保证账实、账账、账证相符。（　　）

20. 基金财产是独立于管理人、托管人的固有财产，基金管理人、基金托管人不得将基金财产归入其固有财产。（　　）

21. 不同基金财产的债权债务可以相互抵消。（　　）

22. 基金托管人要根据有关规定和基金管理人合法、合规的投资指令办理资金的清算、交割事宜。（　　）

23. 基金银行存款账户是指以基金名义在银行开立的、用于基金名下资金往来的结算账户。（　　）

24. 保管好基金印章是保证基金资产安全的前提。（　　）

25. 基金的资金清算依据交易时间的不同，分为交易所资金清算、全国

银行间债券市场交易资金清算和场外资金清算三个部分。（ ）

26. 基金账务的复核指基金托管人以《证券投资基金法》《证券投资基金会计核算办法》等法律法规为依据，对管理人的账务处理过程与结果进行核对的过程。（ ）

27. 对所托管基金投资比例接近超标或者对媒体和舆论反映集中的问题等，一般要提出书面警示。（ ）

28. 托管银行根据对基金运作的监督情况，每周编制基金运作监督周报，并向监管机构报告。（ ）

29. 托管人托管的基金资产、托管人的自有资产、托管人托管的其他资产应当分离。这体现了内部控制的独立性原则。（ ）

30. 我国对基金托管人的市场准入要求是，基金托管人最近3个会计年度的年末资产均不低于20亿元人民币。（ ）

31. 保管基金印章不是基金资产的保管主要内容。（ ）

32. 基金托管人根据对基金运作的监督情况，每周编制基金运作监控周报，向监管机构报告。（ ）

33. 我国《证券投资基金法》规定，基金托管人由依法设立并取得基金托管资格的商业银行和信托投资公司担任。（ ）

34. 基金托管人在协议规定的范围内履行托管职责，但不收取报酬，而是通过进行绩效评估、提供会计核算等增值性服务来取得收入。（ ）

35.《证券投资基金托管资格管理办法》对托管准入有更详细的规定。如，最近3个会计年度的年末净资产均不低于30亿元人民币；设有专门的基金托管部门；基金托管部门拟从事基金清算、核算、投资监督、信息披露等业务的执业人员不少于5人，并具有基金从业资格；有安全保管基金财产的条件等等。（ ）

36. 基金托管人对每一个基金单独设账，分账管理。（ ）

37. 基金托管人负责开立全部基金资产账户，保证基金账户独立于托管银行账户，但不同基金的账户不必相互独立。（ ）

38. 交易所证券账户是指以基金名义在中央国债登记结算有限公司开立的乙类债券托管账户，用于登记存管基金持有的、在全国银行间同业拆借市场交易的债券。（ ）

39. 托管人对当日交易进行核算、估值及核对净值后，制作清算指令，完

成 T+1 日的工作流程。 (　　)

40. 基金托管人根据前一日证券交易清算情况计算生成基金头寸。 (　　)

41. 在更换托管人或基金终止清算两种情形下,根据法律法规的要求,托管人要参与基金终止清算,并按规定保存清算结果和相关资料。 (　　)

42. 托管人对当日交易进行核算、估值及核对净值后,制作清算指令,完成 T+1 日的工作流程。 (　　)

43. 全国银行间证券市场交易资金包括基金在银行间市场进行债券买卖、回购交易等所对应的资金清算。 (　　)

44. 基金终止阶段是基金托管人尽责的善后阶段。 (　　)

45. 基金托管人和基金管理人可以出借证券账户。 (　　)

46. 一般情况下,基金银行存款账户、基金结算备付金余额、基金证券账户的各类证券资产数量、余额每日核对;基金债券托管账户在交易当日进行核对,如无交易每周核对一次。 (　　)

参考答案

一、单项选择题

1. D	2. C	3. B	4. B	5. A
6. B	7. C	8. B	9. A	10. B
11. A	12. A	13. C	14. D	15. D
16. A	17. C	18. C	19. C	20. B
21. B	22. B	23. B	24. A	25. B
26. C	27. B	28. B	29. C	30. A
31. C	32. D	33. A	34. B	35. C
36. D	37. C	38. D	39. C	40. B
41. C.	42. B			

二、不定项选择题

1. ACD	2. ABCD	3. ABCD	4. ACD	5. BCD

6. ACD	7. ACD	8. ABD	9. ABC	10. ABD
11. ABD	12. ABCD	13. BCD	14. ABD	15. BD
16. AC	17. ABCD	18. ABCD	19. ABCD	20. ABCD
21. ACD	22. ABCD.	23. ABCD	24. ABC	25. ABCD
26. ABC	27. ABCD	28. BC	29. ABCD	30. BCD
31. ABCD	32. ACD	33. BCD	34. ABCD	35. ACD
36. ABCD	37. AC	38. AB	39. ABCD	40. AB
41. AD.	42. ABCD	43. ABCD	44. BCD	45. ABCD
46. ABCD	47. BD	48. ABCD	49. ABC	50. AB

三、判断题

1. ×	2. √	3. √	4. √	5. ×
6. √	7. ×	8. √	9. ×	10. √
11. √	12. √	13. √	14. √	15. √
16. √	17. ×	18. √	19. √	20. √
21. ×	22. √	23. √	24. √	25. ×
26. √	27. ×	28. √	29. √	30. ×
31. ×	32. √	33. ×	34. ×	35. √
36. √	37. ×	38. ×	39. ×	40. ×
41. √	42. ×	43. √	44. √	45. ×
46. √				

考前冲刺同步预测试卷(六)

一、单项选择题(以下各小题所给出的4个选项中,只有1项最符合题目要求,请将正确选项的代码填入括号内)

1. ( )是将产品或服务的信息传达到市场上,让客户充分了解产品的特点和优点。

A. 促销　　B. 代销

C. 传销　　D. 分销

2. 以下不属于基金市场营销的内容的是( )。

A. 目标市场与客户的确定　　B. 营销环境的分析

C. 基金资产的运作　　D. 营销组合的设计

3. 证券投资基金的市场营销是基金销售机构从( )出发所进行的基金产品的设计、销售、售后服务等一系列活动的总称。

A. 基金产品　　B. 市场和客户的需要

C. 基金财产数量　　D. 客户的风险承受能力

4. 基金市场营销的宏观环境不包括( )。

A. 经济　　B. 政治

C. 人口　　D. 公众

5. 基金市场营销是围绕( )而展开的。

A. 基金管理人的需要　　B. 基金资产的数量

C. 投资者的需要　　D. 基金托管人的需要

6. 以下不属于基金市场营销特征的是( )。

A. 规范性　　B. 持续性

C. 广泛性　　D. 适用性

7. 基金销售机构在销售基金和相关产品的过程中,应注意根据基金投资人的风险承受能力销售不同风险等级的产品，把合适的产品卖给合适的投资人。这体现了基金市场营销的（　　）特征。

A. 规范性　　　　B. 专业性

C. 适用性　　　　D. 服务性

8. 关于基金的风险和收益，以下说法不正确的是（　　）。

A. 基金过往业绩并不预示基金的未来表现

B. 基金不得以任何形式向投资人保证获利或者承诺最低收益，经中国证监会批准设立的特殊品种的基金除外

C. 中国证监会对基金的核准代表其对基金的风险和收益作出的实质性判断

D. 投资基金的风险由投资人承担

9. 微观环境是指与公司关系密切，能够影响公司客户服务能力的各种因素。以下不属于微观环境的是（　　）。

A. 股东支持　　　　B. 技术因素

C. 销售渠道　　　　D. 竞争对手

10. 不包括在营销组合四大要素之中的是（　　）。

A. 产品　　　　B. 价格

C. 促销　　　　D. 售后服务

11. 在我国，大众投资群体仍主要以（　　）为主要金融资产。

A. 股票投资　　　　B. 银行储蓄

C. 基金　　　　D. 债券

12. 以下关于基金市场营销的主要内容说法不正确的是（　　）。

A. 确定目标市场与客户是基金营销部门的一项关键性工作

B. 对机构投资者的营销成本高，但服务成本低

C. 营销环境由宏观环境和微观环境组成

D. 影响投资者决策的因素有内在因素和外因素

13. （　　）是满足投资者需求的手段。

A. 营销　　　　B. 产品

C. 促销　　　　D. 渠道

14.(　　)的主要任务是使客户在需要的时间和地点以便捷的方式获得产品。

A. 营销　　　　B. 调研

C. 渠道　　　　D. 促销

15.“促销组合四要素”不包括(　　)。

A. 广告促销　　　　B. 营业推广

C. 公共关系　　　　D. 市场调研

16. 只有仔细的分析投资者,针对不同的市场和客户推出合适的基金产品,才能更有效地实现营销目标。因此,(　　)是基金营销部门的一项关键性工作。

A. 开发新客户　　　　B. 保住老客户

C. 确定目标市场与客户　　　　D. 设计市场营销的组合

17. 以下不属于证券投资基金的客户服务模式的是(　　)。

A. 电话服务中心

B. 自动传真、电子信箱与手机短信

C.“一对二”专人服务

D. 互联网的应用

18.(　　)是基金产品设计的起点,它从根本上决定着基金产品的内部结构。

A. 选择好基金管理人　　　　B. 确定营销策略

C. 确定具体的目标客户　　　　D. 分析基金市场的现状

19. 基金产品定价的首要考虑的因素是(　　)。

A. 市场环境　　　　B. 客户特性

C. 渠道特性　　　　D. 基金产品的类型

20. 证券投资咨询机构申请基金代销业务资格应当具备下列条件,注册资本不低于(　　)人民币,且必须为实缴货币资本;高级管理人员已取得基金从业资格,持续从事证券投资咨询业务(　　)完整会计年度。

A. 3000 万元　5 个以上　　　　B. 2000 万元　3 个以上

C. 3000 万元　3 个以上　　　　D. 2000 万元　5 个以上

21. 关于基金销售渠道说法不正确的是(　　)。

A. 我国开放式基金的销售逐渐形成了银行代销,证券公司代销,基金管理公司直销的销售体系

B. 商业银行作为基金的代销机构,可以为投资者提供个性化的服务

C. 证券公司网点拥有更多的专业投资咨询人员,可以为投资者提供个性化的专业服务

D. 在基金规模不断壮大,品种逐渐增加的形势下,对投资基金提供专业咨询服务,已经成为了一种市场需求

22. 关于基金的促销手段的说法不正确的是(　　)。

A. 人员推销是一种面对面的沟通方式

B. 广告的目的就是通知,影响和劝说目标市场

C. 营业推广属于长期性的刺激工具

D. 公共关系所关注的是基金管理人为赢得公众尊敬所做的努力

23. (　　)是为投资额较大的个人投资者和机构投资者提供的最具个性化的服务。

A. 电话服务中心

B. 邮寄服务

C. 自动传真、电子信箱与手机短信

D. "一对一"专人服务

24. 基金销售中常用的营业推广手段不包括(　　)。

A. 销售网点宣传　　B. 投资者交流

C. 编制和发布年度报告　　D. 费率优惠

25. 基金销售活动的业务主体是(　　),它也具有销售基金的职责。

A. 基金管理人　　B. 基金托管人

C. 基金销售机构　　D. 证券公司

26. 商业银行具有以下哪项行为,则不能申请基金代销资格?(　　)

A. 资本充足率符合国务院银行业监督管理机构的有关规定

B. 有专门的负责基金代销业务的部门

C. 最近3年没有因违法违规行为受到行政处罚或者刑事处罚

D. 公司及其主要分支机构负责基金代销业务的部门取得基金从业资格的人员低于该部门的1/2

27. 以下不属于证券投资咨询机构申请基金代销业务应具备的条件的是(　　)。

A. 注册资本不低于1000万人民币

B. 高级管理人员已取得从业资格

C. 持续从事证券投资咨询业务3个以上完整会计年度

D. 最近3年没有代理投资人从事证券买卖的行为

28. 以下关于基金销售机构申请基金代销资格应具备的条件,不正确的是(　　)。

A. 有符合规定的组织名称、组织机构和经营范围

B. 主要出资人必须依法设立持续经营3个以上会计年度

C. 注册资本不得低于2000万

D. 取得基金从业资格的人员不少于30人

29. 基金的认购费和申购费可以在基金份额发售或者申购时收取,也可以在赎回时从赎回金额中扣除,但费率不得超过认购和申购金额的(　　)。

A. 3%　　B. 4%

C. 5%　　D. 6%

30. 下列不属于基金销售宣传的禁止规定的是(　　)。

A. 虚假记载、误导性陈述或者重大遗漏

B. 预测该基金的证券投资业绩

C. 有明确、醒目的风险提示和警示性文字

D. 登载单位或者个人的推荐性文字

31. 在申请基金代销业务资格时,申请机构应当按照中国证监会的规定提交申请材料。申请期间申请材料涉及的事项发生重大变化的,申请人应当自变化之日起(　　)个工作日内向中国证监会提交更新材料。

A. 3　　B. 4

C. 5　　D. 6

32. 下列基金费率不属于投资者在买进与卖出基金环节一次性支付的

费用的是(　　)。

A. 认购费　　B. 申购费

C. 托管费　　D. 赎回费

33. 基金产品线是指一家基金管理公司所拥有的不同基金产品及其组合。以下各项中不用来考察基金产品线的内涵的是(　　)。

A. 产品线的长度　　B. 产品线的宽度

C. 产品线的深度　　D. 产品线的高度

34. (　　)的基金产品线，即基金管理公司根据自身能力专长，在某一个或几个产品类型方向上开发各具特点的子类基金产品，以满足在这个方向上具有特定风险收益的偏好的投资者的需要。

A. 水平式　　B. 垂直式

C. 综合式　　D. 单一式

35. 2007 年 3 月中国证监会发布并实施了(　　)，首次对基金销售业务信息管理进行了规范，也是基金销售管理办法在技术或信息管理领域的深层次体现。

A.《证券投资基金法》

B.《证券投资基金销售业务信息管理平台管理规定》

C.《证券投资基金销售适用性指导意见》

D.《证券投资基金销售管理办法》

36. 证券投资基金的营销渠道有(　　)和代销两类渠道。

A. 直销　　B. 分销

C. 银行　　D. 保险公司

37. 基金宣传推介材料可以登载该基金、基金管理人的其他基金的过往业绩，但基金合同生效不足(　　)的除外。

A. 1 个月　　B. 3 个月

C. 6 个月　　D. 12 个月

38.《证券投资基金销售业务信息管理平台管理规定》从总体上要求销售机构信息管理平台的建立和维护应当遵循的原则不包括(　　)原则。

A. 安全性　　B. 适用性

C. 实用性 D. 系统化

39. 基金销售机构内部控制应履行健全性、有效性、( )和审慎性原则。

A. 及时性 B. 全面性

C. 独立性 D. 合法性

40. 基金管理人、代销机构对于基金份额持有人开户资料和与销售业务有关的其他资料保存期至少为( )。

A. 5 年 B. 10 年

C. 15 年 D. 20 年

41. ( ),即通过科学的内部控制制度与方法,建立合理的内部控制程序,确保内部控制制度的有效执行。

A. 健全性 B. 有效性

C. 独立性 D. 审慎性

二、不定项选择题(以下各小题所给出的 4 个选项中,至少有 1 项以上符合题目要求,请将符合题目要求选项的代码填入括号内)

1. 国际上常见的基金销售代销机构主要有( )。

A. 银行 B. 证券公司

C. 保险公司 D. 独立的理财顾问

2. 在确定目标市场和客户上,基金销售机构面临的重要问题之一就是分析投资人的真实需求,包括投资人的( )。

A. 投资规模 B. 风险偏好

C. 对基金流动性的要求 D. 社会阶层

3. 微观环境是指与公司关系密切,能够影响公司客户服务能力的各种因素,主要包括( )。

A. 股东支持 B. 销售渠道

C. 客户 D. 竞争对手

4. 在营销环境的诸多因素中,基金管理人最需要关注的是( )。

A. 证券市场的运行情况

B. 销售机构本身的情况

C. 影响投资者决策的因素

D. 监管机构对基金营销的监管

5. 以下各因素属于销售机构本身情况的是（　　）。

A. 公司股权结构　　B. 经营目标

C. 营销团队　　D. 销售渠道

6. 开放式基金的费用主要包括（　　）。

A. 管理费　　B. 托管人

C. 认购费　　D. 赎回费

7. 证券投资基金的营销渠道包括（　　）。

A. 直销　　B. 代销

C. 包销　　D. 促销

8. 市场营销计划主要包括以下（　　）内容。

A. 计划实施概要　　B. 市场营销现状

C. 市场威胁和市场机会　　D. 市场营销战略

9. 基金产品的设计需要输入的主要信息包括（　　）。

A. 客户需求信息　　B. 基金管理人信息

C. 投资运作信息　　D. 产品市场信息

10. 我国开放式基金目前的主要营销渠道是（　　）。

A. 银行　　B. 证券公司

C. 基金公司直销中心　　D. 信托投资公司

11. 基金产品线是指一家基金管理公司所拥有的不同的基金产品及其组合。通常从（　　）方面考察基金产品线的内涵。

A. 产品线的长度　　B. 产品线的宽度

C. 产品线的深度　　D. 产品线的高度

12. 常见的基金产品线类型有（　　）。

A. 垂直式　　B. 水平式

C. 单一式　　D. 综合式

13. (　　)等作为理财顾问或金融规划师,可以针对特定客户的需求,提供独立的咨询服务,将基金作为客户资产组合的一部分销售出去。

A. 银行　　B. 证券公司

C. 律师事务所　　D. 会计师事务所

14. 对基金推介材料的免责声明规定有(　　)。

A. 在登载基金过往业绩时,应当声明过往业绩并不预示其未来表现

B. 在登载基金过往业绩时,应当声明其他基金业绩并不构成新基金业绩表现的保证

C. 基金宣传推介材料含有中国证监会核准内容的,应当声明中国证监会的核准并不代表中国证监会对该基金的风险和收益作出实质性判断、推荐或者保证

D. 基金宣传推介材料应当含有明确、醒目的风险提示和警示性文字

15. 直销一般通过(　　)等方式使投资者与基金公司直接达成交易。

A. 广告宣传　　B. 基金超市

C. 直接邮寄宣传单　　D. 公司网站

16. 目前,我国开放式基金的销售逐渐形成了(　　)代销,基金管理公司直销的销售体系。

A. 银行　　B. 保险公司

C. 证券公司　　D. 投资咨询机构

17. 公共关系所关注的是基金管理人为赢得公众尊敬所做的努力。其中,加强与投资者的关系包括(　　)。

A. 实行费率优惠　　B. 编制和发布年度季度报告

C. 销售网点宣传　　D. 进行客户交流

18. 证券投资基金的促销手段包括(　　)。

A. 人员推销　　B. 广告

C. 销售促进　　D. 公共关系

19. 商业银行申请基金代销业务资格,应具备的条件有(　　)。

A. 资本充足率符合国务院银行业监督管理机构的有关规定

B. 有专门负责基金代销业务的部门

C. 具有健全的法人治理结构

D. 公司及其主要分支机构负责基金代销业务的部门取得基金从业资格的人员不得低于该部门人员人数的三分之一

20. 证券投资咨询机构申请基金代销资格应具备的条件有（ ）。

A. 注册资本不低于两千万元人民币，且必须为实缴货币资本

B. 高级管理人员已取得基金从业资格，并具备从事两年以上基金业务或者五年以上证券、金融业务的工作经历

C. 持续从事证券投资咨询业务五个完整会计年度

D. 最近三年没有代理投资人从事证券买卖的行为

21. 基金公司客户服务的媒介方式有（ ）。

A. 电话服务中心

B. 自动传真、电子信箱与手机短信

C. “一对一”专人服务

D. 互联网的应用

22. 专业基金销售机构申请基金代销资格应具备的条件有（ ）。

A. 有符合规定的组织名称、组织机构和经营范围

B. 持续经营三个以上完整会计年度

C. 注册指标不低于两千万元人民币

D. 取得基金从业资格的人员不少于三十人，且不低于员工人数的二分之一

23. 证券投资基金市场营销涉及的内容包括（ ）。

A. 目标市场与客户确定　　B. 营销组合设计

C. 营销过程管理　　D. 营销环境分析

24. 基金销售机构的职责规范主要包括（ ）。

A. 签订代销协议，明确委托关系

B. 基金管理人应制定业务规则并监督实施

C. 建立相关制度

D. 严格账户管理

25. 基金管理人和基金代销机构应建立（ ）制度用来作为其职责规范。

A. 基金销售业务制度

B. 销售人员持续培训制度

C. 基金份额持有人资金存取程序和授权审批制度

D. 档案管理制度

26. 基金业最常用的营业推广手段有(　　)。

A. 销售点宣传　　B. 激励手段

C. 投资者交流　　D. 特制品

27. 对基金销售行为的规范包括(　　)。

A. 对基金销售机构人员行为的规范

B. 对基金宣传推介材料的规范

C. 对基金财产管理的规范

D. 对基金销售费用的规范

28. 基金宣传推介材料必须真实,准确,与基金合同、基金招募说明相符,与备案材料一致,不得有以下(　　)情形。

A. 虚假记载、误导性陈述或者重大漏洞

B. 预测该基金的证券投资业绩

C. 违规承诺承担损失

D. 登记单位或者个人的推荐性文字

29. 基金销售机构在基金销售活动中不得有以下(　　)行为。

A. 在签订销售协议或者销售基金的活动中进行商业贿赂

B. 以排挤竞争对手为目的,压低基金的收费水平

C. 募集期间对认购费用打折

D. 擅自变更向基金投资人的收费项目和收费标准

30. 开放式基金市场营销的特点是(　　)。

A. 服务性　　B. 专业性

C. 多样性　　D. 持续性

31. 2007 年 10 月发布并实施的《证券投资基金销售适用性指导意见》围绕投资人的需要,从(　　)等方面对销售机构的行为进行了规范。

A. 审慎调查

B. 营销能力的提高

C. 基金产品风险的评价

D. 基金投资人风险承受能力调查和评价

32. 基金销售机构在实施基金销售适用性的过程中应当遵循(　　)原则。

A. 投资人利益优先原则　　B. 全面性原则

C. 有效性原则　　D. 客观性原则

33. 基金营销过程管理主要分为以下(　　)几个方面。

A. 市场营销分析　　B. 市场营销计划

C. 市场营销实施　　D. 市场营销控制

34. 基金产品风险评价主要应依据以下(　　)因素。

A. 基金招募说明书所明示的投资方向

B. 投资范围和投资比例

C. 基金的历史规模和持仓比例

D. 基金成立以来有无违规行为的发生

35.《证券投资基金销售业务信息管理平台管理规定》从总体上要求销售机构信息管理平台的建立和维护应该遵循(　　)的原则。

A. 安全性　　B. 实用性

C. 及时性　　D. 系统化

36. 市场营销组合的四大要素分别是产品、(　　)。

A. 价格　　B. 促销

C. 分销　　D. 目标客户

37. 基金销售业务信息管理平台主要包括(　　)。

A. 前台业务系统　　B. 自助式前台系统

C. 后台管理系统　　D. 应用系统的支持系统

38. 前台业务系统应具备的功能有(　　)。

A. 提供投资资讯功能

B. 对基金交易账户以及基金投资人信息管理功能

C. 交易功能

D. 为基金投资人提供服务的功能

39. 基金销售机构内部控制应履行(　　)原则。

A. 健全性原则　　　　B. 有效性原则

C. 独立性原则　　　　D. 及时性原则

40. 基金销售机构内部控制的目标是(　　)。

A. 防范和化解经营风险

B. 提高经营效益

C. 实现基金财产的保值增值

D. 确保经营业务的稳健运行

41. 中国证监会关于基金销售费用的规范主要体现在(　　)之中。

A.《证券投资基金销售管理办法》

B.《证券投资基金法》

C.《证券投资基金销售适用性指导意见》

D.《开放式证券投资基金销售费用管理规定》

42. 基金管理人应在招募说明书及份额发售公告中载明有关基金销售费用的信息有(　　)。

A. 基金销售费用入账的科目

B. 基金销售费用收取的条件和方式

C. 基金销售费用收取的用途和费用标准

D. 以简单明了的格式和举例方式向投资人说明基金销售费用水平

43. 基金管理人应当在(　　)中向投资人披露基金财产中计提的管理费、托管费、基金销售服务费的金额,并说明管理费中支付给基金销售机构的客户维护费总额。

A. 基金月度报告　　　　B. 基金季度报告

C. 基金半年度报告　　　　D. 基金年度报告

44. 以下(　　)方式的服务具有一定得市场需求,尤其在基金合同、招募说明书、定期公告与临时公告等方面。

A. 自动传真　　　　B. 电子信箱

C. 手机短信　　　　　　　　D. 邮寄服务

45. 以下关于基金销售费用结构和费率水平的说法正确的是(　　)。

A. 基金的销售费用包括基金的申购费(认购费)和赎回费

B. 基金的申购费和认购费费率不得超过认购和申购金额的5%

C. 对于持有其低于3年的投资人,不得免收其后端申购(认购)费用

D. 基金赎回费不得超过赎回金额的3%

46. 后台管理系统应具备的功能有(　　)。

A. 提供投资资讯功能

B. 对基金销售分支机构、网点和基金销售人员的管理、考核、行为监控等功能

C. 交易清算、资金处理的功能

D. 对所涉及的信息流和资金流进行对账作业的功能。

47. 基金产品定价所要考虑的因素有(　　)

A. 基金产品的类型　　　　　　B. 市场环境

C. 客户特性　　　　　　　　　D. 渠道特性

三、判断题(判断以下各小题的对错,正确的打"√"、错误的打"×")

1. 基金营销主要由基金管理公司内设的市场部门承担,也可以委托取得基金代销业务资格的机构办理。(　　)

2. 基金营销市场是围绕投资人的需要而展开的。(　　)

3. 人员推销、广告、营业推广和公共关系是营销组合的四大要素。(　　)

4. 基金的服务性反映了从投资人的需要和实际承受能力出发向投资人销售合适的产品,坚持投资人利益优先的原则。(　　)

5. 确定目标市场与客户是基金营销部门的一项关键性工作。(　　)

6. 个人投资者投资额低,投资目标比较模糊,因此,对其营销成本高,但服务成本低。(　　)

7. 宏观环境指能影响整个微观环境的、广泛的社会因素,包括人口、经

济、政治等。 ( )

8. 基金的销售宣传资料应当事前报中国证监会备案。 ( )

9. 影响投资者决策的因素有内在和外在因素,其中,外在因素包括社会阶层、家庭、人生阶段、身份和社会地位等。 ( )

10. 产品、费率、渠道和促销是基金营销的核心内容。 ( )

11. 促销是满足消费者需求的手段。 ( )

12. 根据法律法规的规定,基金发行时的份额净值或价格是固定的。 ( )

13. 基金交易的核心是基金费用的高低。 ( )

14. 渠道的主要任务是使客户在需要的时间和地点以便捷的方式获得产品。 ( )

15. 通过人员销售点宣传、激励手段、投资者交流、优惠等来达到沟通的目的,这就是销售组合四要素。 ( )

16. 基金产品的定价对于营销的成功来说并不是关键的因素。 ( )

17. 确定具体的目标客户是基金产品设计的起点,它从根本上决定着基金产品的内部结构。 ( )

18. 投资对象多元化是基金产品多元化的重要前提,各类金融工具及其衍生产品的种类越多,基金产品创新的空间就越大。 ( )

19. 基金产品线的长度是指一家基金管理公司所拥有的基金产品的大类有多少。 ( )

20. 水平式的基金产品类型是指基金管理公司根据市场范围,不断开发新产品,增加产品线的长度,或扩大产品线的宽度。 ( )

21. 管理费和托管费是基金投资者在买进和卖出基金环节一次性支出的费用。 ( )

22. 认购费和申购费是基金运作过程中直接从基金资产中支付的费用。 ( )

23. 基金产品定价的首要考虑因素是基金产品的类型。 ( )

24. 一般来说,从股票基金到混合基金、债券基金和货币市场基金,各项基金费率基本上呈上升趋势。 ( )

25. 直销和代销的渠道的基金产品费率是不同的，通常直销渠道的产品费率更低。 （ ）

26. 营销的对象只能是有形的物品。 （ ）

27 代销对客户的控制力强，但客户基础较差。 （ ）

28. 代销是一种通过银行、证券公司、保险公司、财务顾问公司等代销机构销售基金的方法。 （ ）

29. 直销一般通过广告宣传、直接邮寄宣传单、直销人员上门服务以及公司网站等方式使投资者与基金公司达成协议。 （ ）

30. 我国的商业银行除了为基金销售提供完善的硬件设施和客户群外，还为投资者提供个性化的服务。 （ ）

31. 目前，我国开放式基金的销售逐渐形成了银行代销、证券公司代销、基金管理公司直销的销售体系。 （ ）

32. 证券公司网点拥有更多的专业投资咨询人员，可以为投资者提供个性化的服务。 （ ）

33. 市场营销的控制过程包括三个步骤：首先，管理部门设定具体的营销目标；其次，衡量企业在市场中的业绩；最后，估计期望业绩和实际业绩之间存在差异的原因。 （ ）

34. 通过人员推销、广告促销、营业推广和公共关系来达到沟通的目的，这就是所谓的促销组合四要素。 （ ）

35. 广告促销多属于阶段性或短期性的刺激工具。 （ ）

36. 商业银行、证券公司、证券投资咨询机构、专业基金销售机构以及中国证监会规定的其他机构可以向中国证监会申请基金代销业务。 （ ）

37. 基金管理人、代销机构应当建立健全档案管理制度，妥善保管基金份额持有人的开户资料和与销售业务有关的其他资料，保存期不少于15年。 （ ）

38. 巨额赎回风险是封闭式基金特有的一种风险。 （ ）

39. 基金在销售宣传中出现与基金合同、基金招募说明书内容相抵触的陈述时，以销售宣传的最新内容为准。 （ ）

40. 基金管理公司或基金代销机构应当在分发或公布基金宣传推介材

料之日起5个工作日内递交报告材料。（　）

41. 基金管理人不得向销售机构支付非以销售基金的保有量为基础的客户维护费，也不得在基金销售协议之外支付销售佣金或报酬奖励。（　）

42. 直销的主要任务是使客户在需要的时间和地点获得产品。（　）

43. 广告的目的就是通知、影响和劝说目标市场。（　）

44. 除货币市场基金以及中国证监会规定的其他品种外，赎回费不得超过基金份额赎回金额的5%，同时应当将不低于赎回费总额的20%归入基金财产。（　）

45. 对于持有期少于7日的投资人，收取不低于赎回金额1.5%的赎回费。（　）

46. 直销对客户财务状况更了解，但对客户控制力较差。（　）

47. 通过科学的内部控制制度和方法，建立合理的内部控制程序，确保内部控制制度有效执行，体现了基金销售机构内部控制的审慎性原则。（　）

48. 营销环境是指能够影响营销部门、建立并保持与目标客户良好关系能力的各种因素和力量。（　）

49. 当转出基金申购费低于转入基金申购费时，费用补差为按照转出基金金额计算的申购费用差额。（　）

50. 对投资者而言，基金超市只需要很低的入门费甚至免费，所以买卖基金比通过银行柜台、独立的投资顾问等承担的费用要低得多。（　）

51. 开放式基金不得通过各种媒体的广告进行宣传推介。（　）

参考答案

一、单项选择题

1. A	2. C	3. B	4. D	5. C
6. C	7. C	8. C	9. B	10. D
11. B	12. B	13. B	14. C	15. D

16. C　17. C　18. C　19. D　20. B
21. B　22. C　23. D　24. C　25. A
26. D　27. A　28. C　29. C　30. C
31. C　32. C　33. D　34. B　35. B
36. A　37. C　38. B　39. C　40. C
41. B

二、不定项选择题

1. ACD　2. ABC　3. ABCD　4. BCD　5. ABC
6. ABCD　7. AB　8. ABCD　9. ACD　10. ABC
11. ABC　12. ABD　13. ABCD　14. ABCD　15. ACD
16. AC　17. BD　18. ABCD　19. ABC　20. ABD
21. ABCD　22. ABD　23. ABCD　24. ABCD　25. ABCD
26. ABC　27. ABD　28. ABCD　29. ABCD　30. ABD
31. ACD　32. ABD　33. ABCD　34. ABCD　35. ABD
36. ABC　37. ACD　38. ABCD　39. ABC　40. ABD
41. AD　42. BCD　43. CD　44. ABC　45. ABC
46. BCD　47. ABCD

三、判断题

1. √　2. √　3. ×　4. ×　5. √
6. √　7. √　8. √　9. ×　10. √
11. ×　12. √　13. ×　14. √　15. ×
16. ×　17. √　18. √　19. ×　20. √
21. ×　22. ×　23. √　24. ×　25. √
26. ×　27. ×　28. √　29. √　30. ×
31. √　32. √　33. ×　34. √　35. ×
36. √　37. √　38. ×　39. ×　40. √
41. √　42. ×　43. √　44. ×　45. √
46. ×　47. ×　48. √　49. √　50. √
51. ×

考前冲刺同步预测试卷(七)

一、单项选择题(以下各小题所给出的4个选项中,只有1项最符合题目要求,请将正确选项的代码填入括号内)

1.( )是计算投资者申购基金份额、赎回基金金额的基础,也是评价基金投资业绩的基础指标之一。

A. 基金资产净值　　B. 基金资产总值

C. 基金份额净值　　D. 基金总份额

2.( )基金每周披露一次基金份额净值,但每个交易日也都进行估值。

A. 开放式　　B. 封闭式

C. 公司型　　D. 契约型

3. 基金估值的频率是由基金的组织形式、( )等因素决定的。

A. 基金规模　　B. 投资者的要求

C. 基金管理人的规模　　D. 投资对象的特点

4. 基金会计核算中,( )承担主会计责任。

A. 证监会　　B. 基金管理公司

C. 基金托管人　　D. 基金持有人

5. 关于基金交易价格的说法不正确的是( )。

A. 当基金只投资于交易活跃的证券时,对其资产进行估值较为容易

B. 当基金投资于交易不活跃的证券时,资产估值问题则要复杂得多

C. 我国银行间债券市场经常出现某些证券品种交易次数很少,或者根本没有交易的情况

D. 在对不活跃的证券进行估值时,不需考虑其流动性

6. 当基金份额净值计价错误达到或超过基金资产净值的( )时,基金管理公司应及时向监管机构报告;当计价错误达到( )时,基金管理公

司应当公告并报监管机构备案。

A. 0.2%　0.4%　　B. 0.25%　0.4%

C. 0、2%　0、5%　　D. 0、25%　0、5%

7. 基金销售过程中发生的由基金投资者自己承担的费用不包括(　　)。

A. 申购费　　B. 管理费

C. 赎回费　　D. 基金转换费

8. 基金估值时,对于持有的未上市的配股和增发新股,(　　)。

A. 按估值日在证交所挂牌的同一股票的市价估值

B. 按预期收益的折现值估值

C. 按未来上市后的市值估值

D. 按成本估值

9. 基金管理过程中发生的费用不包括(　　)。

A. 基金管理费　　B. 基金托管费

C. 基金转换费　　D. 信息披露费

10. 我国证券投资基金持有的交易所上市的股票和权证的估值,采用的是(　　)。

A. 收盘价

B. 当日加权平均价格

C. 开盘价

D. 当日最高价和最低价的算术平均价

11. 股票基金的费率一般为(　　)。

A. 1. 5%~2. 5%　　B. 1%~1. 5%

C. 0. 5%~1. 5%　　D. 0. 25%~1%

12. 以下与基金有关的费用不可以从基金财产中列支的是(　　)。

A. 基金托管费　　B. 销售服务费

C. 基金申购费　　D. 会计师费

13. 基金会计以(　　)为会计核算主体。

A. 基金管理人　　B. 基金托管人

C. 证券投资基金　　D. 基金持有者

14. 目前我国封闭式基金的估值频率是(　　)。

A. 每个交易日　　B. 每周

C. 每月　　D. 每季

15. 从(　　)原则出发,基金会计期间划分必然更加细化,即以周甚至日为核算披露期间。

A. 全面性　　B. 独立性

C. 审慎性　　D. 及时性

16. 不列入基金费用的项目有(　　)。

A. 基金合同生效前的验资费　　B. 销售服务费

C. 基金托管费　　D. 基金的证券交易费用

17. 我国证券投资基金的交易费用不包括(　　)。

A. 印花税　　B. 交易佣金

C. 律师费　　D. 过户费

18. 有登记公司或交易所按有关规定收取的费用不包括(　　)。

A. 印花税　　B. 过户费

C. 交易佣金　　D. 证管费

19. 基金运作费指为保证基金正常运作而发生的应由基金承担的费用,以下不属于基金运作费的是(　　)。

A. 审计费　　B. 经手费

C. 律师费　　D. 开户费

20. 下列与基金有关的费用不能从基金财产中列支的有(　　)。

A. 基金转换费　　B. 基金管理人的管理费

C. 基金托管人的托管费　　D. 销售服务费

21. 目前,我国股票基金大部分按照(　　)的比例计提基金管理费。

A. 1%　　B. 1.5%

C. 2%　　D. 0.5%

22. 目前,我国封闭式基金按照(　　)的比例计提基金托管费。

A. 0.1%　　B. 0.25%

C. 0.5%　　D. 1%

23. 目前,我国的基金托管费、基金管理费及基金销售服务费是按前一日(　　)的一定比例逐日计提,按月支付的。

A. 基金资产总值　　B. 基金份额净值

C. 基金资产净值　　D. 基金总份额

24. 目前,我国债券基金的管理费一般低于(　)。

A. 0.1%　　B. 0.25%

C. 1%　　D. 0.75%

25. 关于基金的会计核算说法不正确的是(　　)。

A. 基金管理公司是证券投资基金会计核算的责任主体

B. 会计核算应当以所管理的每只基金为会计核算主体

C. 我国的基金会计核算均以细化到日

D. 基金会计以基金管理公司为会计核算主体

26. 下列不属于基金投资风格分析的是(　　)。

A. 持仓结构分析　　B. 持仓集中度分析

C. 持仓股本规模分析　　D. 持仓成长性分析

27. 基金管理费通常按照基金资产净值的一定比例(　　)计提。

A. 逐日　　B. 每周

C. 每两周　　D. 每月

28. 基金收入中的投资收益不包括(　　)。

A. 股票投资收益　　B. 买入返售金融资产收入

C. 债券投资收益　　D. 股利收益

29. 计价错误达到基金份额净值(　　)时,基金管理人应当公告,并报国务院证券监督管理机构备案。

A. 0.5%　　B. 1%

C. 0.75%　　D. 1.5%

30. 目前我国封闭式基金的份额净值披露频率为(　　)。

A. 日　　B. 周

C. 月　　D. 季

31. 以下关于具体投资品种的估值方法错误的是(　　)。

A. 通常情况下,交易所上市的有价证券以其估值日的开盘价估值

B. 交易所上市交易的债券按估值日收盘净价估值

C. 交易所上市不存在活跃市场的有价证券,采用估值技术确定公允

价值

D. 交易所以大宗交易方式转让的资产支持证券,采用估值技术确定公允价值

32. 不属于基金交易费用的是(　　)。

A. 经手费　　B. 过户费

C. 证管费　　D. 信息披露费

33. 基金管理费率通常与基金规模呈(　　),与风险呈(　　)。

A. 正比　正比　　B. 正比　反比

C. 反比　正比　　D. 反比　反比

34. 目前,我国的基金管理费、基金托管费是按(　　)的一定比例逐日计提,按月支付。

A. 前一日基金资产净值　　B. 当日基金资产净值

C. 七日基金平均资产净值　　D. 单位基金资产平均值

35. 在我国,基金日常估值由(　　)同时进行。

A. 基金托管人与外部专业机构

B. 基金管理人与基金持有人

C. 基金管理人和基金托管人

D. 基金管理人与外部专业机构

36. 估值方法的(　　)是指基金在进行资产估值时均应采取同样的估值方法,遵守同样的估值规则。

A. 公开性　　B. 一致性

C. 长期性　　D. 准确性

二、不定项选择题(以下各小题所给出的4个选项中,至少有1项以上符合题目要求,请将符合题目要求选项的代码填入括号内)

1. 基金估值频率是由(　　)等因素决定的,并在相关的发行文件中明确。

A. 基金规模　　B. 基金的组织形式

C. 基金的种类　　D. 投资对象的特点

2. 基金暂停估值的情况有(　　)。

A. 基金投资所涉及的证券交易所遇法定节假日

B. 基金所投资的股票出现涨停板

C. 占基相当比例的投资品种的估值出现重大转变

D. 出现基金管理人认为属于紧急事故的情况

3. 对 QDII 基金的净值计算及披露的规定包括(　　)。

A. 基金份额净值应当至少每周计算并披露一次

B. 基金份额净值应当在估值日后 2 个工作日内披露

C. 基金份额净值应当以人民币或美元等主要外汇货币单独或同时计算并披露

D. 基金资产的每一买入、卖出交易应当在最近份额净值的计算中得到反映

4. 基金销售过程中发生的由基金投资者自己承担的费用包括(　　)。

A. 申购费　　B. 赎回费

C. 托管费　　D. 基金转换费

5. 下列与基金有关的费用可以从基金财产中列支的有(　　)。

A. 基金管理费

B. 基金托管费

C. 销售服务费

D. 基金份额的持有人大会费用

6. 我国证券投资基金的交易费用主要包括(　　)。

A. 印花税　　B. 交易佣金

C. 过户费　　D. 审计费

7. 基金运作费主要包括(　　)。

A. 律师费　　B. 上市年费

C. 信息披露费　　D. 持有人大会费

8. 基金会计核算的主要内容有(　　)。

A. 证券交易及其清算的核算

B. 权益事项的核算

C. 各类资产的利息核算

D. 基金费用的核算

9. 我国基金托管费实行(　　)。

A. 逐日计提累计至每月月末

B. 逐周计提累计至每月月末

C. 按周支付

D. 按月支付

10. 基金管理公司是证券投资基金会计核算的责任主体,对所管理的基金应当以每只基金为会计核算主体,独立建账,独立核算,保证不同基金在(　　)等方面相互独立。

A. 名册登记　　B. 账户设置

C. 资金划拨　　D. 账簿记录

11. 关于交易费用的叙述正确的是(　　)。

A. 目前,我国证券投资基金的交易费主要包括印花税、交易佣金、过户费、经手费、证管费

B. 交易佣金调整为成交金额的 0.25%

C. 过户费按照成交金额的 0.05%收取

D. 交易佣金调整为成交金额的 0.5%

12. 基金的会计核算对象包括(　　)的核算。

A. 资产类　　B. 负债类

C. 资产负债共同类　　D. 所有者权益类

13. 在基金费用的核算中,(　　)一般也按日计提,并于当日确认为利息收入。

A. 基金托管费　　B. 基金管理费

C. 预提费用　　D. 摊销费用

14. 在我国,(　　)不属于证券投资基金的交易费用。

A. 开户费　　B. 过户费

C. 交易佣金　　D. 分红手续费

15. 基金财务会计报表包括(　　)。

A. 资产负债表　　B. 利润表

C. 净值变动表　　D. 所有者权益变动表

16. 基金会计报表附注包括(　　)。

A. 重要会计政策和会计估值

B. 会计政策和会计估计变更以及差错更正说明

C. 报表重要项目的说明

D. 关联方关系及交易

17. 基金资产估值需要考虑的因素包括(　　)。

A. 交易时间

B. 估值频率

C. 价格操纵及滥估问题

D. 估值方法的一致性及公开性

18. 如基金运作发生的费用(　　)基金净值的十万分之一，则应采用预提或待摊的方法计入基金损益。

A. 小于　　B. 大于

C. 等于　　D. 大于或等于

19. 基金的估值方法必须(　　)。

A. 保持一致性　　B. 可以随意变化

C. 保持公开性　　D. 需要在基金合同中披露

20. 基金会计核算的特点包括(　　)。

A. 会计主体是证券投资基金

B. 只对实现利得进行确认

C. 会计分期细化到日

D. 基金持有的金融资产和承担的金融负债通常归类为以公允价值计量且其变动计入当期损益的金融资产和金融负债

21. 基金收入包括(　　)。

A. 利息收入　　B. 投资收益

C. 公允价值变动损益　　D. 利得收益

22. 通过对(　　)的分析，可以了解基金的投资风格。

A. 持仓集中度分析　　B. 基金持仓股本规模分析

C. 基金持仓结构分析　　D. 基金持仓成长性分析

23. 通过(　　)指标，可以分析基金的盈利能力和分红能力。

A. 本期已实现收益　　B. 期末可供分配利润

C. 基金的持仓股本规模　　D. 期末基金份额净值

24. 通过对(　　)的比较分析,可以了解投资者对该基金的认可程度。

A. 基金份额净值　　B. 基金份额变动情况

C. 基金的投资结构　　D. 持有人结构

25. 目前,(　　)是按资产净值的一定比例计提支付的。

A. 基金管理费　　B. 基金托管费

C. 销售服务费　　D. 交易费用

26. 对股票基金及混合基金的财务报表的分析包括(　　)等。

A. 基金持仓结构的分析

B. 基金盈利能力和分红能力的分析

C. 基金收入情况的分析

D. 基金投资风格的分析

27. 关于基金持仓结构的分析说法正确的是(　　)。

A. 股票投资占基金资产净值的比例等于股票投资与基金资产总额的比值

B. 通过分析股票投资在各行业的分布情况,可以分析出基金的重点投资方向

C. 在分析基金的持仓结构时,将基金持仓结构的变化与基准指数的变化进行对比分析,可以了解基金的资产配置情况与能力

D. 股票投资占基金资产净值的比例如果发生了少量的变动,则表明基金经理进行了持仓或减仓操作

28. 以下说法正确的是(　　)。

A. 基金管理费通常与基金规模成正比,与风险成反比

B. 从基金类型看,证券衍生工具基金管理费率最高

C. 不同类别及不同国家或地区的基金,管理费率大体一致

D. 基金风险程度越高,基金管理费率越高

29. 基金运作费用一般指为保证基金正常运作而发生的应由基金承担的费用,它不包括(　　)。

A. 上市年费　　B. 过户费

C. 审计费用　　D. 信息披露费

30. 基金估值的对象包括基金所持有的(　　)。

A. 股票　　B. 债券

C. 银行存款　　D. 配股权证

31. 以下叙述错误的是(　　)。

A. 基金规模越大,基金管理费率越高

B. 目前我国封闭式基金根据基金契约的规定比例计提托管费,通常高于2.5%

C. 股票基金的托管费率要高于债券基金及货币市场基金的托管费率

D. 基金托管费是指基金托管人为基金托管服务而向基金收取的费用

32. 我国银行间债券市场存在的问题主要体现在(　　)。

A. 某些债券品种交易过于活跃,存在一定的泡沫

B. 某些品种交易次数很少,或者根本没有交易

C. 某些品种开始交易时比较活跃,但交易越来越少

D. 由于涨跌停板的限制,一些股票会接连几个交易日封于涨跌停位置

33. 下列关于基金估值的说法不正确的是(　　)。

A. 基金份额净值是按照每个开放日闭式后基金资产净值除以当日基金份额的余额数量计算

B. 基金管理人每个工作日对基金资产估值后,将基金份额净值结果发给基金托管人

C. 基金日常估值由基金托管人进行,基金管理人进行复核

D. 基金会计是责任主体是基金托管人和基金管理人,其中前者承担主会计责任

34. 因持有股票而享有的配股权,其估值办法是,从配股除权日起到配股确认日止,(　　)。

A. 如果收盘价低于配股价,按配股价高于收盘价的差额估值

B. 如果收盘价高于配股价,按收盘价高于配股价的差额估值

C. 如果收盘价等于配股价,估值为零

D. 如果收盘价低于配股价,估值为零

35. 关于估值错误的处理说法正确的是(　　)。

A. 基金管理公司应制定估值及份额净值计价错误的识别及应急方案

B. 当基金份额净值计价错误达到或超过基金资产净值的0.25%时,基金管理公司应当及时向证监会和基金托管人报告

C. 当计价错误达到0.5%时,基金管理公司应当公告并向监管机构备案

D. 因为基金管理人和基金托管人的共同行为给基金财产或基金份额持有人造成损害的,应当承担连带赔偿责任

三、判断题(判断以下各小题的对错,正确的打"√",错误的打"×")

1. 基金资产估值是指通过对基金所拥有的全部资产及所有负债按一定的原则和方法进行估算,进而确定基金资产公允价值的过程。(　　)

2. 基金资产净值是计算投资者申购基金份额、赎回资金金额的基础,也是评价基金投资业绩的基础指标之一。(　　)

3. 对开放式基金来说,估值的时间通常与开发申购、赎回的时间一致。(　　)

4. 开放式基金每周披露一次基金份额净值,但每个交易日也都进行估值。(　　)

5. 基金可以每个交易日进行估值,也可以每周、每半个月、每月估值一次。(　　)

6. 当基金投资于交易活跃的证券时,对其资产进行估值较为容易。这种情况下,市场交易价格是可以接受的,也是可信的,直接采用市场交易价格就可对基金资产估值。(　　)

7. 因基金估值错误给投资者造成损失的应先由基金托管人承担。(　　)

8. 估值方法的公开性是指基金在进行资产估值时均应采取同样的估值方法,遵守同样的估值规则。(　　)

9. 我国基金资产估值的责任人是基金管理人,但基金托管人对基金管理人的估值结果负有复核的责任。(　　)

10. 由基金投资者直接支付的费用有申购费、基金托管费。（ ）

11. 托管银行在复核、审查基金资产净值、基金份额申购和赎回价格之前，应认真审阅基金管理公司采用的估值原则和程序。（ ）

12. 月末、年中和年末估值复核与基金会计账目的核对同时进行。（ ）

13. 对不存在活跃市场的投资品种，应采用市场参与者普遍认同且被以往市场实际交易价格验资具有可靠的估值技术确定公允价值。（ ）

14. 当基金份额净值计价错误到达或超过基金资产净值的0.5%时，基金管理公司应及时向监管机构报告。（ ）

15. QDII 基金份额净值应当至少每周计算并披露一次。（ ）

16. 对于不收取申购费、赎回费的货币市场基金，基金管理人可以依照相关的规定从基金财产中持续计提一定比例的销售服务费。（ ）

17. 基金的申购费、赎回费和基金的管理费等都要参与基金的会计核算。（ ）

18 基金资产净值除以基金当前的份额，就是基金份额净值。（ ）

19. 基金管理费率通常要与基金规模成反比，与风险成正比。（ ）

20. 通常基金规模越大，基金托管费率越高。（ ）

21. 股票基金的托管费率要低于债券基金及货币市场基金的托管费率。（ ）

22. 目前，只有货币市场基金和一些债券基金收取基金销售服务费，费率大约为0.5%。（ ）

23. 一般的企业会计分期以年、半年、季度为单位，而基金的会计核算分期已经达到每天。（ ）

24. 目前，我国的基金管理费、基金托管费及基金销售服务费均是按前一日基金资产净值的一定比例逐日计提，按月支付的。（ ）

25. 参与银行间债券交易的，需向中央国债登记结算有限责任公司支付银行间账户服务费，向全国银行间同业拆借中心支付交易手续费等服务费用。（ ）

26. 基金管理费率和基金托管费率都是由基金管理人确定。（ ）

27. 按照有关规定，在计算基金运作费用时，如某一费用大于基金净值

十万分之一,应于发生时直接计入基金损益。 ( )

28. 基金合同生效前的验资费、会计师和律师费、信息披露费等费用不计入基金费用项目。 ( )

29. 基金管理公司是证券投资基金会计核算的责任主体,对所管理的基金应当以每只基金为会计核算主体。 ( )

30. 在进行基金会计核算时,各类资产利息均应按日计提,并于当日确认为利息收入。 ( )

31. 证券投资基金一般在季度末结转当期损益,按固定价格报价的货币市场基金一般逐日结转损益。 ( )

32. 对于开放式基金来说,基金的份额会随申购、赎回活动而变动,基金在定期报告中会披露基金份额的变动情况和基金持有人的结构。 ( )

33. 如果基金持有人中机构投资者较多,则该基金的规模相对稳定,反之则基金规模不太稳定。 ( )

34. 对基金资产估值时,流动性差的证券容易出现价格操纵和滥估现象。 ( )

35. 在我国,按基金契约规定的估值方法、时间、程序对基金估值进行复核由基金托管人负责。 ( )

36. 通过对基金收入来源的分析,尤其是通过基金间收入来源结构的比较分析,可以更为深入的了解该基金的具体投资情况。 ( )

37. 基金管理公司是基金会计核算的会计主体。 ( )

38. 基金估值方法一经确定,不得变更。 ( )

39. 投资管理活动的性质决定 了证券投资基金持有的金融资产或金融负债是非交易性的。 ( )

40. 基金销售服务费目前主要是货币市场基金可以从基金资产中列支。 ( )

参考答案

一、单项选择题

1. C　2. B　3. D　4. B　5. D
6. D　7. B　8. A　9. C　10. A
11. B　12. C　13. C　14. A　15. D
16. A　17. C　18. C　19. B　20. A
21. B　22. B　23. C　24. C　25. D
26. A　27. A　28. B　29. A　30. B
31. A　32. D　33. C　34. A　35. C
36. B

二、不定项选择题

1. BD　2. ACD　3. ABCD　4. ABD　5. ABCD
6. ABC　7. ABCD　8. ABCD　9. AD　10. ABCD
11. AB　12. ABCD　13. ABCD　14. AD　15. ABC
16. ABCD　17. BCD　18. B　19. ACD　20. ACD
21. ABC　22. ABD　23. ABD　24. BD　25. ABC
26. ABCD　27. BC　28. BD　29. B　30. ABCD
31. AB　32. BC　33. CD　34. BCD　35. ACD

三、判断题

1. √　2. ×　3. √　4. ×　5. √
6. √　7. ×　8. ×　9. √　10. ×
11. √　12√　13. √　14. ×　15. √
16. √　17. ×　18. √　19. √　20. ×
21. ×　22. ×　23. √　24. √　25. √
26. ×　27. ×　28. √　29. √　30. √
31. ×　32. √　33. ×　34. √　35. √
36. √　37. ×　38. ×　39. ×　40. √

考前冲刺同步预测试卷(八)

一、单项选择题(以下各小题所给出的4个选项中,只有1项最符合题目要求,请将正确选项的代码填入括号内)

1.(　　)是基金投资者取得投资收益的基本方式。

A. 利息收入　　B. 股票投资

C. 基金利润分配　　D. 扩大投资规模

2. 封闭式基金年度收益分配比例不得低于基金年度已实现收益的(　　)。

A. 30%　　B. 70%

C. 90%　　D. 85%

3.(　　)指基金本期利息收入、投资收益、其他收入(不含公允价值变动收益)扣除相关费用后的余额。

A. 本期利润　　B. 本期已实现收益

C. 期末可供分配利润　　D. 未分配利润

4. 下列收入中要征收企业所得税的有(　　)。

A. 基金买卖股票、债券的差价收入

B. 基金从证券市场上获得的股票利息、红利收入

C. 企业投资者买卖基金单位获得的差价收入

D. 企业投资者从基金分配中获得的债券差价收入

5. 对金融机构(包括银行和非银行金融机构)买卖基金的差价收入征收(　　)。

A. 流转税　　B. 消费税

C. 增值税　　D. 营业税

6. 对基金而言,存款利息收入可以按照规定的利率确认存款利息,存款

利息按(　　)计提。

A. 逐日　　B. 每周

C. 每两周　　D. 每月

7. 封闭式基金一般采用(　　)方式分红。

A. 转股　　B. 现金

C. 配股　　D. 股票股利

8. 对基金管理人运用基金买卖股票、债券的价差收入,免征(　　)。

A. 营业税　　B. 企业所得税

C. 印花税　　D. 消费税

9. 封闭式基金收益分配后基金份额净值不能(　　)面值。

A. 高于　　B. 等于

C. 低于　　D. 不确定

10. 投资收益指基金经营活动中因(　　)等而实现的损益。

A. 利息收入　　B. 结算备付金

C. 银行存款　　D. 买卖股票

11. 基金运作发生的费用(　　)基金净值十万分之一,应采用预提或待摊的方法计入基金损益。

A. 大于　　B. 小于

C. 等于　　D. 大于或等于

12. 我国开放式基金的利润分配比例一般以(　　)为基准计算。

A. 本期利润　　B. 本期已实现收益

C. 期末可供分配收益　　D. 未分配利润

13. 封闭式基金的收益分配,每年不得少于(　　)次。

A. 1　　B. 2

C. 3　　D. 4

14. 自2004年1月1日起,对证券投资基金管理人运用基金买卖股票、债券的差价收入,继续免征(　　)。

A. 印花税　　B. 增值税

C. 营业税　　D. 所得税

15. 某封闭式基金2004年实现净收益100万元,2005年实现净收益300万元,那么此基金最少应分配收益(　　)万元。

A. 0　　B. 180

C. 200　　D. 270

16.《关于货币市场基金投资等相关问题的通知》规定,当日申购的基金份额自下一个工作日起(　　)基金的分配权益,当日赎回的基金份额自下一个工作日起(　　)基金的分配权益。

A. 享有　享有　　B. 享有　不享有

C. 不享有　享有　　D. 不享有　不享有

17. 基金进行利润分配会导致基金份额净值(　　)。

A. 不变　　B. 上升

C. 下降　　D. 影响不确定

18. 我国目前规定,基金在进行基金收益分配前,应该制定基金收益分配方案,基金收益分配方案须经(　　)复核。

A. 基金管理人　　B. 基金持有人

C. 中国证监会　　D. 基金托管人

19. 对证券投资基金从上市公司分配取得的股息红利所得,扣缴义务人在代扣代缴个人所得税时,按(　　)计算应纳税所得额。

A. 30%　　B. 40%

C. 50%　　D. 60%

20. 基金资产估值引起的资产价值变动作为公允价值变动损益记入当期(　　)。

A. 成本　　B. 损益

C. 收入　　D. 收益

21. 对个人投资者买卖基金单位获得的差价收入,在对个人买卖股票的差价收入未恢复征收个人所得税以前,暂不征收(　　)。

A. 个人所得税　　B. 营业税

C. 消费税　　D. 企业所得税

22. 封闭式基金年度利润分配比例不得低于基金年度已实现收益的

( )。

A. 50% B. 60%

C. 80% D. 90%

23. 以下说法不正确的是( )。

A. 基金卖出股票时需交印花税,而买入交易则不再征收印花税

B. 以发行基金方式募集基金不属于营业税的征收范围,不征收营业税

C. 金融机构和非金融机构买卖基金份额的价差收入均需要征收营业税

D. 企业投资者从基金分配中获得的收入,暂不征收企业所得税

24. 假设投资者在2005年4月15日(周五,法定节假日前最后一个工作日)申购了基金份额,那么利润将会从( )起开始计算。

A. 4月15日 B. 4月16日

C. 4月18日 D. 4月19日

25. 基金买卖股票按照( )的税率征收印花税。

A. 1‰ B. 1.5‰

C. 2‰ D. 3‰

26. 如果投资者在2005年4月15日(周五,法定节假日前最后一个工作日)赎回了基金份额,那么投资者享有利润的期限至( )。

A. 4月15日 B. 4月16日

C. 4月17日 D. 4月18日

27. ( )是一个能够全面反映基金在一定时期内经营成果的指标。

A. 期末可供分配利润 B. 本期利润

C. 未分配利润 D. 本期已实现收益

28. 关于开放式基金的分配说法不正确的是( )。

A. 我国开放式基金按规定需在基金合同中约定每年基金利润分配的最多次数和基金利润分配的最低比例

B. 开放式基金的利润分配一般以本期已实现收益为基准计算

C. 现金分红方式是基金分配最普遍的形式

D. 开放式基金的基金份额持有人可以事先选择将所获分配的现金

利润,按照基金合同有关基金份额申购的约定转为基金份额

29. 对企业投资者从基金分配中获得的收入,暂不征收(　　)。

A. 增值税　　B. 营业税

C. 印花税　　D. 企业所得税

30. 对个人投资者从基金分配中获得的股票股利收入以及企业债券利息收入,由上市公司和发行债券的企业在向基金派发股息、红利、利息时,代扣代缴(　　)的个人所得税。

A. 10％　　B. 20％

C. 30％　　D. 40％

二、不定项选择题(以下各小题所给出的4个选项中,至少有1项以上符合题目要求,请将符合题目要求选项的代码填入括号内)

1. 基金收益主要来源于基金投资所得(　　),以及其他收入。

A. 红利　　B. 股息

C. 债券利息　　D. 证券买卖价差收入

2. 基金收益分配方式一般有(　　)。

A. 权证分红　　B. 现金分红

C. 股票分红　　D. 分红再投资转换为基金份额

3. 对证券投资基金从证券市场中取得的收入,包括(　　)及其他收入,暂不征收企业所得税。

A. 买卖股票、债券的价差收入

B. 股息收入

C. 红利收入

D. 债券利息收入

4. 个人投资者投资基金取得的下列收入中,不征收个人所得税的有(　　)。

A. 个人投资者从基金分配中获得的股票的利息、红利收入

B. 个人投资者从基金分配中获得的国债利息收入以及买卖股票差

价收入

C. 个人投资者申购和赎回基金单位取得差价收

D. 个人投资者从基金分配中获得的企业债券差价收入

5. 基金进行利润分配时,会导致(　　)。

A. 基金份额净值上升　　B. 基金份额净值下降

C. 分配前后价值不变　　D. 分配后价值变小

6. 投资收益是指基金经营活动中因(　　)等实现的损益。

A. 债券投资而实现的利息收入

B. 因股票、基金投资等获得的股利收益

C. 衍生工具投资产生的相关损益

D. 买卖股票、债券、资产支持证券、基金等实现的差价收益

7. 我国对(　　)买卖基金的差价收入必须征收营业税。

A. 银行　　B. 非银行金融机构

C. 个人投资者　　D. 国有企业

8. 以下说法正确的是(　　)。

A. 在我国,当日申购的基金份额自下一个工作日起享有基金的分配权,当日赎回的基金份额自下一个工作日起享有基金的分配权益

B. 封闭式基金的利润分配,每年不得少于一次

C. 基金进行利润分配会导致基金份额净值下降,进而影响投资者收益

D. 本期利润是一个能够全面反映基金在一定时期内经营成果的指标

9. 我国对(　　)买卖基金的差价收入不征收营业税。

A. 银行　　B. 保险公司

C. 国有企业　　D. 个人投资者

10. 下列机构中,(　　)买卖基金的差价收入应该征收营业税。

A. 商业银行　　B. 证券公司

C. 保险公司　　D. 贸易公司

11. 基金收入来源中的其他收入包括(　　)。

A. 手续费返还

B. 基金管理人等机构为弥补基金财产损失而支付给基金的赔偿款

项

C. 赎回费扣除基本手续费后的余额

D. ETF 替代损益

12. 下列关于本期利润的说法正确的是(　　)。

A. 不包括记入当期损益的公允价值变动损益

B. 该指标既包括了基金已经实现的损益,也包括了未实现的估值增值或减值

C. 是基金在一定时期内全部损益的总和

D. 是一个能够全面反映基金在一定时期内经营成果的指标

13. 下列关于货币市场基金的利润分配的说法正确的有(　　)。

A. 货币市场基金每周五进行收益分配时,将同时分配周六和周日的利润

B. 每周一至周四进行收益分配时,仅对当日利润进行分配

C. 投资者于周五申购或转换转入的基金份额享有周五、周六、周日的利润

D. 投资者于周五赎回或转换转出的基金份额不能享有周五、周六、周日的利润

14. 基金管理人和基金托管人需要缴纳的税种包括(　　)。

A. 营业税　　B. 印花税

C. 企业所得税　　D. 消费税

15. 对基金取得的股利收入、债券的利息收入、储蓄存款利息收入,由(　　)在向基金支付上述收入时代扣代缴 20%的个人所得税。

A. 上市公司　　B. 发行债券的企业

C. 基金管理人　　D. 发行债券的银行

16. 与基金利润有关的财务指标有(　　)。

A. 本期利润　　B. 本期已实现收益

C. 期末可供分配利润　　D. 未分配利润

17. 利息收入指基金经营活动中因(　　)等而实现的利息收入。

A. 债券投资　　B. 资产支持证券投资

C. 银行存款　　　　　　　　D. 衍生工具收益

18. 对于每日按照(　　)进行报价的货币市场基金,可以在基金合同中将收益分配的方式约定为红利再投资,并应当每日进行收益分配。

A. 市值　　　　　　　　　　B. 面值

C. 资产净值　　　　　　　　D. 份额净值

19. 基金的费用包括(　　)。

A. 利息支出　　　　　　　　B. 交易费用

C. 管理人报酬　　　　　　　D. 销售服务费

20. 以下说法不正确的是(　　)。

A. 对金融机构买卖基金的差价收入征收营业税

B. 对非金融机构买卖基金的差价收入征收营业税

C. 对企业投资者买卖基金份额征收印花税

D. 对企业投资者买卖基金份额获得的差价收入不征收企业所得税

21. 个人投资者投资基金不需要缴纳个人所得税的收入有(　　)。

A. 申购和赎回基金份额取得的差价收入

B. 从基金分配中获得的国债利息、买卖股票差价收入

C. 买卖基金份额获得的差价收入

D. 从基金分配中获得的股票收入

22. 下列免征营业税的收入有(　　)。

A. 非金融机构买卖基金份额的差价收入

B. 金融机构买卖基金的差价收入

C. 基金管理人、基金托管人从事基金管理活动取得的收入

D. 基金管理人运用基金买卖股票、债券的差价收入

23. 基金税收涵盖的内容有(　　)。

A. 基金作为一个营业主体的税收

B. 基金管理人作为基金营业主体的税收

C. 基金托管人作为基金营业主体的税收

D. 投资者买卖基金涉及的税收

24. 关于基金管理人和基金托管人从事基金管理活动取得的收入有关

的税收,以下说法正确的有(　　)。

A. 依税法规定暂免征收营业税

B. 依税法规定征收营业税

C. 依税法规定征收企业所得税

D. 依税法规定暂免征收企业所得税

25. 我国基金税收的政策法规主要体现在(　　)。

A.《关于证券投资基金税收问题的通知》

B.《关于企业所得税若干优惠政策的通知》

C.《关于开放式证券投资基金有关税收问题的通知》

D.《关于股息红利有关个人所得税政策的补充通知》

三、判断题(判断以下各小题的对错,正确的打"√",错误的打"×")

1. 基金经营活动所产生的利润是基金利润分配的基础,基金利润分配是基金投资者取得投资收益的基本方式。(　　)

2. 基金进行利润分配会导致基金份额净值下降,进而意味着投资者有了投资损失。(　　)

3. 我国目前对企业投资者买卖基金单位获得的差价收入,应并入企业的应纳税所得额,征收企业所得税。(　　)

4. 本期已实现收益指基金本期利息收入、投资收益、其他收入(不含公允价值变动损益)扣除相关费用后的余额。(　　)

5. 封闭式基金当年利润应先弥补上一年度亏损,然后才可以进行当年分配。(　　)

6. 目前,我国证券投资基金管理人运用基金买卖股票、债券的差价收入,免征营业税。(　　)

7. 开放式基金的利润分配一般以本期已实现收益为基准计算。(　　)

8. 开放式基金最普遍的基金分配形式是现金分红方式。(　　)

9. 对个人投资者从基金分配中获得的企业债券差价收入,按《税法》的规定不征收个人所得税。(　　)

10. 从 2008 年 9 月 19 日起，基金买入股票时按 1‰的税率征收证券交易印花税，而对卖出交易不再征印花税。 （ ）

11. 对证券投资基金从证券市场上取得的收入包括买卖股票、债券的差价收入等暂不征收企业所得税。 （ ）

12. 若封闭式基金上一年度亏损，基金当年收益可以不弥补亏损而直接进行当年收益分配。 （ ）

13. 封闭式基金收益分配后基金份额净值可以低于面值。 （ ）

14. 对金融机构（包括银行和非银行金融机构）买卖基金的差价收入征收营业税。 （ ）

15. 金融机构买卖基金的价差收入征收营业税，非金融机构买卖基金份额的价差收入不征收营业税。 （ ）

16. 基金所投资的债券按照票面价值和实际利率计提的金额确定债券利息收入。 （ ）

17. 基金在向个人投资者分配股票股息、红利收入以及企业债券利息收入时，要代扣代缴个人所得税。 （ ）

18. 企业投资者买卖基金份额获得的价差收入，应并入企业的应纳税所得额，征收企业所得税。 （ ）

19 . 基金经营业绩只包括基金净收益，不包括基金未实现估值增值（减值）。 （ ）

20. 若封闭式基金上一年度亏损，基金当年利润可以不弥补亏损而直接进行当年利润分配。 （ ）

21. 企业投资者从基金分配中获得的收入要征收企业所得税。 （ ）

22. 开放式基金的基金份额持有人可以选择将现金利润转为基金份额。 （ ）

23. 个人投资者和机构投资者均暂免征收印花税。 （ ）

24. 目前对个人投资者买卖基金份额获得的差价收入暂不征收个人所得税。 （ ）

25. 个人投资者从基金分配中获得的股票的股利收入、企业债券的利息收入、储蓄存款利息收入，由上市公司发行债券的企业和银行在向基金支付

上述收入时,代扣代缴20%的个人所得税。 ( )

26. 对证券投资基金从证券市场中取得的收入,包括买卖股票、债券的差价收入,征收企业所得税。 ( )

27. 封闭式基金一般采用现金方式分红。 ( )

28. 当日赎回的货币市场基金份额自第二日起不享有基金的分配权益。 ( )

29. 货币市场基金每周五进行分配时,将同时分配周六和周日的利润,每周一至周四进行分配时,则仅对当日利润进行分配。 ( )

30. 封闭式基金年度利润分配比例不得高于基金年度已实现收益的90%。 ( )

31. 以发行基金方式募集资金不属于营业税的征税范围,不征收营业税。 ( )

32. 对金融机构(包括银行和非银行金融机构)买卖基金的差价收入不征收营业税。 ( )

33. 开放式基金当年收益应先弥补上一年度亏损,然后才可进行当年收益分配。 ( )

34. 投资者于法定节假日前最后一个开放日申购或转换转入的基金份额享有该日和整个节假日期间的收益。 ( )

35. 对基金管理人运用基金买卖股票、债券的差价收入,免征收营业税。 ( )

参考答案

一、单项选择题

1. C	2. C	3. B	4. C	5. D
6. A	7. B	8. A	9. C	10. D
11. A	12. C	13. A	14. C	15. B
16. B	17. C	18. D	19. C	20. B
21. A	22. D	23. C	24. C	25. A
26. C	27. B	28. B	29. D	30. B

二、不定项选择题

1. ABCD	2. BD	3. ABCD	4. ABC	5. BC
6. BCD	7. AB	8. BD	9. CD	10. ABC
11. ABCD	12. BCD	13. AB	14. AC	15. ABD
16. ABCD	17. ABC	18. B	19. ABCD	20. BCD
21. ABC	22. AD	23. ABCD	24. BC	25. ABCD

三、判断题

1. √	2. ×	3. √	4. √	5. √
6. √	7. ×	8. √	9×	10. ×
11. √	12. ×	13. ×	14. √	15. √
16. ×	17. ×	18. √	19. ×	20. ×
21. ×	22. √	23. √	24. √	25. √
26. ×	27. √	28. ×	29. √	30. ×
31. √	32. ×	33. √	34. ×	35. √

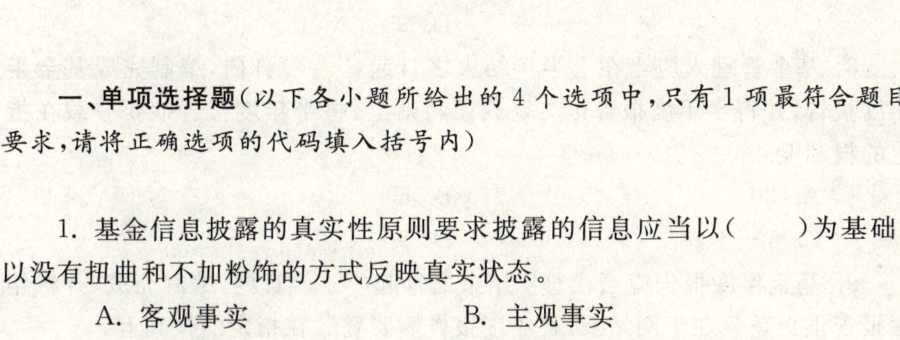

考前冲刺同步预测试卷(九)

一、单项选择题(以下各小题所给出的4个选项中,只有1项最符合题目要求,请将正确选项的代码填入括号内)

1. 基金信息披露的真实性原则要求披露的信息应当以(　　)为基础,以没有扭曲和不加粉饰的方式反映真实状态。

A. 客观事实　　B. 主观事实

C. 公司的决议　　D. 基金盈利的最大化

2. 属于体现基金信息披露形式性原则的是(　　)。

A. 完整性　　B. 易解性

C. 准确性　　D. 公平披露

3. 在披露某一具体信息时,不仅披露对信息披露义务人有利的正面信息,更有揭示与投资风险相关的各种信息。体现了基金信息披露的(　　)原则。

A. 真实性　　B. 准确性

C. 完整性　　D. 及时性

4. 当基金发生重大事件可能对投资者决策产生重大影响时,基金管理人应当在重大事件发生起(　　)日内披露临时报告。

A. 1　　B. 2

C. 3　　D. 4

5. (　　)原则要求基金信息必须按照法定的内容和格式进行披露,保证披露信息的可比性。

A. 准确性　　B. 规范性

C. 易解性　　D. 易得性

6. 以下属于基金运作信息披露文件的是(　　)。

A. 基金合同　　B. 基金招募说明书

C. 基金份额发售公告　　D. 基金净值公告

7. 基金管理人应当在每个季度结束之日起(　　)个工作日内，编制完成基金季度报告，并将季度报告登载在指定报刊和网站上。

A. 10　　B. 15

C. 20　　D. 30

8. 基金管理人应当在上半年结束之日起(　　)日内，编制完成基金半年度报告，并将半年度报告正文登载在网站上，将半年度报告摘要登载在指定的报刊上。

A. 30　　B. 50

C. 60　　D. 90

9. 基金年度报告应当在每年结束之日起(　　)日内，编制完成，并将年度报告正文登载在于网站上，将年度报告摘要登载在指定的报刊上。

A. 80　　B. 90

C. 100　　D. 120

10. (　　)是基金年度报告的编制者和披露义务人。

A. 基金托管人　　B. 基金持有人

C. 基金管理人　　D. 基金发起人

11. 基金募集信息披露的内容包括(　　)。

A. 基金份额上市交易公告书

B. 基金资产净值和份额净值公告

C. 季度报告

D. 基金份额发售公告

12. 存续期募集的信息披露主要指开放式基金在基金合同生效后每(　　)个月披露一次更新的招募说明书。

A. 1　　B. 2

C. 3　　D. 6

13. 我国法律对基金信息披露的规范主要体现在 2004 年 6 月 1 日起施行的(　　)中。

A.《证券投资基金信息披露指引》

B.《证券投资基金法》

C.《证券投资基金上市规则》

D.《证券投资基金信息披露管理办法》

14. 以下属于基金首次募集披露的信息是(　　)。

A. 基金份额上市交易公告书

B. 基金份额发售公告

C. 基金资产净值

D. 基金年度报告

15. 我国基金信息披露的部门规章主要是 2004 年 7 月 1 日起施行的(　　),该办法对基金信息披露义务人进行了细化,并对各类基金信息披露文件的披露时间、披露方式、披露事务管理等作了详细的规定。

A.《证券投资基金信息披露指引》

B.《证券投资基金法》

C.《证券投资基金上市规则》

D.《证券投资基金信息披露管理办法》

16. 以下不属于负有信息披露义务当事人的是(　　)。

A. 基金托管人

B. 基金发起人

C. 基金管理人

D. 召集基金份额持有人大会的基金份额持有人

17. 以下不属于基金管理人信息披露范围的是(　　)。

A. 涉及基金净值的信息披露

B. 涉及基金投资运作的信息披露

C. 涉及基金募集的信息披露

D. 涉及基金资产保管的信息披露

18. 开放式基金合同生效后每 6 个月结束之日起(　　)日内,将更新的招募说明书登载在管理人网站上,更新的招募说明书摘要登载在指定报刊上。

A. 30　　　　B. 45

C. 50　　　　D. 60

19. 基金信息披露最根本、最重要的原则是(　　)。

A. 真实性原则　　　　B. 准确性原则

C. 完整性原则　　　　D. 及时性原则

20. 基金管理人需在基金份额发售的(　　)日前，将招募说明书、基金合同摘要登载在指定报刊和管理人网站上。

A. 2　　B. 3

C. 5　　D. 15

21. 报告期内基金估值程序事项说明属于(　　)的披露。

A. 基金投资组合报告　　B. 基金净值表现

C. 基金财务指标　　D. 管理人报告

22. 基金管理人召集基金份额持有人大会的，应至少提前(　　)日公告大会的召开时间、会议形式、审议事项、议事程序和表决方式等事项。

A. 20　　B. 25

C. 30　　D. 40

23. 以下不属于基金管理人信息披露事项的是(　　)。

A. 基金募集　　B. 上市交易

C. 投资运作　　D. 净值复核

24. 基金管理人需在基金合同生效的(　　)在指定报刊和管理人网站上登载基金合同生效公告。

A. 第三日　　B. 当日

C. 次日　　D. 第四日

25. 以下不属于基金托管人信息披露事项的是(　　)。

A. 基金资产保管　　B. 会计核算

C. 净值披露　　D. 投资运作监督

26. 基金管理人需至少每周公告(　　)次封闭式基金的资产净值和份额净值。

A. 1　　B. 2

C. 3　　D. 5

27. 根据《证券投资基金法》，当代表基金份额(　　)以上的基金份额持有人就同一事项要求召开持有人大会，而管理人和托管人都不召集的时候，基金份额持有人有权自行召开。

A. 5%　　B. 10%

C. 15%　　D. 20%

28. 基金合同中载明，但在招募说明书中没有披露的信息是(　　)。

A. 基金估值　　　　　　　　B. 运作费用

C. 基金运作方式　　　　　　D. 基金份额持有人的权利

29. 基金托管协议是(　　)签订的协议。

A. 基金管理人和基金持有人

B. 基金托管人和基金持有人

C. 基金管理人和基金托管人

D. 基金发起人和基金管理人

30. 当影子定价法与摊余成本法确定的基金资产净值偏离度的绝对值达到或者超过(　　)时,基金管理人应进行临时报告。

A. 0.25%　　　　　　　　B. 0.5%

C. 0.75%　　　　　　　　D. 1%

31. 作为基金份额持有人,其信息披露义务主要体现在与(　　)相关的披露义务。

A. 基金股东大会　　　　　　B. 基金托管人协会

C. 基金份额持有人大会　　　D. 基金公司经营业绩

32. 以下关于基金运作信息披露的说法不正确的是(　　)。

A. 基金运作信息披露文件主要包括净值公告、季度报告、年度报告等

B. 封闭式基金一般至少每周披露一次资产净值和份额净值

C. 基金合同生效不足2个月的,基金管理人同样需要编制当期季度报告、半年度报告和年度报告

D. 半年度报告不要求进行审计

33. QDII基金的净值在(　　)披露。

A. 估值日　　　　　　　　B. 估值日后1个工作日

C. 估值日后2个工作日　　　D. 估值日后3个工作日

34. 下列关于基金半年度报告财务报表附注披露的内容,说法错误的是(　　)。

A. 半年度报告要求进行审计

B. 半年度财务报表附注重点披露比上年度财务会计报告更新的信息,并遵循重要性原则进行披露

C. 半年度报告不需要披露所有的关联关系,只披露关联关系的变化情况,关联交易的披露期限也不同于年度报告

D. 半年度报告只对当期的报表项目进行说明，不需要说明两个年度的报表项目

35. 下列报告中，必须每季度定期公布的是（　）。

A. 基金投资组合公告　　B. 基金公开说明书

C. 内部监察报告　　D. 基金半年度报告

36. 基金管理人应在每年结束后（　）日内，在指定报刊上披露年度报告摘要，在管理人网站上披露年度报告全文。

A. 30　　B. 60

C. 90　　D. 180

37. 关于特殊基金品种的信息披露说法错误的是（　）。

A. 货币市场基金每日分配收益，份额净值保持 1 元不变

B. 货币市场基金的收益公告可以分为封闭式基金的收益公告、开放日的收益公告和节假日的收益公告三类

C. 若基金投资组合的平均剩余期限和融资比例较高，则该基金的风险较小

D. QDII 基金在披露相关信息时，可同时采用中英文，并以中文为主

38. QDII 基金投资金融衍生品，在基金合同、招募说明书中不需说明的是（　）。

A. 拟采取的组合避险

B. 投资预期收益

C. 拟投资的衍生品种及其基本特性

D. 有效管理策略及采取的方式、频率

39. 在投资组合报告中，货币市场基金将披露报告期内偏离度绝对值在（　）间的次数，偏离度的最高值和最低值、偏离度绝对值的简单平均值等信息。

A. 0. 1％～0. 2％　　B. 0. 25％～0. 5％

C. 0. 35％～0. 5％　　D. 0. 15％～0. 25％转载

40.《基金净值表现的编制及披露》属于基金信息披露的（　）。

A. 国家法律　　B. 部门规章

C. 规范性文件　　D. 自律性规则

41. 为进一步保障基金信息质量，法规规定基金年度报告应经（　）以

上独立董事签字同意,并由董事长签发。

A. 1/2　　B. 1/3

C. 2/3　　D. 3/4

42. 基金管理人应在法定期限内披露基金招募说明书、定期报告等文件,在重大事件发生之日起 2 日内披露临时报告,体现了基金信息披露的(　　)原则。

A. 真实性原则　　B. 准确性原则

C. 完整性原则　　D. 及时性原则

43. ETF 上市交易以后,需按照交易所的要求,在每日开市前披露当日的申购、赎回清单,并在交易时间内即时揭示(　　)。

A. 基金份额参考净值　　B. 基金资产净值

C. 基金份额净值　　D. 基金份额累计净值

二、不定项选择题(以下各小题所给出的 4 个选项中,至少有 1 项以上符合题目要求,请将符合题目要求选项的代码填入括号内)

1. 我国的基金信息披露制度体系分为(　　)等层次。

A. 国家法律　　B. 部门规章

C. 规范性文件　　D. 自律规则

2. (　　)是基金信息披露的主要义务人。

A. 基金发起人　　B. 基金托管人

C. 基金管理人　　D. 基金持有人

3. 基金信息披露主要包括(　　)。

A. 基金募集信息披露　　B. 基金运作信息披露

C. 基金终止信息披露　　D. 临时信息披露

4. 基金信息披露的作用主要表现在(　　)。

A. 有利于投资者的价值判断

B. 有利于防止利益冲突与利益输送

C. 有利于提高证券市场的运作效率

D. 有利于基金风险降到最低

5. 在基金信息披露中,以下被禁止的行为有(　　)。

A. 存在应披露而未披露信息

B. 承诺收益或承担损失

C. 诋毁其他基金管理人、托管人

D. 不存在的事实在基金信息披露文件中予以记载

6. 基金信息披露的实质性原则是指(　　)。

A. 准确性原则　　B. 真实性原则

C. 及时性原则　　D. 完整性原则

7. 基金信息披露的形式性原则是指(　　)。

A. 规范性原则　　B. 真实性原则

C. 易解性原则　　D. 完整性原则

8. 基金份额发售前至基金合同生效期间进行的信息披露内容有(　　)。

A. 基金合同　　B. 份额净值公告

C. 基金份额发售公告　　D. 招募说明书

9. 以下属于基金运作信息披露文件的有(　　)。

A. 基金定期报告

B. 基金份额上市交易公告书

C. 重大事项公告

D. 基金资产净值和份额净值公告

10. 基金托管人信息披露事项具体涉及的环节有(　　)。

A. 基金资产保管　　B. 会计核算

C. 基金募集　　D. 净值复核

11. 基金信息披露的规范性文件有(　　)。

A.《基金信息披露管理办法》

B.《上市公告书的内容与格式》

C.《证券投资基金信息披露 XBRL 标引规范(Taxonomy)》

D.《货币市场基金信息披露特别规定》

12. 基金托管人的信息披露义务有(　　)。

A. 在基金份额发售的 3 日前,将基金合同、托管协议登载在托管人网站上

B. 对基金管理人编制的基金资产净值、份额净值等公开披露的相关

基金信息进行复核、审查,并向基金管理人出具书面文件或者盖章确认

C. 基金拟在证券交易所上市的,应向交易所提交公告书等上市申请材料

D. 基金托管人职责终止时,应聘请会计师事务所对基金财产进行审计。

13. 基金管理人信息披露事项具体涉及的环节有(　　)。

A. 基金募集　　B. 上市交易

C. 投资运作　　D. 净值披露

14. (　　)是基金募集期间的三大信息披露文件。

A. 基金合同　　B. 基金招募说明书

C. 基金风险提示说明书　　D. 基金托管协议

15. 基金合同所包含的重要信息包括(　　)。

A. 基金资产净值的计算方法和公告方式方面的信息

B. 基金投资运作安排和基金份额发售安排方面的信息

C. 基金合同特别约定的事项

D. 募集基金的目的和基金名称

16. 基金的重大事件包括(　　)。

A. 基金份额持有人大会的召开

B. 提前终止基金合同期限

C. 更换基金管理人或托管人

D. 基金份额净值计价错误达基金份额净值的1%

17. 根据《证券投资基金法》,(　　)等事项的出现需要通过基金份额持有人大会审议通过。

A. 提前终止基金合同

B. 转换基金运作方式

C. 提高管理人和托管人的报酬标准

D. 更换管理人和托管人

18. 基金招募说明书的主要披露事项包括(　　)。

A. 招募说明书摘要

B. 基金募集申请的核准文件和核准日期

C. 基金资产的估值

D. 风险警示内容

19. 招募说明书饱含的主要信息有(　　)。

A. 基金运作方式

B. 从基金资产中列支的费用种类、计提标准和方式

C. 基金投资运作安排和基金份额方式方面的信息

D. 基金资产净值的计算方法和公告方式

20. 基金托管协议的主要目的在于明确基金管理人和基金托管人之间在(　　)等事宜中的权利与义务。

A. 基金财产保管　　B. 投资运作

C. 净值计算　　D. 收益分配

21. 基金信息披露中以下属于严重的违法犯罪行为的有(　　)。

A. 虚假记载　　B. 承诺收益

C. 误导性陈述　　D. 重大遗漏

22. 基金托管协议包含的重要信息是(　　)。

A. 基金的财产保管方面的信息

B. 基金管理人和基金托管人之间的相互监督和核查

C. 基金的信息披露

D. 协议当事人权责约定中事关持有人权益的重要事项

23. 以下(　　)属于基金定期报告。

A. 公开说明书　　B. 年度报告

C. 半年度报告　　D. 投资组合报告

24. 基金合同主要披露的事项包括(　　)。

A. 基金运作方式　　B. 基金资产的估值

C. 金托管协议的内容摘要　　D. 基金收益分配原则

25. 基金净值公告主要包括(　　)。

A. 基金资产净值　　B. 基金份额净值

C. 基金资产累计净值　　D. 基金份额累计净值

26. 基金季度报告主要包括(　　)。

A. 基金概况　　B. 主要财务指标和净值表现

C. 管理人报告　　D. 开放式基金份额变动

27. 基金投资组合公告的披露事项主要包括(　　)。

A. 按行业分类的股票投资组合及股票市价合计

B. 期末基金资产组合

C. 期末按券种分类的债券投资组合

D. 报告期内股票投资组合的重大变动

28. 基金首次募集信息披露文件包括(　　)。

A. 基金合同　　B. 基金招募说明书

C. 托管协议　　D. 年度报告

29. 以下说法正确的是(　　)。

A. 封闭式基金一般至少每周披露一次资产净值

B. 对多数开放式基金来说,开放申购、赎回后,则会披露每个开放日的份额净值和份额累计净值

C. 基金管理人应当在每个季度结束之日起 20 个工作日内,编制完成基金季度报告

D. 半年度报告需要进行审计

30. 基金年度报告披露的持有人信息主要有(　　)。

A. 持有人户数、户均持有基金单位

B. 持有人结构

C. 上市基金前 20 名持有人的名称、持有份额及占总份额的比例

D. 当期末基金管理公司的基金从业人员持有开放式基金时,公司所有基金从业人员投资基金的总量及占基金总份额的比例

31. 以下属于基金半年度报告披露的特点的是(　　)。

A. 半年度报告不要求进行审计

B. 只需披露当期的数据和指标

C. 半年度的管理人报告需披露内部监察报告

D. 财务报表附注的披露

32. 基金年度报告的主要内容有(　　)。

A. 基金管理人和基金托管人在年度报告披露中的责任

B. 正文与摘要的披露

C. 基金财务指标的披露

D. 管理人报告的披露

33. 基金股票投资组合重大变动的披露内容包括(　　)。

A. 整个报告期内买入股票的成本总额及卖出股票的收入总额

B. 对累计买入、累计卖出价值前 20 名的股票价值低于 3%的，应披露至少前 20 名的股票明细

C. 报告期内累计买入、累计卖出价值超出期初基金资产净值 3%的股票明细

D. 报告期内累计买入、累计卖出价值超出期初基金资产净值 2%的股票明细

34. 投资者通过将（　　）与（　　）进行比较，可以了解基金实际运作与基金合同规定基准的差异程度，判断基金的实际投资风格。

A. 本期已实现收益

B. 基金净值增长指标

C. 基金份额累计净值增长率

D. 同期基金业绩比较基准收益率

35. 目前，披露上市交易公告书的基金品种主要有（　　）。

A. 开放式基金　　B. 封闭式基金

C. 上市开放式基金(LOF)　　D. 交易型开放式指数基金(ETF)

36. 从信息披露的制度体系划分，以下属于基金信息披露的规范性文件的有（　）。

A.《基金信息披露管理办法》

B.《招募说明书的内容与格式》

C.《基金净值表现的编制及披露》

D.《证券投资基金法》

37. 基金管理人报告的内容包括（　　）。

A. 管理人及基金经理情况简介

B. 报告期内基金运作遵规守信情况说明

C. 报告期内基金的投资策略和业绩表现说明

D. 报告期内公平交易情况说明

38. 基金年度报告披露的基金持有人信息主要有（　　）。

A. 上市基金前 10 名持有人的名称、持有份额及占总份额的比例

B. 持有人结构

C. 基金财务状况

D. 持有人户数、户均持有基金份额

39. 基金管理人的信息披露义务有(　　)。

A. 将基金契约报中国证监会审核批准

B. 编制并公布基金上市公告书,同时报中国证监会和上市的证券交易所备案

C. 编制并公布基金年度报告、中期报告、投资组合报告,同时分别报送中国证监会和基金上市的证券交易所备案

D. 于每 6 个月结束后的 30 日内编制开放式基金公开说明书,经托管人复核后公告

40. 基金上市交易公告书的主要披露事项包括(　　)。

A. 基金概况　　B. 持有人户数

C. 基金财务状况　　D. 基金投资组合报告

41. 各国(地区)披露所采用的重大性概念有(　　)的标准。

A. 影响投资者决策标准　　B. 影响基金运作标准

C. 影响证券市场价格标准　　D. 影响投资者利益标准

42. 出现以下(　　)重大事件,信息披露义务人应当在重大事件发生之日起 2 日内编制并披露临时报告书。

A. 基金份额持有人大会的召开

B. 提前终止基金合同

C. 更换基金运作方式

D. 更换基金托管人和管理人

43. 按照披露时间的不同,货币市场基金收益公告可分为(　　)三类。

A. 封闭期的收益公告　　B. 开放日的收益公告

C. 交易日的收益公告　　D. 节假日的收益公告

44. 关于 QDII 基金信息披露的说法正确的是(　　)。

A. QDII 基金在披露相关信息时,可采用中英文

B. QDII 基金应至少每周计算并披露一次净值信息

C. QDII 基金的净值在估值日后 1 个工作日内披露

D. QDII 基金可单独或同时以人民币或美元等主要外汇币种计算并披露净值信息

45. 关于 ETF 的信息披露说法债券的是(　　)。

A. 对于当日发布的 ETF 的申购、赎回清单，当日不得修改

B. 交易日的基金份额净值只能按规定于次日在指定报刊和管理人网站披露

C. 基金管理人关于 ETF 基金份额参考净值的计算方式，一般需经证券交易所认可后公告

D. 基金份额参考净值是指在交易时间内，申购、赎回清单中组合证券的实时市值

三、判断题（判断以下各小题的对错，正确的打“√”，错误的打“×”）

1. 证券投资基金的一个突出特点就是透明度高，这主要得益于基金的强制信息披露制度。（ ）

2. 基金管理人和基金托管人是基金信息披露的主要义务人。（ ）

3. 基金信息的披露在内容上要遵循真实性、准确性、完整性、及时性和规范性原则。（ ）

4. 准确性原则是基金信息披露的最根本、最重要的原则。（ ）

5. 完整性原则要求披露所有可能影响投资者决策的信息。（ ）

6. 为了进一步保障基金信息质量，法规规定基金年度报告应经 1/3 以上独立董事签字同意，并由董事长签发。（ ）

7. 规范性原则要求基金信息必须按照法定的内容和格式进行披露，保证披露信息的可比性。（ ）

8. 存续期募集信息披露主要包括基金份额发售前至基金合同生效期间进行的信息披露。（ ）

9. 基金份额上市交易公告书和基金年度报告属于基金运作信息披露文件。（ ）

10. 在基金募集和运作过程中，基金管理人是信息披露义务的唯一当事人。（ ）

11. 1999 年，中国证监会发布实施的《证券投资基金信息披露指引》，并在此基础上构建了我国基金试点时期的信息披露制度法律框架。（ ）

12.《证券投资基金法》规定，基金托管人、基金管理人和其他基金信息披露义务人应当依法披露基金信息，保证所披露信息的真实性、准确性和完

整性。 (　)

13. 基金管理人负责办理的信息披露事项具体涉及基金募集、上市交易、投资运作、净值披露等各环节。 (　)

14. 基金管理人主要负责办理与基金财产管理业务活动有关的信息披露事项,具体涉及基金募集、上市交易、会计核算、净值披露等各个环节。 (　)

15. 基金获准上市的,应在上市前2个工作日,将基金份额上市交易公告书登载在指定报刊和管理人网站上。 (　)

16. 基金管理人应至少每周公告一次封闭式基金的资产净值和份额净值。 (　)

17. 开放式基金在开始办理申购或者赎回前,至少每月公告1次资产净值和份额净值。 (　)

18. 开放式基金在开始办理申购或者赎回前,至少每周公告1次资产净值和份额累计净值。 (　)

19. 在每年结束后60日内,在指定报刊上披露年度报告摘要,在管理人网站上披露年度报告全文。 (　)

20. 基金管理人召开基金份额持有人大会的,应至少提前30日公告大会的召开时间、会议形式、审议事项、议事程序等。 (　)

21. 开放式基金放开申购、赎回后,应于每个开放日的次日披露基金份额净值和份额累计净值。 (　)

22. 基金托管人主要负责办理与基金托管业务活动有关的信息披露事项,具体涉及基金资产保管、代理清算交割、净值复核、投资运作等环节。 (　)

23. 基金托管人要编制基金资产净值、份额净值、申购赎回价格,对管理人的基金定期报告和定期更新的招募说明书等进行复核、审查。 (　)

24. 当基金发生涉及托管人及托管业务的重大事件时,基金托管人应当在事件发生之日起3日内编制并披露临时公告书,并报中国证监会备案。 (　)

25. 基金托管人的信息披露事项具体涉及基金资产保管、代理清算交割、会计校算、净值复核、投资运作监督等环节。 (　)

26. 基金份额持有人主要负责与基金份额持有人大会相关的披露义务。（　）

27. 投资者缴纳基金份额认购款项时，即表明其对基金合同的认可和接受，此时基金合同成立。（　）

28. 当代表基金份额20%以上的基金份额持有人就同一事项要求召开持有人大会。而管理人和托管人都不召集的时候，代表基金份额20%以上的持有人有权自行召集。（　）

29. 提前终止基金合同、转换基金运作方式、提高基金管理人和基金托管人的报酬标准等事项均需要通过基金份额持有人大会审议通过。（　）

30. 基金投资目标、投资范围、投资策略、业绩比较基准、风险收益特征、投资限制等是基金合同中最为重要的信息。（　）

31. 当QDII基金变更境外托管人、变更投资顾问、投资顾问主要负责人变动、出现境外涉及诉讼等重大事件时，应在事件发生后及时披露临时公告，并在更新的招募说明书中予以说明。（　）

32. 基金托管协议是基金托管人和基金管理人之间签订的协议。（　）

33. 基金合同生效不足3个月的，基金管理人可以不编制当期季度报告、半年度报告或者年度报告。（　）

34. 基金净值公告主要包括基金资产净值、份额净值和份额累计净值等信息。（　）

35. XBRL是国际上将会计准则与计算机语言相结合，用于结构化数据，尤其是财务信息交换的最新公认标准和技术。（　）

36. 基金管理人办理的信息披露事项具体涉及基金募集、上市交易、投资运作、净值披露等各环节。（　）

37. 基金管理人应当在每个季度结束之日起15个工作日内，编制完成基金季度报告，并将季度报告登载在指定报刊和网站上。（　）

38. 基金招募说明书应将所有对投资人作出投资判断有重大影响的信息予以充分披露，以便投资人更好地作出投资决策。（　）

39. 目前，基金年报只能在指定报刊上披露正文、在网站上披露摘要。（　）

40. 半年度报告无须披露近3年每年的基金净值增长率。（　）

41. 基金托管人向新闻媒体披露与基金有关的信息以前应当报告中国证监会。 ( )

42. 封闭式基金一般至少每月披露1次资产净值和份额净值。 ( )

43. 基金年度报告是基金存续期间信息披露量最大的文件。 ( )

44. 基金信息披露的实质性原则包括规范性原则、易解性原则、易得性原则。 ( )

45. 年度报告的披露时间为每个基金会计年度结束后90日内。( )

46. 基金托管人是基金年度报告的编制者和披露义务人。 ( )

47. 基金的半年度报告无须披露内部监察报告。 ( )

48. 在基金的财务指标中,本期基金份额净值增长指标是目前较为合理的评价基金业绩表现的指标。 ( )

49. 在基金募集和运作过程中,基金管理人是信息披露义务的惟一当事人。 ( )

50. 基金资产净值信息是基金资产运作成果的集中体现。 ( )

51.《基金信息披露管理办法》属于基金信息披露的规范性文件。 ( )

52. 信息披露义务人应当在重大事件发生之日起2个工作日内编制并披露临时报告书。 ( )

53. 开放式基金在开始办理申购或者赎回前,至少每周公告3次资产净值和份额净值。 ( )

54. QDII基金应至少每周计算并披露1次净值信息。 ( )

55. 真实性原则是基金信息披露最根本、最重要的原则。 ( )

参考答案

一、单项选择题

1. A	2. B	3. C	4. B	5. B
6. D	7. B	8. C	9. B	10. C
11. D	12. D	13. B	14. B	15. D
16. B	17. D	18. B	19. A	20. B

21. D	22. C	23. D	24. C	25. C
26. A	27. B	28. D	29. C	30. B
31. C	32. C	33. C	34. A	35. A
36. C	37. C	38. B	39. B	40. C
41. C	42. D	43. A		

二、不定项选择题

1. ABCD	2. BC	3. ABD	4. ABC	5. ABCD
6. ABCD	7. AC	8. ACD	9. ABD	10. ABD
11. BCD	12. ABD	13. ABCD	14. ABD	15. BC
16. ABC	17. ABCD	18. ABCD	19. ABD	20. ABCD
21. ACD	22. BD	23. BCD	24. AD	25. ABD
26. ABCD	27. ABCD	28. ABC	29. AB	30. ABD
31. ABD	32. ABCD	33. AD	34. BD	35. BCD
36. BC	37. ABCD	38. ABD	38. ABCD	40. ABCD
41. AC	42. ABCD	43. ABD	44. ABD	45. ACD

三、判断题

1. √	2. √	3. ×	4. ×	5. √
6. ×	7. √	8. ×	9. √	10. ×
11. √	12. √	13. √	14. ×	15. ×
16. √	17. ×	18. √	19. ×	20. √
21. √	22. ×	23. ×	24. ×	25. √
26. √	27. √	28. ×	29. √	30. ×
31. √	32. √	33. ×	34. √	35. ×
36. √	37. √	38. √	39. ×	40. √
41. √	42. ×	43. √	44. ×	45. √
46. ×	47. √	48. √	49. ×	50. √
51. ×	52. √	53. ×	54. √	55. √

考前冲刺同步预测试卷(十)

一、单项选择题(以下各小题所给出的4个选项中,只有1项最符合题目要求,请将正确选项的代码填入括号内)

1. (　　)对我国的基金监管上负有最主要的责任。

A. 基金管理人　　B. 中国证监会
C. 证券交易所　　D. 中国证券业协会

2. (　　)是一切基金监管活动的出发点。

A. 基金监管的原则　　B. 基金监管的法律体系
C. 基金监管的目标　　D. 基金监管的手段

3. 我国基金监管的目标不包括(　　)。

A. 保护投资者的利益
B. 保证市场的公平、效率和透明
C. 降低非系统风险
D. 推动基金业的规范发展

4. 以下不属于基金监管原则的是(　　)。

A. 依法监管原则　　B. 及时性原则
C. 三公原则　　D. 监管与自律并重原则

5. 我国基金业经过十余年时间的规范发展,已经初步形成了一套以(　　)为核心,各类部门规章和规范性文件为配套、自律规则为补充的完善的基金监管法律制度体系。

A.《证券监管的目标与原则》
B.《证券投资基金上市规则》
C.《证券投资基金管理公司管理办法》
D.《证券投资基金法》

6. 基金管理人应当自基金合同生效之日起(　　)个月内使基金的投资

组合比例符合基金合同的有关约定。

A. 12　　B. 9

C. 6　　D. 3

7. (　　)作为我国证券业的自律性组织,对基金业实行行业自律管理。

A. 证券证监会　　B. 基金管理公司

C. 中国证券业协会　　D. 证券交易所

8. (　　)主要是通过报备制度,由基金从业机构、证券交易所等机构向基金监管部定期或者不定期报送各种书面报告。

A. 市场准入监管　　B. 日常持续监管

C. 非现场检查　　D. 现场检查

9. 基金监管的首要目标是(　　)。

A. 降低系统风险

B. 保证市场的公平、效率和透明

C. 保护投资者利益

D. 推动基金业的发展

10. 中国证监会依法对基金管理公司提交的市场准入等行政许可事项进行审批,不包括(　　)。

A. 基金管理公司的设立审批

B. 基金管理公司治理监管

C. 基金管理公司重大事项变更的审核

D. 基金管理公司股权处置监管

11. 基金管理公司变更重大事项,需自董事会或股东会做出决议之日起(　　)日内,报中国证监会批准。

A. 10　　B. 15

C. 20　　D. 25

12. 基金管理公司的设立须经(　　)批准。

A. 中国证券业协会基金业委员会

B. 中国证监会

C. 证券交易所

D. 国家工商管理局

13. 基金管理公司股东的实际控制人发生变化的,该股东应在(　　)个工作日内报告中国证监会。

A. 5　　B. 10

C. 15　　D. 20

14. 以下不属证监会对基金管理公司进行日常监管的是(　　)。

A. 公司治理监管　　B. 公司重大事项的审核

C. 内部控制监管　　D. 经营运作监管

15. 按现行法规规定,基金管理公司应每月从基金管理费收入中计提风险准备金,计提比例不低于基金管理费收入的(　　)。

A. 5%　　B. 8%

C. 10%　　D. 15%

16. 商业银行取得基金托管资格后,其基金托管业务活动主要受(　　)的监管。

A. 中国证监会　　B. 中国银监会

C. 中国证券业协会　　D. 证券交易所

17. 由于封闭式基金在证券交易所的交易系统内进行竞价交易,因此其登记业务同上市公司的股票一样,由(　　)办理。

A. 基金管理人　　B. 基金托管人

C. 中国结算公司　　D. 证券交易所

18. (　　)办理开放式基金的登记结算业务,是目前大多数开放式基金采用的模式。

A. 基金托管银行　　B. 基金管理公司

C. 中国结算公司　　D. 证券交易所

19. (　　)是基金运作的首要业务环节。

A. 基金募集申请的核准　　B. 基金信息披露的监管

C. 基金销售活动的监管　　D. 基金投资和交易行为的监管

20. 我国对基金募集申请实行的是(　　)。

A. 注册制　　B. 核准制

C. 统一监管制　　D. 信息披露制

21. 从(　　)年开始,中国证监会进一步简化基金产品审核程序,对基金产品实行分类审核制度。

A. 2008　　B. 2009

C. 2010　　D. 2011

22. 中国证监会自收到基金管理人验资报告和基金备案材料之日起(　　)个工作日内予以书面确认。

A. 2　　B. 3

C. 4　　D. 5

23. 以下不属于基金销售监管的主要方式的是(　　)。

A. 通过督察长监督、检查基金销售活动

B. 对基金销售适用性原则应用情况进行检查与指导

C. 通过证券交易所监督基金销售活动

D. 宣传推介材料的报备监管

24. 中国证监会自受理基金管理公司设立申请之日起(　　)个月内,以审慎监管原则依法审查,做出批准或不予批准的决定。

A. 3　　B. 4

C. 5　　D. 6

25. 我国已初步建立了既接近国际惯例又符合我国实践的基金信息披露制度,(　　)已成为监管部门的工作重点。

A. 基金销售活动监管　　B. 基金信息披露监管

C. 基金投资与交易行为监管　　D. 基金募集申请的监管

26. 2003 年开始实施的(　　),对证券投资基金投资管理的程序、决策过程、投资相关环节、部门和人员的配置、相关人员的责任、权利和义务作了具体而明确的规定。

A.《证券投资基金管理公司内部控制指导意见》

B.《证券投资基金法》

C.《证券投资基金管理公司特定客户资产管理业务试点办法》

D.《证券投资基金管理公司公平交易制度指导意见》

27. 基金管理公司下列事项变更不需经中国证监会批准的有(　　)。

A. 变更股东、注册资本或者股东出资比例

B. 计提风险准备金

C. 修改章程

D. 变更名称、住所

28. 基金管理公司在基金投资过程中,给基金财产和投资者造成损失

的，将由(　　)督促基金管理公司进行赔偿。

A. 中国证监会　　　　B. 基金托管银行

C. 证券交易所　　　　D. 中国结算机构

29. 因证券市场波动、上市公司合并、基金规模变动等基金管理人之外的因素致使基金投资不符合有关投资比例的，基金管理人应当在(　　)个交易日内进行调整。

A. 30　　　　B. 15

C. 10　　　　D. 5

30. 基金评价机构应加入(　　)，并由其依法对基金评价业务活动进行自律管理。

A. 证券证监会　　　　B. 地方证监局

C. 中国证券业协会　　　　D. 工会

31. 货币市场基金投资组合的平均剩余期限在每个交易日均不得超过(　　)天。

A. 30　　　　B. 60

C. 90　　　　D. 180

32. 以下关于基金投资比例的说法正确的是(　　)。

A. 单只基金持有的同一信用级别资产支持证券比例，不得超过该资产支持证券规模的20%

B. 开放式基金应当保持不低于基金资产净值的5%到期日在1年以内的政府债券，以备支付基金份额持有人的赎回款项

C. 单只基金投资于同一原始权益人的各类资产支持证券的比例，不得低于该基金资产净值的10%

D. 1家基金公司通过1家证券公司的交易席位买卖证券的年交易佣金，不得超过其当年所有基金买卖证券交易佣金的20%

33. 2007年，中国证券业协会设立了(　　)，负责联络与业务交流工作。

A. 基金公会　　　　B. 基金业行会

C. 基金公司会员部　　　　D. 证券投资基金业委员会

34. 基金托管银行应当建立(　　)离任制度。

A. 基金经理

B. 董事长

C. 基金托管部门中层管理人员

D. 基金托管部门高级管理人员

35.（　　）是日常监管的重点。

A. 内部控制监管　　B. 公司治理监管

C. 基金准入　　D. 经营运作监管

36. 与基金经理的任职资格不符的是（　　）。

A. 取得基金从业资格证

B. 具有 5 年以上证券投资管理经历

C. 通过证监会或者其授权机构组织的证券投资法律知识考试

D. 最近 3 年没有受到证券、银行、工商和税务等行政管理部门的行政处罚

37. 公司应当及时披露基金经理的变更情况，自公司做出决定之日（　　）对外公告，并将任免材料报中国证监会相关派出机构。

A. 2 小时内　　B. 2 日内

C. 2 周内　　D. 2 月内

38 . 以下不属于基金募集申请材料的是（　　）。

A. 申请报告　　B. 基金合同草案

C. 招募说明书草案　　D. 上市公告书

39. 从事基金评价业务并以公开形式发布评价结果的禁止行为不包括（　　）。

A. 对基金、基金管理人评奖的评奖期间少于 6 个月

B. 对基金、基金管理人评级的更新期间少于 3 个月

C. 对基金（货币市场基金除外）、基金管理人评级的评级期间少于 36 个月

D. 对基金、基金管理人单一指标排名（包括具有点击排序功能的网站或咨询系统数据列示）的排名期间少于 3 个月

40. 如果基金名称显示投资方向的，应当有（　　）以上的非现金基金资产属于投资方向确定的内容。

A. 80％　　B. 75％

C. 85％　　D. 90％

41. 与高级管理人员的任职条件不符的是(　　)。

A. 取得基金从业资格

B. 具有3年以上基金、证券、银行等金融相关领域的工作经历及拟任职务相适应的管理经历

C. 通过中国证监会或者其授权机构组织的高级管理人员证券投资法律知识考试

D. 最近2年没有受到证券、银行、工商和税务等行政管理部门的行政处罚

42. 基金在全国银行间同业拆借市场中的债券回购最长期限为(　　)。

A. 1个月　　B. 3个月

C. 半年　　D. 1年

43. 对履行基金托管职责的监督不包括(　　)。

A. 在监督基金投资运作中,是否在基金托管协议中事先与基金管理公司订明相关权责,是否建立并及时维护相关监督系统,是否在发现问题时及时提醒基金管理公司并报告中国证监会

B. 是否建立科学合理、控制严密、运行高效的内部控制体系

C. 在办理基金的清算交割事宜中,是否能保证清算的及时高效,同时又保证基金财产的安全与独立

D. 在办理与基金托管业务相关的信息披露事项中,是否及时、真实、准确、完整地履行信息披露业务,是否在基金年度报告中的托管人报告中独立、客观地发表意见

44. 申请高级管理人员任职资格,应当具备(　　)以上基金、证券、银行等金融相关领域的工作经历及与拟任职务相适应的管理经历。

A. 1年　　B. 2年

C. 3年　　D. 5年

45. 基金存续期间信息披露监管包括(　　)。

A. 基金合同生效后对定期更新的就招募说明书进行形式审查

B. 对基金上市交易公告书、基金净值公告、定期报告以及临时报告等信息披露文件的监管

C. 对基金份额发售至基金合同生效期间的信息披露行为进行监管

D. 对基金招募说明书、基金合同、基金托管协议等基金募集申请材

料进行审核

46. 督察长应当在知悉可能影响高级管理人员或投资管理人员正常履行职务的信息之日起（　　）个工作日内向中国证监会报告。

A. 3　　B. 4

C. 5　　D. 6

二、不定项选择题（以下各小题所给出的4个选项中，至少有1项以上符合题目要求，请将符合题目要求选项的代码填入括号内）

1. 基金监管从内容上主要涉及对（　　）的监管。

A. 对基金服务机构的监管　　B. 对基金募集的监管

C. 对基金运作的监管　　D. 对基金高级管理人员的监管

2. 我国基金监管的目标包括（　　）。

A. 保护投资者的利益

B. 保证市场的公平、效率和透明

C. 降低系统风险

D. 推动基金业的规范发展

3. 基金监管的原则具体表现为（　　）。

A. 依法监管　　B. “三公”原则

C. 自由原则　　D. 监管的连续性和有效性原则

4. 我国的基金监管法规体系包括（　　）。

A. 法律　　B. 部门规章

C. 规范性文件　　D. 自律规则

5. 基金监管部的职能有（　　）。

A. 草拟或制定基金行业的监管规则

B. 对有关基金的行政许可项目进行审核

C. 对基金行业高级管理人员的任职资格进行审查

D. 指导、监督基金同业协会的活动

6. 基金监管部门主要通过（　　）的方式实现基金监管。

A. 市场准入监管　　B. 日常持续监管

C. 现场监管　　D. 非现场监管

7. 基金公司会员部的职责有(　　)。

A. 教育组织基金管理公司会员遵守证券法律、行政法规

B. 组织拟定基金业自律规则和业务标准,并监督实施

C. 加大研究力度,对关系基金业发展的重点难点热点问题进行深入研究

D. 协助基金委员会的工作

8. 证券交易所在日常监控中发现基金异常交易行为时,将视情况采取(　　)等措施,并在采取相关措施的同时报告中国证监会。

A. 电话提示　　　　　B. 书面警示

C. 约见谈话　　　　　D. 公开谴责

9. 在基金市场上,从事基金活动、为基金提供服务的所有组织和机构,包括(　　)等,都由中国证监会依法实施监管。

A. 基金管理公司　　　　　B. 基金销售机构

C. 基金注册登记机构　　　D. 基金评价机构

10. 中国证监会依法对基金管理公司提交的市场准入等行政许可进行审批,包括(　　)。

A. 基金管理公司的设立审批

B. 基金公司治理监管

C. 基金管理公司申请境内机构投资者资格审批

D. 基金管理公司股权处置监管

11. 基金管理公司变更经营范围,中国证监会将对基金管理公司的(　　)等相关内容进行审查和评议,做出相关决定。

A. 投资决策与研究分析体系的建立与执行

B. 公平交易与防范利益输送相关制度的建立与执行

C. 公司监察稽核与内部风险控制体系的建立与执行

D. 人员队伍及人力资源管理状况

12. 设立基金管理公司必须在股东资格、公司章程、注册资本、从业人员资格等方面符合(　　)规定的条件,并经中国证监会批准。

A.《公司法》

B.《证券投资基金法》

C.《证券投资基金管理公司管理办法》

D.《证券投资基金上市规则》

13. 基金管理公司变更下列(　　)重大事项,需自董事会或股东会作出决议之日起 15 日内,报中国证监会批准。

A. 变更经营范围

B. 变更股东、注册资本或者股东出资比例

C. 变更名称、住所

D. 修改章程

14. 在基金管理公司股东及股权比例方面说法正确的是(　　)。

A. 监管法规要求设立基金管理公司必须由具备条件的金融机构作为主要股东

B. 一家机构或受同一实际控制人控制的机构参股基金管理公司的数量不得超过 2 家

C. 基金管理公司股东不得持有其他股东的股份及权益

D. 限制各类股东的持股比例,内资基金管理公司主要股东的持股比例上限为 50%

15. 下列关于风险准备金的说法正确的是(　　)。

A. 提取风险准备金的主要目的是提高基金管理公司的收益

B. 2007 年之后按照不低于基金管理费收入的 5%计提风险准备金

C. 风险准备金余额达到基金资产净值的 1%时可不再提取

D. 风险准备金制度已成为保护基金份额持有人利益的重要措施

16. 以下说法正确的是(　　)。

A. 公司除董事、监事之外的所有员工不得在股东单位兼职

B. 董事会每年应至少召开 1 次定期会议

C. 独立董事人数不得少于 3 人,且不得少于董事会人数的 1/3

D. 董事会在审议公司及投资运作中的重大事项,应经 1/2 以上的独立董事同意

17. 中国证监会对基金管理公司内部控制情况的监督检查内容包括(　　)。

A. 公司的内部控制机制是否科学合理

B. 内部控制是否体现了健全性、有效性、独立性、相互制约性和成本效益的原则

C. 控制环境、风险评估、控制活动、信息沟通和内部监控等基本要素是否达到要求

D. 投资管理、信息披露、信息技术系统等业务环节是否按照法规标准和内部控制制度有效执行

18. 证券投资基金业委员会的主要职责有(　　)。

A. 调查、收集、反映业内意见和建议

B. 研究、论证业内相关政策与方案

C. 草拟或审议证券投资基金业务有关规则、执业标准、工作指引和自律公约

D. 协助开展业内教育培训、国际交流与合作

19. 申请托管资格的商业银行须在资产质量、人员配备、办公硬件及系统软件、风险控制等方面符合(　　)等法律法规的规定。

A.《证券投资基金法》

B.《公司法》

C.《证券投资基金托管资格管理办法》

D.《证券投资基金上市规则》

20.(　　)在资本充足率、组织机构、治理结构与内部控制、营业场所、信息系统建设等方面符合法律法规规定的条件时,可以向中国证监会申请基金销售业务资格。

A. 商业银行　　B. 证券公司

C. 保险公司　　D. 证券投资咨询机构

21. 从开放式基金实践的情况来看,目前具备办理开放式基金登记业务资格的机构主要有(　　)。

A. 基金管理公司　　B. 商业银行

C. 中国结算公司　　D. 中国注册登记机构

22. 中国证监会对基金运作的监管主要包括(　　)。

A. 对基金募集申请的核准

B. 基金销售活动的监管

C. 基金信息披露的监管

D. 基金投资与交易行为的监管

23. 下列关于基金投资范围的说法正确的是(　　)。

A. 股票基金应有60%以上的资产投资于股票

B. 基金不得投资有锁定期但锁定期不明确的证券

C. 货币市场基金可投资于股票、可转债、剩余期限超过 397 天的债券等

D. 货币市场基金仅投资于货币市场工具

24. 基金募集申请核准的主要程序和内容包括(　　)。

A. 对基金募集申请材料进行齐备性和合规性审查

B. 组织专家评审会对基金募集申请进行审批,最后作出核准或者不予核准的决定

C. 简化产品审核程序,实施分类审核制度

D. 办理基金备案

25. 对募集材料合规性的审查包括(　　)。

A. 有明确、合法的投资方向

B. 有明确的基金运作方式

C. 符合法律法规关于基金品种的规定

D. 不与拟任基金管理人已管理的基金雷同

26. 中国证监会于 2006 年 8 月和 2007 年 9 月先后发布通知规范基金管理公司提取风险准备金。风险准备金主要用于赔偿因公司(　　)等给基金财产或基金份额持有人造成的损失。

A. 违法违规　　B. 违反基金合同

C. 技术故障　　D. 操作失误

27. 基金销售监管的主要方式有(　　)。

A. 通过督察长监督、检查基金销售活动

B. 对基金销售适用性原则应用情况进行检查与指导

C. 制定法律法规

D. 宣传推介材料的报备监管

28. 目前,对基金信息披露进行监管的部门主要是(　　)。

A. 中国证券业协会　　B. 中国证监会

C. 地方证监局　　D. 证券交易所

29. 基金管理公司应当建立(　　)的离任制度。

A. 监事　　B. 董事

C. 基金经理　　　　　　　D. 高级管理人员

30. 基金信息披露监管的主要内容有(　　)。

A. 建立健全基金信息披露制度

B. 加强对基金管理人的监管

C. 基金募集信息披露监管

D. 基金存续期信息披露监管

31. 以下关于基金投资组合的说法正确的是(　　)。

A. 股票基金应有 60%以上的资产投资于股票

B. 货币市场基金仅能投资于货币市场工具

C. 债券基金应有 70%以上资产投资于债券

D. 封闭式基金投资流通受限证券的锁定期不得超过封闭式基金的剩余存续期

32. 督察长不得有下列行为(　　)。

A. 擅离职守,无故不履行职责

B. 违反规定授权他人代为履行职责

C. 兼任可能影响其独立性的职务或者从事可能影响其独立性的活动

D. 对基金及公司运作中存在的违法违规行为或者重大风险隐患隐瞒不报或者做出虚假报告

33. 以下关于基金投资比例的规定说法正确的是(　　)。

A. 如果基金名称显示投资方向的,应当有 70%以上的非现金基金资产属于投资方向确定的内容

B. 一只基金持有一家上市公司的股票,其市值不得超过基金资产净值的 10%

C. 开放式基金应当保持不低于基金资产净值 5%的现金或者到期日在 1 年以内的政府债券

D. 单只基金持有的同一信用级别资产支持证券比例,不得超过该资产支持证券规模的 20%

34. 基金财产不得用于以下(　　)投资或者活动。

A. 承销证券

B. 向他人提供担保或者贷款

C. 从事承担无限责任的投资

D. 从事内幕交易、操纵证券价格及其他不正当的证券交易活动

35. 关于货币市场基金投资的相关规定说法正确的是( )。

A. 投资于同一公司发行的短期企业债券的比例,不得超过基金资产净值的 20%

B. 投资于定期存款的比例,不得超过基金资产净值的 30%

C. 投资组合的平均剩余期限在每个交易日不得超过 180 天

D. 在全国银行间债券市场债券正回购的资金余额不得超过基金资产净值的 50%

36. 基金行业高级管理人员是指基金管理公司的( )。

A. 董事长　　B. 总经理

C. 督察长　　D. 基金经理

37. 申请高级管理人员任职资格应当具备以下( )条件。

A. 取得基金从业资格

B. 具有 2 年以上基金、证券、银行等金融相关领域的工作经历及拟任职务相适应的管理经历

C. 通过中国证监会或者其授权机构组织的高级管理人员证券投资法律知识考试

D. 最近 3 年没有受到证券、银行、工商和税务等行政管理部门的行政处罚

38. 基金管理公司独立董事任职资格包括( )。

A. 具有 5 年以上金融、法律或者财务工作经历

B. 有履行职责所需要的时间

C. 最近 3 年没有在拟任职的基金管理公司及其股东单位、与拟任职的基金管理公司存在业务联系或者利益关系的机构任职

D. 直系亲属不在拟任职的基金管理公司任职

39. 当基金管理公司、基金托管银行、基金托管部门或者其高级管理人员有以下( )情形时,中国证监会依法对相关高级管理人员出具警示函、进行监管谈话。

A. 业务活动可能严重损害基金财产或者基金份额持有人的利益

B. 基金管理公司的治理结构、内部控制制度不健全、执行不力,导致

出现或者可能出现重大隐患,可能影响其正常履行基金管理人、基金托管人职责

C. 高级管理人员直系亲属拟移居境外或者已在境外定居

D. 违反诚信、审慎、勤勉、忠实义务

40. 基金行业高级管理人员的基本行为规范包括(　　)。

A. 高级管理人员应具备良好的职业道德

B. 基金管理公司董事应按照公司章程的规定出席董事会会议,参加公司的活动,切实履行职责

C. 基金管理公司督察长应当认真履行职责

D. 基金托管银行基金托管部门的总经理、副总经理应当建立健全本部门的各项业务制度和管理制度

41. 基金经理的任职应具备以下(　　)条件。

A. 取得基金从业资格证

B. 具有 3 年以上证券投资管理经历

C. 通过证监会或者其授权机构组织的证券投资法律知识考试

D. 最近 2 年没有受到证券、银行、工商和税务等行政管理部门的行政处罚

42. 当高级管理人员有以下(　　)情形之一的,中国证监会可以建议任职机构暂停或者免除其职务。

A. 擅离职守

B. 向中国证监会提供虚假信息、隐瞒重大事项,或者拒绝配合中国证监会履行监管职责的

C. 高级管理人员最近 6 个月内被中国证监会出具警示函、进行监管谈话 3 次以上,或者在受到警示函、被监管谈话后不按照规定整改

D. 最近半年内受到行业协会纪律处分、证券交易所公开谴责 2 次以上

43. 允许基金管理公司自主选择对(　　)内赎回的基金持有人设定较高的赎回费率标准,并将此类赎回费全额计入基金财产。

A. 一周　　B. 一个月

C. 一个季度　　D. 一日

44. 中国证监会对基金管理公司设立申请采取的审查方式包括(　　)。

A. 征求相关机构和部门关于股东条件等方面的意见

B. 采取专家评审对申请材料的内容进行审查

C. 采取调查核实方式对申请材料的内容进行审查

D. 自受理之日起 5 个月内现场检查基金管理公司设立准备情况

45. 任何机构从事基金评价业务并以公开形式发布评价结果，禁止（　　）。

A. 对同一分类中包含基金少于 20 只的基金进行评级或单一指标排名

B. 对基金、基金管理人单一指标排名的更新间隔少于 2 个月

C. 对不同分类的基金进行合并评价

D. 对基金合同生效不足 6 个月的基金（货币市场基金除外）进行评奖或单一指标排名

46. 证券交易所按照中国证监会要求建立基金交易监控体系，重点监控（　　）。

A. 同一基金管理公司不同基金或账户间的异常交易

B. 不同基金管理公司账户间的异常交易

C. 单只基金的异常交易

D. 基金同股东等关联方的账户、可疑账户间的异常交易

47. 中国证监会对基金托管部门内部控制的监督包括（　　）。

A. 托管银行各机构、部门和岗位职责是否保持相对独立

B. 基金资产、托管银行自有资产、其他资产的保管是否严格分离

C. 在办理基金的清算交割事宜中，是否保证清算的及时高效，同时又保证基金财产的安全与独立

D. 托管银行托管业务部门的岗位设置应当权责分明、相互制衡等

48. 基金信息披露对违规机构直接负责的主管人员和其他直接责任人员的处罚类别有（　　）。

A. 承担赔偿责任

B. 警告

C. 暂停或者取消基金从业资格

D. 追究刑事责任

三、判断题（判断以下各小题的对错，正确的打“√”，错误的打“×”）

1. 中国证监会在对我国基金的监管上负有最主要的责任。（ ）

2. 基金监管的原则是一切基金监管活动的出发点。（ ）

3. 基金监管的首要目标是保护投资者的利益。（ ）

4. 公平原则要求基金监管部门在公开、公正的的基础上，对被监管对象给予公正待遇。（ ）

5. 国家对基金市场的监管是市场的保证，而基金从业者的自律是市场基础。（ ）

6. 基金监管部主要通过市场准入监管与日常持续监管两种方式实现基金监管。（ ）

7. 只有获得基金托管资格的商业银行，也可以承接QDII基金和基金管理公司特定资产管理业务的托管。（ ）

8. 现场检查主要侧重于对从控制人业机构内部控制和财务状况进行检查，督促从业机构提高遵规守信意识和风险控制水平。（ ）

9. 中国证监会对基金管理公司内部控制情况的监督检查不是日常监管的重点。（ ）

10. 中国证券业协会主要负责基金管理公司和基金托管银行特别会员的联络与业务交流工作。（ ）

11. 中国证监会自受理基金管理公司设立申请之日起6个月内，做出批准或不予批准的决定。（ ）

12. 基金管理公司股东的实际控制人发生变化的，该股东应在15个工作日内报告中国证监会。（ ）

13. 中国证监会对基金管理公司开展日常监管的主要对象是基金管理公司的治理情况和内部控制情况。（ ）

14. 董事会每年应至少召开2次定期会议。（ ）

15. 督察长发现公司存在重大风险或者有违法违规行为，应向董事会、中国证券业协会和地方证监局报告。（ ）

16. 基金管理公司应当每月从基金管理费收入中具体风险准备金。
（ ）

17. 对于各销售机构信息管理平台的建设，中国证监会及其各地方证监局主要通过现场检查方式实施监督。（ ）

18. 中国证监会对基金销售机构内部控制情况的监管是监督检查是日

常监管的重点。（ ）

19. 对于各销售机构信息管理平台的建设，中国证监会及其各地方证监局主要通过非现场检查方式实施监督。（ ）

20. 基金募集申请核准是基金运作的首要业务环节。（ ）

21. 我国对基金申请实行的是注册制。（ ）

22. 中国证监会自收到基金管理人验资报告和基金备案材料之日起3个工作日内予以书面确认。（ ）

23. 目前对基金信息披露进行监管的部门主要是中国证监会及其各地方证监局、证券交易所。（ ）

24. 基金财产可以用于向他人提供贷款或者提供担保。（ ）

25. 基金信息披露监管的原则是以制度形式保证基金做到信息披露的真实、准确、完整和及时，最终实现最大限度保护基金份额持有人合法权益的监管目标。（ ）

26. 基金管理人应当自基金合同生效之日起3个月内使基金的投资组合比例符合基金合同的有关规定。（ ）

27. 1家基金公司通过1家证券公司的交易席位买卖证券的年交易佣金，不得超过其当年所有基金买卖证券交易佣金的20%。（ ）

28. 基金管理公司设立分支机构，应向中国证监会报送申请材料。（ ）

29. 在全国银行间同业拆借市场进行债券回购的资金金额不得超过基金资产净值的40%。（ ）

30. 当基金出现违反法律法规以及基金合同约定的事项时，基金托管银行对基金管理人进行提示，并给中国证监会提交临时报告，中国证监会据以进行处理。（ ）

31. 2008年3月，中国证监会发布了《证券投资基金管理公司公平交易制度指导意见》，要求基金管理公司应公平的对待所管理的不同资产，建立有效的异常交易日常监控制度，并定期向中国证监会报告。（ ）

32. 督察长由总经理提名，董事长聘任，并应经全体独立董事同意。（ ）

33. 独立董事需由具有5年以上金融、法律或财务的工作经历。（ ）

34. 基金行业高级管理人员的选任和免职,应报中国证监会审核。 ( )

35. 如果基金名称显示投资方向的,应当有80%以上的非现金基金资产属于投资方向确定的内容。 ( )

36. 督察长应定期或不定期地向基金管理公司的全体董事和经理报送工作报告。 ( )

37. 公司总经理对存在问题不整改或者整改未达到要求的,督察长应向公司董事会,但是可以不向中国证监会报告。 ( )

38. 拟由其他人员代为履行基金经理职责时间超过30日的,公司应当自决定之日起3个工作日内报告中国证监会相关机构,并进行相关信息披露。 ( )

39. 股票基金应有60%以上的资产投资于股票。 ( )

40. 持有基金管理公司股权未满3年的股东,不得将所持股权出让。 ( )

参考答案

一、单项选择题

1. B	2. C	3. C	4. B	5. D
6. C	7. C	8. C	9. C	10. B
11. B	12. B	13. B	14. B	15. C
16. A	17. C	18. B	19. A	20. B
21. C	22. C	23. C	24. D	25. B
26. A	27. B	28. B	29. C	30. C
31. D	32. B	33. C	34. D	35. A
36. B	37. B	38. D	39. A	40. A
41. D	42. D	43. B	44. C	45. B
46. A				

二、不定项选择题

1. ACD	2. ABCD	3. ABD	4. ABCD	5. ABCD
6. AB	7. ABD	8. ABCD	9. ABCD.	10. ACD
11. ABCD	12. BC	13. ABCD	14. ABC	15. CD
16. AC	17. ABCD	18. ABCD	19. AC	20. ABD
21. AC	22. ABCD	23. ABD	24. ABCD	25. ABCD
26. ABC	27. ABD	28. BCD	29. BCD	30. ACD
31. ABD	32. ABCD	33. BC	34. ABCD	35. BC
36. ABC	37. ACD	38. ABCD	39. ABD	40. ABCD
41. ABC	42. AB	43. AB	44. ABCD	45. CD
46. ABCD	47. ABD	48. BCD		

三、判断题

1. √	2. ×	3. √	4. ×	5. √
6. √	7. ×	8. √	9. ×	10. ×
11. √	12. ×	13. √	14. √	15. ×
16. √	17. √	18. √	19. ×	20. √
21. ×	22. √	23. √	24. ×	25. √
26. ×	27. ×	28. √	29. √	30. √
31. ×	32. ×	33. √	34. √	35. √
36. ×	37. ×	38. √	39. √	40. ×

考前冲刺同步预测试卷(十一)

一、单项选择题(以下各小题所给出的4个选项中,只有1项最符合题目要求,请将正确选项的代码填入括号内)

1. 证券投资组合按不同的(　　)可以分为避税型、收入型、增长型、收入和混合增长型、货币市场型、国际型及指数化型。

A. 投资种类　　B. 投资目标

C. 投资场所　　D. 投资风格

2. (　　)证券组合追求基本收益最大化。

A. 避税型　　B. 增长型

C. 收入型　　D. 均衡组合

3. (　　)证券组合以追求资本升值为投资目标。

A. 避税型　　B. 增长型

C. 收入型　　D. 均衡组合

4. (　　)是指长期稳定持有模拟市场指数的证券组合以获得市场平均收益的管理办法。

A. 被动管理方法　　B. 长期管理方法

C. 主动管理方法　　D. 短期管理方法

5. 证券投资政策是投资者为实现投资目标应遵循的基本方针和基本准则,不包括(　　)。

A. 确定投资目标　　B. 确定投资规模

C. 确定投资对象　　D. 确定投资场所

6. (　　)证券组合的投资者很少会购买分红的普通股。

A. 避税型　　B. 收入型

C. 增长型　　D. 货币市场型

7. (　　)是证券投资组合管理的第一步。

A. 确定证券投资政策　　　　B. 进行证券投资分析

C. 构建证券投资组合　　　　C. 投资组合的修正

8. 根据投资者对(　　)的不同看法,其采用的证券组合管理方法可大致分为被动管理和主动管理两种类型。

A. 市场效率　　　　B. 风险意识

C. 资金的拥有量　　　　D. 投资业绩

9. (　　)是指对证券组合管理第一步所确定的金融资产类型中个别证券或证券组合的具体特征进行考察分析。

A. 投资组合的修正　　　　B. 构建证券投资组合

C. 进行证券投资分析　　　　D. 投资组合业绩评估

10. (　　)证券组合通常投资于市政债券。

A. 收入型　　　　B. 增长型

C. 避税型　　　　D. 混合型

11. 以下关于证券组合被动管理的说法正确的是(　　)。

A. 长期稳定持有模拟市场指数的证券组合

B. 期望获得高于市场平均水平的收益

C. 采用此种方法的管理者认为可以对证券价格的未来进行估计

D. 采用此种方法的管理者认为证券市场不总是有效的

12. 在资产估值方面,(　　)主要被用来判断证券是否被市场错误定价。

A. 单因素模型　　　　B. 多因素模型

C. APT 模型　　　　D. CAPM 模型

13. 证券组合理论认为,证券组合的风险随着组合所包含的证券数量的增加而(　　)。

A. 上升　　　　B. 不变

C. 降低　　　　D. 无规律

14. 对于(　　),无差异曲线为水平线。

A. 风险极度厌恶者　　　　B. 风险中性者

C. 风险极度爱好者　　　　D. 理性投资者

15. 关于主动管理方法说法不正确的是(　　)。

A. 经常预测市场行情或寻找定价错误的证券

B. 频繁调整证券组合

C. 采用此种方法的管理者认为市场不总是有效的

D. 期望获得市场平均收益

16. 在行为金融理论中,(　　)导致投资者过分重视近期实际的变化模式,而对产生这些数据的总体特征重视不够。

A. 保守性偏差　　B. 选择性偏差

C. 过度自信　　D. 心理偏差

17. 未来可能的收益率与期望收益率的偏离程度由(　　)来度量。

A. 期望收益率　　B. 未来可能收益率

C. 收益率的标准差　　D. 收益率的方差

18. 在行为金融理论中,(　　)是投资者不能根据变化了的情况修正增加的预测模型。

A. 心理偏差　　B. 保守性偏差

C. 过度自信　　D. 选择性偏差

19. 关于证券组合管理的说法不正确的是(　　)。

A. 证券组合管理的目标是实现投资收益的最大化

B. 进行证券投资分析是证券组合管理的第一步

C. 构建证券投资组合主要是确定证券投资品种和在各证券上的投资比例

D. 证券投资目标的确定应包括风险和收益两项内容

20. (　　)假设认为,当前的股票价格已经充分反映了全部历史价格信息和交易信息。

A. 弱势有效市场　　B. 有效市场

C. 半强势有效市场　　D. 强势有效市场

21. (　　)假设认为,当前的股票价格已经充分反映了与公司前景有关的全部公开信息。

A. 强势有效市场　　B. 半强势有效市场

C. 有效市场　　D. 弱势有效市场

22. (　　)假设认为当前的股票价格反映了全部信息的影响。全部信息不但包括历史价格信息、全部公开信息，还包括私人信息以及未公开的内幕信息等。

A. 半强势有效市场　　B. 有效市场

C. 强势有效市场　　D. 弱势有效市场

23. 对有效市场假设理论的阐述最为系统的是（　　）。

A. 马柯威茨　　B. 夏普

C. 尤金·法玛　　D. 詹森

24. 证券组合管理理论最早由美国著名经济学家（　　）于 1952 年系统提出。

A. 马柯威茨　　B. 夏普

C. 尤金·法玛　　D. 詹森

25. （　　）提出了套利定价理论。

A. 罗斯　　B. 夏普

C. 尤金·法玛　　D. 詹森

26. 有效市场假设理论的论述可以追溯到（　　）的研究。

A. 马柯威茨　　B. 巴奇列

C. 罗斯　　D. 夏普

27. 以下关于资本资产定价模型资本市场没有摩擦的假设，说法错误的是（　　）。

A. 信息向市场中每个人自由流动

B. 并非任何证券的交易单位都是无限可分的

C. 市场只有一个无风险借贷利率

D. 在借贷和卖空上没有限制

28. 资本资产定价模型的原理的假设条件不包括（　　）。

A. 投资者都依据期望收益率评价证券组合的收益水平，依据方差评价证券组合的风险

B. 投资者对证券的收益、风险及证券间的关联性具有完全相同的预期

C. 市场是有效的

D. 资本市场没有摩擦

29. 套利定价理论的基本假设不包括（　　）。

A. 投资者是追求收益的,同时也是厌恶风险的

B. 所有证券的收益都受到一个共同因素的影响

C. 投资者能够发现市场上是否存在套利机会,并利用该机会进行套利

D. 投资者的投资为复合投资期

30. 以下不属于无差异曲线的特点的是(　　)。

A. 无差异曲线是由左至右向上弯曲的曲线

B. 同一条无差异曲线上的组合给投资者带来的满意程度相同

C. 不同无差异曲线上的组合给投资者带来的满意程度不同

D. 无差异曲线的位置越高,其上的投资组合给投资者带来的满意度就越低

31. β系数的应用不包括(　　)。

A. 证券的选择　　B. 资本定价

C. 风险控制　　D. 投资组合绩效评价

32. 资本资产定价模型的应用不包括(　　)。

A. 资产估值　　B. 资源配置

C. 风险控制　　D. 资金成本预算

33. 从经济学的角度讲,套利是指人们利用同一资产在不同市场间定价不一致,通过资金的转移而实现(　　)的行为。

A. 无风险收益　　B. 低额收益

C. 高额收益　　D. 有风险收益

34. (　　)认为,证券价格由有信息的投资者决定。

A. DHS 模型　　B. 特雷诺模型

C. 詹森模型　　D. BSV 模型

35. 风险溢价与承担风险的大小成(　　)。

A. 反比　　B. 正比

C. 线性　　D. 不相关

36. (　　)揭示了有效组合的收益和风险之间的均衡关系,而没有给出任意证券或组合的收益风险关系。

A. 有效边界　　B. 无差异曲线

C. 证券市场线　　D. 资本市场线

37.（　　）是一类由公司本身或投资者对公司的认同程度引起的异常现象。

A. 事件异常　　B. 日历异常

C. 会计异常　　D. 公司异常

38. 不同投资者的无差异曲线簇可获得各自的最佳证券组合，一个只关心风险的投资者将选取（　　）作为最佳组合。

A. 最大方差组合

B. 最小方差组合

C. 最高市盈率组合

D. 与自己的偏好相适应的组合

39. 实际收益率与期望收益率会有偏差，期望收益率是使可能的实际值与预测值的平均偏差达到（　　）的点估计值。

A. 0　　B. 等于 1

C. 最小　　D. 最大

40.（　　）是反映证券或组合的收益水平对市场平均收益水平变化的敏感性。

A. 证券组合的期望收益率　　B. 证券各自的权重

C. 证券间的相关系数　　D. β 系数

41. 决定组合线在证券 A 与 B 之间的弯曲程度的是（　　）。

A. 相关系数　　B. 权重

C. 证券价格的高低　　D. 证券价格变动的敏感性

42.（　　）的上边界和下边界的交汇点所代表的组合在所有可行组合中方差最小。

A. 最小风险组合　　B. 最佳资产组合

C. 最高收益组合　　D. 最小方差组合

43.（　　）认为，人们在进行投资决策时会存在选择性偏差和保守性偏差。

A. DHS 模型　　B. 特雷诺模型

C. 詹森模型　　D. BSV 模型

44. 证券市场线方程表明,无风险利率是由时间创造的,是对放弃(　　)的一种补偿。

A. 远期消费　　B. 远期收益

C. 即期消费　　D. 即期收益

45. 以下关于β系数的说法不正确的是(　　)。

A. β系数的绝对值越小表明证券承担的系统风险越大

B. β系数是衡量证券承担系统风险水平的指标

C. β系数反映了证券或组合的收益水平对市场平均收益水平变化的敏感性

D. β系数反映证券或证券组合对市场组合方差的贡献率

46. 套利定价模型表明,市场均衡条件下,期望收益率与因素风险的关系可由期望收益率的因素敏感性的(　　)来反映。

A. 凸性函数　　B. 正相关函数

C. 负相关函数　　D. 线性函数

47. 套利定价理论的基本假设不包括(　　)。

A. 投资者能够发现市场上是否存在套利机会,并利用该机会进行套利

B. 所有证券的收益都受到一个共同因素的影响

C. 投资者的投资为复合投资期

D. 投资者是追求收益的,同时也是厌恶风险的

48. 从组合线的形状来看,相关系数越小,在不卖空的条件下,证券组合的风险越小,特别是在(　　)的情况下,可获得无风险组合。

A. 负完全相关　　B. 正完全相关

C. 不完全负相关　　D. 不相关

49. 以下不属于无差异曲线特点的是(　　)。

A. 每个投资者的无差异曲线形成密布整个平面又相交的曲线簇

B. 无差异曲线是由左至右向上弯曲的曲线

C. 同一条无差异曲线上的组合给投资者带来的满意程度相同

D. 不同无差异曲线上的组合给投资者带来的满意程度不同

50. 在分析证券组合的可行域时,其组合线实际上在期望收益率和标准差的坐标系中描述了证券A和证券B(　　)组合。

A. 所有可能的　　B. 收益最大的

C. 收益最小的　　D. 收益和风险均衡的

51. 根据行为金融理论，投资者可以利用(　　)而长期获利。

A. 人们的爱好　　B. 投资者的素质

C. 人们的行为偏差　　D. 投资者的地域差异

二、不定项选择题(以下各小题所给出的4个选项中，至少有1项以上符合题目要求，请将符合题目要求选项的代码填入括号内)

1. 证券组合按照不同的投资目标可以分为(　　)。

A. 避税型　　B. 收入型

C. 增长型　　D. 指数化型

2. 证券组合管理特点主要表现在(　　)方面。

A. 收益的最大化　　B. 投资的分数性

C. 风险与收益的匹配性　　D. 风险的最小化

3. 根据组合管理者对市场效率的不同看法，其采用的管理方法大致可以分为(　　)。

A. 被动管理方法　　B. 长期管理方法

C. 主动管理方法　　D. 短期管理方法

4. 从控制过程来看，证券组合管理通常包括的基本步骤有(　　)。

A. 确定证券投资策略　　B. 进行证券投资分析

C. 构建证券投资组合　　D. 投资组合业绩评估

5. 证券投资政策是投资者为实现投资目标应遵守的基本方针和基本准则，包括(　　)。

A. 确定投资目标　　B. 确定投资规模

C. 确定投资对象　　D. 确定投资措施

6. 投资目标的确定包括(　　)。

A. 时机　　B. 收益

C. 对象　　D. 风险

7. 以下属于无差异曲线的特点的是(　　)。

A. 无差异曲线是由左至右向上弯曲的曲线
B. 同一条无差异曲线上的组合给投资者带来的满意程度相同
C. 无差异曲线的位置越低,其上的投资组合给投资者带来的满意度越高
D. 无差异曲线向上弯曲的程度大小反映投资者承受风险的能力强弱

8. 在构建证券投资组合时,投资者需要注意(　　)。
A. 收益最大化　　B. 投资时机选择
C. 个别证券的选择　　D. 多元化

9. 资本定价模型的假设条件有(　　)。
A. 投资者都依据期望收益率评价证券组合的收益水平,依据方差评价证券组合的风险
B. 投资者对证券的收益、风险及证券间的关联性具有完全相同的预期
C. 市场是有无效的
D. 资本市场没有摩擦

10. β系数的含义包括(　　)。
A. 反映证券市场组合对市场组合方差的贡献率
B. 反映了市场的有效性
C. 反映证券市场或组合的收益水平对市场平均收益水平变化的敏感性
D. 是衡量证券承担系统风险水平的指数

11. β系数的应用主要体现在(　　)。
A. 资本的定价　　B. 风险的控制
C. 证券的选择　　D. 投资组合的绩效评价

12. 关于β系数在证券的选择上说法正确的是(　　)。
A. 当市场处于牛市时,应选择β系数较大的股票
B. 当市场处于牛市时,应选择β系数较小的股票
C. 当市场处于熊市时,应选择β系数较大的股票
D. 当市场处于熊市时,应选择β系数较小的股票

13. 资本资产定价模型主要应用于(　　)。

A. 资产估值　　B. 风险控制

C. 资金成本预算　　D. 资源配置

14. 法默有关有效市场形式的描述中将信息分为(　　)。

A. 历史价格信息　　B. 公开信息

C. 全部信息(包括内幕信息)　　D. 以上都不对

15. 套利定理理论的假设条件包括(　　)。

A. 市场是有效的

B. 投资者是追求收益的,同时也是厌恶风险的

C. 所有证券都受到一个共同因素的影响

D. 投资者能够发现市场上是否存在套利机会

16. 市场异常可以被分为(　　)。

A. 日历异常　　B. 事件异常

C. 公司异常　　D. 会计异常

17. 以下属于公司异常的是(　　)。

A. 小公司效应　　B. 分析家推荐

C. 机构持股　　D. 封闭式基金

18. 以下属于会计异常的是(　　)。

A. 被忽略的股票　　B. 盈余意外效应

C. 市净率效应　　D. 市盈率效应

19. 在信息分类的基础上,将市场的有效性分为(　　)形式。

A. 弱势有效市场　　B. 无效市场

C. 强势有效市场　　D. 半强势有效市场

20. 以下属于行为金融理论内容的是(　　)。

A. 认为投资者的行为经常表现出不理性

B. 投资者不可能根据已知信息获利

C. 投资者的实际投资决策行为往往与投资者应该的投资行为存在较大的不同

D. 投资者会犯系统性的决策错误

21. 马柯威茨分别用(　　)来衡量投资的预期收益水平和不确定性。

A. 期望收益率　　B. 平均收益率

C. 收益率的方差　　D. 收益率的协方差

22. 以下对于弱势有效市场描述正确的是(　　)。

A. 股票价格已经充分反映了全部历史价格信息

B. 股票价格已经充分反映了全部历史交易信息

C. 投资者分析中的基本分析不再有效

D. 期望从过去价格数据中获益将是徒劳的

23. 以下关于半强势市场的说法正确的是(　　)。

A. 股票价格已经充分反映了与公司前景有关的全部公开信息

B. 否定了基本分析存在的基础

C. 试图通过分析公开信息是不可能获得超额收益的

D. 对任何内幕信息的价值持否定态度

24. 在半强势市场假设中,公开信息除包括历史信息外,还包括(　　)。

A. 竞争对手的公开信息　　B. 公司的公开信息

C. 经济方面的公开信息　　D. 行业的公开信息

25. 公司异常可以表现为(　　)。

A. 小公司的收益通常高于大公司的收益

B. 小公司的收益通常低于大公司的收益

C. 折价交易的封闭式基金收益率较低

D. 折价交易的封闭式基金收益率较高

26. (　　)是能够带来基本收益的有价证券。

A. 普通股　　B. 商业票据

C. 附息债券　　D. 优先股

27. 行为金融理论认为,投资者由于受(　　)的限制,将不可能立即对全部公开信息做出反映。

A. 心理偏差　　B. 时间不足

C. 信息不充足　　D. 信息处理能力

28. 根据模拟指数的不同,指数化证券组合可以分为(　　)。

A. 模拟内涵广大的市场指数　　B. 模拟某种专业化的指数

C. 模拟大盘指数　　D. 模拟行业指数

29. 投资者心理偏差与投资者非风险行为包括（　　）。

A. 过分自信　　　　　　　　　　B. 重视当前和熟悉的事物

C. 承担损失和“心理”会计　　　D. 避免“后悔”心理

30. 不允许卖空时证券 A、B 和 C 的证券组合可行域形状依赖于（　　）。

A. 市场的总体状态

B. 可供选择的单个证券的收益率和方差

C. 证券收益率之间的相互关系

D. 投资组合中权数的约束

31. 按投资目的，证券组合通常包括（　　）类型。

A. 资本市场型　　　　　　　　　B. 收入型

C. 固定资产型　　　　　　　　　D. 增长型

32. 在证券组合中使基本收入与资本增长之间达到某种均衡的方法不包括（　　）。

A. 模拟内涵广大的市场指数

B. 使组合中的收入型证券和增长型证券达到均衡

C. 调整投资者对于未来的预期

D. 选择那些既能带来收益又具有增长潜力的证券进行组合

33. 以下关于β系数说法正确的是（　　）。

A. β系数反映证券或证券组合对市场组合协方差的贡献率

B. β系数反映了证券或证券组合的收益水平对市场平均收益水平变化的敏感性

C. β系数是衡量证券承担系统风险水平的指数

D. β系数被广泛应用于证券的分析、投资决策和风险控制中

34.（　　）导致投资者产生两种错误决策：反应不足或反应过度。

A. 选择性偏差　　　　　　　　　B. 保守性偏差

C. 后悔心理　　　　　　　　　　D. 投资者的相互影响

35. 提出了著名的资本资产定价模型（CAPM）是（　　）。

A. 夏普　　　　　　　　　　　　B. 特雷诺

C. 詹森　　　　　　　　　　　　D. 罗尔

36. 以下关于资本资产定价模型假设之一资本市场没有摩擦的说法错

误的是(　　)。

A. 要考虑交易成本和对红利、股息及资本利得的征税

B. 市场只有一个无风险借贷利率

C. 信息在市场自由流动

D. 并非任何证券的交易单位都是无限可分的

37. 资本资产定价模型主要应用于(　　)。

A. 资金成本预算　　B. 资产估值

C. 套利定价　　D. 资源配置

38. 无风险证券对有效边界的影响不包括(　　)。

A. 边界曲度更大

B. 现有证券组合可行域较之原有风险证券组合可行域缩小

C. 具有直线边界

D. 现有证券组合可行域较之原有风险证券组合可行域扩大

39. 基金的投资组合管理过程主要由(　　)构成。

A. 确定投资政策　　B. 修正投资组合

C. 投资组合业绩评估　　D. 进行证券分析

40. 以下属于行为金融模型的是(　　)。

A. 特雷诺模型　　B. BSV 模型

C. 詹森模型　　D. DHS 模型

41. 适合入选收入型组合的证券有(　　)。

A. 附息债券　　B. 优先股

C. 高派息高风险普通股　　D. 避税债券

42. 切点证券组合 T 的经济意义有(　　)。

A. 所有投资者拥有同一个证券组合可行域和有效边界

B. 投资者对依据自己风险偏好所选择的最优证券组合 P 进行投资，其风险投资部分可视为对 T 的投资

C. 所有投资者拥有完全相同的有效边界

D. 当市场处于均衡状态时，最优风险证券组合 T 就等于市场组合

三、判断题(判断以下各小题的对错,正确的打"√",错误的打"×")

1. 避税型证券组合通常投资于市政债券。 ( )

2. 收入型证券组合追求资本升值的目标。 ( )

3. 增值型证券组合追求基本收益最大化。 ( )

4. 投资于增长型证券组合的投资者往往愿意通过延迟获得基本收益来求得未来收益的增长。 ( )

5. 证券组合是指个人或机构投资者所持有的各种有价证券的总称,通常包括各种类型的债券、基金及存款单等。 ( )

6. 货币市场型证券组合是由各种货币市场工具构成的,如国库券、高信用等级的商业票据等。 ( )

7. 信奉有效市场理论的机构投资者通常会倾向于投资指数化型证券组合,以求获得高于市场平均水平的收益。 ( )

8. 证券投资组合理论认为,证券组合的风险随着组合所包含的证券数量的增加而增加,尤其是证券间关联性极低的多元化证券组合可以有效地降低系统风险。 ( )

9. 目前行为金融理论尚未形成一个完整的理论体系。 ( )

10. 采用被动管理方法的管理者认为证券市场是无效市场。 ( )

11. 采用主动管理方法的管理者坚持"买入并长期持有"的投资策略。 ( )

12. 组合管理的目标是实现投资收益的最大化,也就是使组合的风险和收益特征能够给投资者带来最大的满足。 ( )

13. 投资目标的确定应包括收益和风险两项内容。 ( )

14. 证券风险的大小不可由它的未来可能收益率与期望收益率的偏离程度来反映。 ( )

15. 确定证券投资政策是证券组合管理的第一步。 ( )

16. 构建证券投资组合是证券组合管理的第二步。 ( )

17. 在构建证券投资组合时,投资者需要注意个别证券选择、投资时机选择和多元化三个问题。 ( )

18. 投资组合的修正不仅是证券组合管理的最后一个阶段,同时也可以看成是一个连续操作过程的组成部分。 ( )

19. 1952 年,马柯威茨发表的题为《证券组合选择》的论文标志着现代证券组合理论的开端。 ( )

20. 马柯威茨分别用期望收益率和收益率的协方差来衡量投资的预期收益水平和风险。 ( )

21. 任何一项投资的结果都可以用收益率来衡量。 ( )

22. 风险的大小由未来可能收益率与期望收益率的偏离程度来反映。 ( )

23. 半强势有效市场假设认为,试图通过分析公开信息是不可能取得超额收益的。 ( )

24. 按照投资者的共同偏好规则,可以排除那些被认为所有投资者都认为差的组合。 ( )

25. 每个投资者的无差异曲线形成密布整个平面且相互相交的曲线簇。 ( )

26. 在一个有效的市场上,将不会存在证券价格被高估或被低估的情况。 ( )

27. 特定投资者可以在有效组合中选择他最满意的组合,这种选择依赖于他的偏好,投资者的偏好通过他的无差异曲线来反映。 ( )

28. 资本市场线揭示了有效组合的收益和风险之间的均衡关系。 ( )

29. β系数是衡量证券承担非系统风险水平的指数。 ( )

30. 市盈率效应是指市盈率较低的股票往往有较高的收益率。 ( )

31. β系数作为衡量系统风险的指标,其与收益水平是成正相关的。即风险越大,收益越高。 ( )

32. 套利定理的第一个假设是对收益生成机制的量化描述。 ( )

33. 套利定理的第三个假设是对投资者处理问题能力的要求。 ( )

34. 有效市场假设理论认为,证券在任一时点的价格均对所有相关信息作出了反映。 ( )

35. 巴奇列首先将信息分为历史价格信息、公开信息以及全部信息

三类。 ( )

36. 弱势有效市场假设认为，当前股票价格已经充分反映了全部历史价值信息和交易信息。 ( )

37. 如果市场是半强势有效的，那么投资分析中的技术分析方法将不再有效。 ( )

38. 半强势有效市场假设认为，当前的股票价格已经充分反映了与公司前景有关的全部公开信息。 ( )

39. 半强势有效市场假设否定了基本分析存在的基础。 ( )

40. 异常现象可以存在于有效市场的任何形式之中，但更多的时候它们出现在强势市场中。 ( )

41. 日历异常是一类与时间因素有关的异常现象，如周末异常和假日异常。 ( )

42. 事件异常是与特定事件相关的异常现象，如分析家推荐和机构持股。 ( )

43. 公司异常是指由公司本身或投资者对公司的认同程度引起的异常现象。 ( )

44. 会计异常有盈余意外效应、市盈率效应和市净率效应等。 ( )

45. 行为金融理论以心理学的研究成果为依据，认为投资者经常表现出不理性。 ( )

46. 多种证券组合可行域的左边界必然向外凸或呈曲线性，也就是说有可能出现凹陷。 ( )

47. 信奉有效市场理论的机构投资者通常采用增长型证券组合。 ( )

48. 在对证券投资组合业绩进行评估时，最有说服力的是投资活动所获得的收益。 ( )

49. 投资学中的“组合”一词通常是指个人或机构投资者所拥有的各种资产的总称。 ( )

50. 无差异曲线向上弯曲的程度大小反映投资者的满意程度。 ( )

51. 在股票投资中，投资收益等于期内股票红利收益和价差收益之和。 ( )

52. 在卖空的情况下,组合降低风险的程度由证券间的关联程度决定。 ( )

53. 市盈率效应是指市盈率较高的股票往往有较高的收益率。 ( )

54. 所谓市场组合,是指由风险证券构成,并且其成员证券的投资比例与整个市场上风险证券的相对市值比例一致的证券组合。 ( )

55. 在一个有效市场上不可能存在证券价格被高估或被低估的情况。 ( )

56. 资本资产定价模型不能用来评价证券的定价是否合理。 ( )

57. 证券组合的收益率和风险也可用期望收益率和协方差来计量。 ( )

58. 在构建证券投资组合时,投资者需要注意个别证券选择、投资时机的选择和多元化三个问题。 ( )

59. 小公司效应一般是指小公司的收益通常低于大公司的收益。 ( )

60. 无差异曲线的位置越高,其上的投资组合带来的满意程度就越高。 ( )

参考答案

一、单项选择题

1. B	2. C	3. B	4. A	5. D
6. C	7. A	8. A	9. C	10. C
11. A	12. D	13. C	14. C	15. D
16. B	17. D	18. B	19. B	20. A
21. B	22. C	23. C	24. A	25. A
26. B	27. B	28. C	29. D	30. D
31. B	32. C	33. A	34. A	35. A
36. D	37. D	38. B	39. C	40. D
41. A	42. D	43. D	44. C	45. A
46. D	47. C	48. A	49. A	50. A

51. C

二、不定项选择题

1. ABCD	2. BC	3. AC	4. ABCD	5. ABCD
6. BD	7. ABD	8. BCD	9. ABD	10. ACD
11. BCD	12. AD	13. ACD	14. ABC	15. BCD
16. ABCD	17. ACD	18. BCD	19. ACD	20. ACD
21. ACD	22. ABD	23. ABC	24. ABCD	25. AD
26. CD	27. ABCD	28. AB	29. ABD	30. BCD
31. BD	32. AC	33. BCD	34. AB	35. ABC
36. AD	37. ABD	38. AB	39. ABCD	40. BD
41. AD	42. ABCD			

三、判断题

1. √	2. ×	3. ×	4. √	5. ×
6. √	7. ×	8. ×	9. √	10. ×
11. ×	12. √	13. √	14. ×	15. √
16. ×	17. √	18. ×	19. √	20. ×
21. √	22. √	23. √	24. √	25. ×
26. √	27. √	28. √	29. ×	30. √
31. √	32. ×	33. √	34. √	35. ×
36. √	37. ×	38. √	39. √	40. ×
41. √	42. ×	43. √	44. √	45. √
46. ×	47. ×	48. ×	49. √	50. ×
51. √	52. ×	53. ×	54. √	55. √
56. ×	57. ×	58. √	59. ×	60. √

考前冲刺同步预测试卷(十二)

一、单项选择题(以下各小题所给出的4个选项中,只有1项最符合题目要求,请将正确选项的代码填入括号内)

1. 资产配置是指根据(　　)将投资资金在不同资产类别之间进行分配,通常是将资产在低风险、低收益证券与高风险、高收益证券之间进行风险。

A. 投资时间　　B. 投资种类

C. 投资需求　　D. 投资场所

2. (　　)是资产组合管理决策制定步骤中最重要的环节。

A. 投资规划　　B. 投资实施

C. 投资优化管理　　D. 投资需求测定

3. 影响投资者风险承受能力和收益要求的各项因素不包括(　　)。

A. 投资者的年龄　　B. 投资者的社会地位

C. 投资者的投资周期　　D. 投资者的风险偏好

4. 资产配置作为投资管理中的核心环节,其目标在于(　　)。

A. 吸引投资者

B. 增强资金的流动性

C. 消除投资的风险

D. 协调提高收益与降低风险之间的关系

5. 一般情况下,对于个人投资者而言,(　　)是影响资产配置的最主要因素。

A. 投资者的年龄　　B. 投资者的资产负债情况

C. 投资者的生命周期　　D. 投资者的财富净值

6. 以下不属于影响各类资产的风险收益状况以及相关关系的资本市场

环境因素的是(　　)。

A. 国际经济形势　　　　B. 国内经济状况

C. 通货膨胀　　　　D. 投资者的财务变动情况

7. (　　)是投资过程中最重要的环节之一,也是决定投资组合相对业绩的主要因素。

A. 基金绩效衡量　　　　B. 资产配置

C. 债券投资组合管理　　　　D. 股票投资组合管理

8. 以下不属于进行资产配置主要考虑的因素的是(　　)。

A. 投资场所

B. 投资期限

C. 税收考虑

D. 影响投资者风险承受能力和收益要求的各项因素。

9. 在资产配置的基本步骤中,(　　)包括利用历史数据与经济分析来决定投资者所考虑资产在相关持有期间内的预期收益率,确定投资的指导性目标。

A. 明确投资目标和限制因素

B. 明确资本市场的期望值

C. 确定有效资产组合边界

D. 寻找最佳的资产组合

10. 在资产配置的基本步骤中,(　　)是指找出在既定风险水平下可获得最大预期收益的资产组合,确定风险修正条件下投资者的指导性目标。

A. 明确投资目标和限制因素

B. 明确资本市场的期望值

C. 确定有效资产组合边界

D. 寻找最佳的资产组合

11. 在资产配置的基本步骤中,(　　)是指在满足投资者面对的限制因素的条件下,选择最能满足其风险收益目标的资产组合,确定实际的资产配置战略。

A. 明确投资目标和限制因素

B. 明确资本市场的期望值

C. 确定有效资产组合边界

D. 寻找最佳的资产组合

12. 在同一风险水平下能够令期望投资收益率(　　)的资产组合,或者是在同一期望投资收益率下风险(　　)的资产组合形成了有效市场前沿线。

A. 最小　最大　　B. 最大　最大

C. 最大　最小　　D. 最小　最小

13. 划分系统风险和非系统风险所采用的是(　　)。

A. 历史数据法　　B. 方差度量法

C. 情景综合分析法　　D. 下跌概率法

14. 动态资产配置策略的目标在于,在不提高系统性风险或投资组合波动性的前提下提高(　　)报酬。

A. 短期　　B. 长期

C. 中期　　D. 不确定

15. 采用(　　),一般将投资者分为风险厌恶、风险中性和风险偏好三种类型。

A. 情景综合分析法　　B. 历史数据分析方法

C. 方差度量法　　D. 收益预期范围度量法

16. 一般情况下,假设投资者是(　　),则投资的风险和收益存在着正相关关系,形成无差异曲线。

A. 风险中性者　　B. 风险偏好者

C. 风险厌恶者　　D. 理性投资者

17. (　　)是最常见、最简便的风险度量方法。

A. 方差度量法　　B. 下跌概率法

C. 收益预期范围度量法　　D. 历史数据法

18. 资产管理人可以在每一风险水平上计算能够取得最高收益的投资组合的构成,即构成资本定价模型中的(　　)。

A. 不同资产投资之间的相关程度

B. 无差异曲线

C. 有效市场前沿

D. 资产类别的收益预期

19. 从(　　)上看,资产配置可以分为全球资产配置,股票、债券资产配置和行业风格资产配置等。

A. 投资类别　　　　B. 范围

C. 时间跨度和风格类别　　　　D. 配置策略

20. 从(　　)上看,资产配置可以分为战略性资产配置、战术性资产配置和资产混合配置等。

A. 投资类别　　　　B. 范围

C. 时间跨度和风格类别　　　　D. 配置策略

21. 从(　　)上看,资产配置可以分为买入并持有策略、恒定混合策略、投资组合保险策略和动态资产配置策略等。

A. 投资类别　　　　B. 范围

C. 时间跨度和风格类别　　　　D. 配置策略

22. 如果风险资产市场价格持续下降,投资组合保险策略的表现可能(　　)买入并持有策略。

A. 优于　　　　B. 劣于

C. 相当　　　　D. 不确定

23. 资产配置的(　　)以不同资产类别的收益情况与投资者的风险偏好、实际需求为基础,构造一定风险水平上的资产比例,并保持长期不变。

A. 战略性资产配置策略　　　　B. 战术性资产配置策略

C. 资产混合配置策略　　　　D. 恒定混合策略

24. 根据配置策略不同,可以将资产配置的动态调整过程分为四种类型,以下不正确的是(　　)。

A. 动态资产配置策略　　　　B. 投资组合保险策略

C. 买入并持有策略　　　　D. 资产混合配置策略

25. (　　)是在战略资产配置的基础上根据市场短期的变化,对具体的资产比例进行微调。

A. 战术性资产配置策略　　　　B. 投资组合保险策略

C. 买入并持有策略　　　　　　D. 资产混合配置策略

26. 不同范围资产配置在时间跨度上往往不同,一般而言,(　　)时间最短。

A. 全球资产配置　　　　　　B. 股票资产配置

C. 行业资产配置　　　　　　D. 证券资产配置

27. 买入并持有策略是(　　)的长期再平衡方式,适用于长期计划水平并满足于战略性资产配置的投资者。

A. 动态型　　　　　　　　B. 平衡型

C. 消极型　　　　　　　　D. 积极型

28. 不同范围资产配置在时间跨度上往往不同,一般而言,(　　)的期限在一年以上。

A. 全球资产配置　　　　　　B. 股票资产配置

C. 行业资产配置　　　　　　D. 证券资产配置

29. (　　)适用于资本市场环境和投资者的偏好变化不大或改变资产配置状态的成本大于收益时的状态。

A. 投资组合保险策略　　　　B. 买入并持有战略

C. 战术性资产配置　　　　　D. 恒定混合策略

30. 以下资产配置策略不属于较为积极的投资策略的是(　　)。

A. 买入并持有策略　　　　　B. 投资组合保险策略

C. 动态资产配置策略　　　　D. 恒定混合策略

31. 关于买入并持有策略的说法错误的是(　　)。

A. 在该策略下,投资组合完全暴露于市场风险之下

B. 具有交易成本和管理费用较小的优势

C. 投资者忽略市场短期波动而着眼于长期投资

D. 适用于资本市场环境和投资者的偏好变化不大,或者改变资产配置状态的收益大于成本时的状态

32. (　　)是指保持资产组合中各类资产的固定比例。

A. 买入并持有战略　　　　　B. 恒定混合策略

C. 动态资产配置　　D. 投资组合保险策略

33. (　　)是指按确定的恰当的资产配置比例构造了某个投资组合后，在诸如 3 至 5 年的适当持有期间内不改变资产配置状态，保持这种组合。

A. 买入并持有策略　　B. 投资组合策略

C. 动态资产配置　　D. 投资组合保险策略

34. 情景综合分析法的预测期间在(　　)年左右。

A. 3～4　　B. 3～5

C. 2～4　　D. 2～5

35. 以下关于投资组合保险策略说法不正确的是(　　)。

A. 将一部分资金投资于无风险资产从而保证资产组合最低价值

B. 不放弃升值潜力

C. 当风险收益率上升时，投资组合保险策略将劣于买入并持有策略

D. 在股票市场急剧降低或缺乏流动性时，投资组合保险策略至少保持最低价值的目标可能无法达到

36. 当市场表现出强烈的上升或下降趋势时，恒定混合策略的表现将劣于(　　)。

A. 买入并持有策略　　B. 投资组合策略

C. 动态资产配置　　D. 投资组合保险策略

37. 以下不属于动态资产配置的共同特征的是(　　)。

A. 一般是一种建立在一些分析工具基础之上的客观、量化的过程

B. 资产配置主要受某种资产类别预期市收益率客观测度的驱使

C. 都属于以收益为导向调整的过程

D. 资产配置一般遵循回归均衡的原则

38. 买入并持有策略、恒定混合策略、投资组合保险策略不同的特征主要表现在三个方面，其中不包括(　　)。

A. 风险情况　　B. 对流动性的要求

C. 支付模式　　D. 有利的市场环境

39. 如果股票市场价格处于震荡、波动状态之中，(　　)可能优于买入并持有策略。

A. 投资组合保险策略　　B. 买入并持有策略

C. 动态资产配置　　D. 恒定混合策略

40.（　　）是在将一部分资金投资于无风险资产从而保证资产组合最低价值的前提下，将其余资金投资于风险资产，并随着市场的变动调整风险资产和无风险资产的比率，同时不放弃资产升值潜力的一种动态调整策略。

A. 投资组合策略　　B. 动态资产配置

C. 投资组合保险策略　　D. 买入并持有策略

41.（　　）的投资者是投资组合保险战略的自然候选人。

A. 未受财富变动的影响

B. 对财富近期变化稍微敏感

C. 对近期市场行为较为敏感

D. 对近期市场行为做出剧烈反映

42. 以下属于确定资产类别收益预期的主要方法是（　　）。

A. 界面法　　B. 风险收益法

C. 成本收益法　　D. 情景综合分析法

二、不定项选择题（以下各小题所给出的4个选项中，至少有1项以上符合题目要求，请将符合题目要求选项的代码填入括号内）

1. 资产配置是指根据投资需求将投资资金在不同资产类别之间进行分配，通常是在（　　）证券与（　　）证券之间进行分配。

A. 低风险　高收益　　B. 低风险　低收益

C. 高风险　低收益　　D. 高风险　高收益

2. 在现代投资管理体制下，投资一般分为（　　）三个阶段。

A. 分析投资需求　　B. 规划

C. 实施　　D. 优化管理

3. 资产配置过程是在（　　）与（　　）的基础上，根据各项资产在持有期间或计划范围内的预期风险收益及相关关系，在可承受的风险水平上构造能够提供最优回报率的资金配置方案的过程。

A. 投资者的风险承受能力　　　B. 投资类别的历史表现

C. 投资者的资产状况　　　　　D. 效用函数

4. 影响投资者风险承受能力和收益要求的各项因素包括(　　)。

A. 投资者的年龄　　　　　　　B. 投资者的资产负债状况

C. 投资者的生命周期　　　　　D. 投资者的风险偏好

5. 资产配置的类型,从范围上可分为(　　)。

A. 全球资产配置　　　　　　　B. 行业风格资产配置

C. 动态资产配置　　　　　　　D. 股票、债券资产配置

6. 系统化的资产配置是一个综合的动态过程,它是在与(　　)的基础上进行的理想化预测,即控制风险和增加收益为一体的长期资产配置决策。

A. 投资者的风险承受能力一致

B. 投资者的长期成本最低

C. 管理者的长期成本最低

D. 投资组合能够履行义务

7. 在历史数据法中,有关历史数据包括(　　)。

A. 各类型资产的收益率

B. 以标准差衡量的风险水平

C. 不同资产之间的相关性数据

D. 不同历史时期的经济周期

8. 不同的客户类型对不同风险的容忍和承受能力是不同的,其中包括(　　)。

A. 投资组合的波动性

B. 资产的长期收益率

C. 资产与负债的波动性是否能够匹配

D. 组合实际收入的波动性

9. 资产配置管理的原因有(　　)。

A. 资产配置可以起到降低风险、提高收益的作用

B. 资产配置可以帮助基金公司消除投资风险

C. 资产配置可以降低单一资产的非系统性风险

D. 资产配置可以吸引更多的资金进入基金市场

10. 管理者确定和量化风险可采用的方法包括(　　)。

A. 历史数据法　　B. 方差度量法

C. 收益预期范围度量法　　D. 下跌概率法

11. 确定资产类别收益预期的主要方法包括(　　)。

A. 历史数据法　　B. 系列数据法

C. 情景综合分析法　　D. 预测数据法

12. 在确定资产类别的收益预期的基础上,可以计算不同资产类别之间的相关程度以及不同资产之间投资收益率的相关程度,即计算(　　)。

A. 市盈率　　B. 期望收益率

C. 协方差　　D. 相关系数

13. 资产配置从时间跨度和风格类别上看,可以分为(　　)。

A. 战略性资产配置　　B. 行业风格资产配置

C. 战术性资产配置　　D. 资产混合配置

14. 资产配置需要考虑的因素包括(　　)。

A. 投资期限

B. 税收考虑

C. 影响投资者风险承受能力和收益需求的各项因素

D. 资产的流动性特征与投资者的流动性要求相匹配的问题

15. 资产配置从配置策略上可以分为(　　)。

A. 买入并持有策略　　B. 投资组合保险策略

C. 动态资产配置策略　　D. 恒定混合策略

16. 影响各类资产的风险收益状况以及相关关系的资本市场环境因素有(　　)。

A. 投资者的资产负债情况

B. 国际经济形势

C. 国内经济状况与发展动向

D. 通货膨胀、利率变化、经济周期波动和监管等

17. 以下属于消极型的长期再平衡策略的是(　　)。

A. 投资组合保险策略　B. 动态资产配置策略

C. 恒定混合策略　D. 买入并持有策略

18. 关于混合恒定策略的说法正确的是(　　)。

A. 保持投资组合中各类资产的比例

B. 对资产配置的调整基于资产收益率的变动

C. 适用于风险承受能力较为稳定的投资者

D. 如果股票市场处于震荡、波动状态之中,恒定混合策略就可能优于买入并持有策略

19. 资产配置的基本步骤有(　　)。

A. 明确投资目标和限制因素

B. 明确资本市场的期望值

C. 明确资产组合中包括哪几类资产

D. 确定有效资产组合的边界

20. 关于动态资产配置策略的说法不正确的是(　　)。

A. 是一种积极的战略

B. 其目标在于,在不提高系统性风险或投资组合波动性的前提下提高短期收益

C. 其资产的配置一般遵循回归均衡的原则

D. 属于以价值为导向的调整过程

21. 资产配置的基本方法有(　　)。

A. 历史数据法　B. 系列数据法

C. 预测数据法　D. 情景综合分析法

22. 以下关于支付模式的说法正确的是(　　)。

A. 恒定混合策略为积极型资产配置策略,其支付模式为曲线

B. 买入并持有策略为消极型资产配置策略,其支付模式为直线

C. 恒定混合策略在下降时买入股票并在上升时卖出股票,其支付模式为凸型

D. 投资组合保险策略在下降时卖出股票并在上升时买入股票,其支付曲线为凹型

23. 以下关于资产配置策略流动性的说法正确的是(　　)。

A. 买入并持有策略只在构造投资组合时要求市场具有一定的流动性

B. 恒定混合策略对市场流动性的要求较高

C. 投资组合保险策略对市场流动性要求最高

D. 恒定混合策略对资产配置的调整方向与市场运动方向相同

24. 投资组合保险策略在市场变动时的行动方向是(　　)。

A. 下降时卖出　　B. 下降时买入

C. 上升时买入　　D. 上升时卖出

25. 以下关于资产配置的说法不正确的是(　　)。

A. 资产配置通常是将资产在低风险、高收益证券与高风险、高收益证券之间进行分配

B. 资产管理可以利用期货、期权等金融衍生产品来改善资产配置的效果

C. 资产配置包括基金公司对基金投资方向和时机的选择

D. 资产配置以资产类别的历史表现与投资者的风险偏好为基础

26. 资产配置的目标在于以(　　)为基础,决定不同资产类别在投资组合中所占比重,从而降低风险,提高投资收益,消除投资人对收益所承担的不必要的额外风险。

A. 资产类别的现时表现　　B. 资产类别的历史表现

C. 投资人的风险偏好　　D. 投资人的风险规避

27. 对于买入并持有策略的说法正确的是(　　)。

A. 要求的流动性较高　　B. 有利市场环境是牛市

C. 支付模式呈直线　　D. 在市场变化时不采取行动

28. 进行资产配置时构造最优组合的内容有(　　)。

A. 确定有效市场前沿

B. 确定不同资产投资之间的相关程度

C. 评价最优组合业绩

D. 确定不同资产投资之间的投资收益率相关程度

29. 买入并持有策略和恒定混合策略的不同特征主要表现在(　　)。

A. 支付模式　　B. 对流动性的要求

C. 收益情况　　D. 有利的市场环境

30. 恒定混合策略在市场变动时的行动方向是(　　)。

A. 下降时卖出　　B. 下降时买入

C. 上升时买入　　D. 上升时卖出

31. 运用动态资产配置的前提条件不包括(　　)。

A. 资产管理人对风险的偏好

B. 资产管理人能够准确的预测市场的变化

C. 资产管理人对风险的规避

D. 资产管理人能够有效实施动态资产配置投资方案

32. 战略性配置与战术性配置的不同之处体现在(　　)。

A. 对投资者风险偏好的认识不同

B. 对投资者风险承受不同

C. 对投资者风险偏好假设不同

D. 对资产管理人把握资产投资收益变化的能力要求不同

33. 以下关于投资组合保险策略的说法不正确的是(　　)。

A. 投资组合保险策略的支付模式呈凸型

B. 投资组合保险策略有利的市场环境是强趋势的市场环境

C. 投资组合保险策略要求的市场流动性较小

D. 投资组合保险策略市场变动时的行动方向是下降时买入,上升时卖出

34. 确定方差的主要方法包括(　　)。

A. 历史数据法　　B. 方差度量法

C. 下跌概率法　　D. 情景综合分析法

35. 买入并持有策略下,投资组合完全暴露于市场风险之下,它具有(　　)较小的优势。

A. 价格波动　　B. 持有期限

C. 交易成本　　D. 管理费用

36. 采用历史数据分析方法,一般将投资者分为(　　)型。

A. 风险厌恶　　B. 风险中性

C. 风险偏好　　D. 流动性偏好

37. 投资组合管理的核心环节是(　　)。

A. 投资风险控制　　B. 投资组合风险预测、

C. 资产配置　　D. 资产规划

38. 资产的流动性是指资产以公平价格售出的难易程度,体现投资资产(　　)之间的关系。

A. 价值尺度　　B. 规模尺度

C. 时间尺度　　D. 价格尺度

39. 以下说法正确的是(　　)。

A. 未受财富变动影响的投资者是真正长期的投资者

B. 对财富近期变化稍微敏感的投资者是简单机械战略的自然候选人

C. 对近期市场行为较为敏感的投资者是动态资产配置的自然候选人

D. 对近期市场行为做出剧烈反应的投资者是投资组合保险战略的责任候选人

40. 大多数动态资产配置具有的共同特征是(　　)。

A. 一般是一种建立在一些分析工具基础之上的客观、量化的过程

B. 资产配置主要受某种资产类别预期市收益率客观测度的驱使

C. 都属于以收益为导向调整的过程

D. 资产配置一般遵循线性均衡的原则

三、判断题(判断以下各小题的对错,正确的打"√",错误的打"×")

1. 资产配置是根据投资需求将资金在不同的资产类别之间进行分配,通常是将资产在低风险、低收益证券与高风险、高收益证券之间进行分配。(　　)

2. 资产实施是投资环节最重要的环节之一,也是决定投资组合相对业绩的主要因素。(　　)

3. 资产配置的目标在于降低投资风险，提高投资收益消除投资者对收益所承担的不必要的额外风险。（ ）

4. 在同等风险的情况下，国内投资组合能够比严格意义上的全球投资组合带来更高的长期收益，或者在风险水平降低的基础上提供相似的收益。（ ）

5. 资产配置作为投资管理中的核心环节，其目标在于协调提高收益与降低风险之间的关系，这与投资者的特征和需求密切相关。（ ）

6. 运用动态资产配置是根据资本市场环境及经济条件对资产配置状况进行动态调整，从而增加投资组合价值的积极战略。（ ）

7. 确定有效资产组合的边界是指在满足投资者面对的限制因素的条件下，选择最能满足其风险收益目标的资产组合，确定实际的资产配置战略。（ ）

8. 划分系统风险和非系统风险采用的是情景综合分析法。（ ）

9. 采用历史数据分析方法，一般将投资者分为风险厌恶、风险中性和风险偏好三种类型。（ ）

10. 下跌概率法是最常见、最简便的风险度量方法。（ ）

11. 确定资产类别收益预期的主要方法包括历史数据法和情景综合分析法两类。（ ）

12. 资产管理人在每一风险水平上计算能够取得最低收益的投资组合，即构成资本资产定价模型中的有效市场前沿。（ ）

13. 资产配置从配置策略上可分为战略性资产配置、战术性资产配置和资产混合配置等。（ ）

14. 一般而言，全球资产配置的期限在1年以上。（ ）

15. 买入并持有策略属于消极型的长期再平衡策略。（ ）

16. 投资组合保险策略是指保持投资组合中各类资产的比例固定。（ ）

17. 买入并持有策略的投资组合价值与股票市场价值保持同方向、同比例的变动，并最终取决于最初的战略性资产配置所决定的资产构成。（ ）

18. 恒定混合策略适用于风险承受能力较为稳定的投资者。（　）

19. 当市场表现出强烈的上升或下降趋势时，恒定混合策略的表现将优于买入并持有策略。（　）

20. 恒定资产组合的一种简化形式是固定比例投资组合保险。（　）

21. 当风险资产收益率上升时，风险资产的投资比例随之上升，如果风险资产市场继续上升，投资组合保险策略将劣于买入并持有策略的结果。（　）

22. 与恒定混合策略相反，投资组合保险策略在股票市场上涨时降低股票的投资比例，而在股票市场下跌时提高股票投资比例。（　）

23. 资产配置一般遵循回归均衡的原则，这是动态资产配置中的主要利润机制。（　）

24. 动态资产配置的目标在于，在不提高系统风险或投资组合波动性的前提下提高短期报酬。（　）

25. 未受财富变动影响的投资者是动态资产配置的自然候选人。（　）

26. 恒定混合策略和投资组合保险策略是消极型资产配置策略。（　）

27. 对市场流动性要求最高的是买入并持有策略。（　）

28. 对财富的近期变化稍微敏感的投资者是简单机械调整策略的自然候选人。（　）

29. 恒定混合策略和投资组合保险策略的支付模式为曲线。（　）

30. 投资组合保险策略在下降时卖出股票并在上升时买入股票，其支付曲线为凹型。（　）

31. 资产配置需要考虑的因素包括税收考虑。（　）

32. 当股票价格保持单方向持续运动时，恒定混合策略的表现劣于买入并持有策略。（　）

33. 恒定混合策略在下降时买入股票并在上升时卖出股票，其支付曲线为凸型。（　）

34. 当市场具有较强的保持原有运动方向趋势时，投资组合保险策略的效果将优于买入并持有策略，进而将优于恒定混合策略。（ ）

35. 一般情况下，划分系统风险和非系统性风险采用的是情景综合分析法。（ ）

36. 买入并持有策略有利的市场环境是牛市。（ ）

37. 投资组合保险策略对市场的流动性的要求最高。（ ）

38. 恒定混合策略在市场变动时的行动方向是下降时买入，上升时卖出。（ ）

39. 投资组合保险策略有利的市场环境是易变、波动性大的市场环境。（ ）

40. 与战术性资产配置过程相比，战略性资产配置策略在动态调整资产配置状态时，需要根据实际情况的改变重新预测不同资产类别的预期收益情况，但没有再次估计投资者偏好与风险承受能力是否发生了变化。（ ）

41. 动态资产配置的核心在于对资产类别预期收益的动态监控与调整，而忽略了投资者是否发生了变化。（ ）

42. 在风险承受能力方面，动态资产配置假设投资者的风险承受能力随着市场和自身资产负债状况的变化而变化。（ ）

43. 买入并持有策略是积极型的长期再平衡方式，适用于有长期计划水平并满足于战略性资产配置的投资者。（ ）

44. 行业资产配置的时间最短，一般根据季度周期或行业波动特征进行调整。（ ）

45. 能够容忍投资组合的波动，或者愿意承担盈余波动的投资者将有机会选择更高收益的资产类别，从而提高长期收益，降低长期商业成本。（ ）

46. 如果股票市场价格处于震荡、波动状态之中，恒定混合策略就可能优于买入并持有策略。（ ）

47. 进入工作稳定期以后，投资者应偏向风险高、收益高的产品。（ ）

48. 买入并持有策略下投资组合价值线的斜率由资产配置的比例决定。 ( )

49. 与恒定混合策略相反,投资组合保险策略在股票市场上涨时降低股票投资比例,而在股票市场下跌时提高股票投资比例。 ( )

50. 恒定混合策略对资产配置的调整基础在于资产收益率的变动或投资者的风险承受能力的变动。 ( )

51. 方差度量法是最常见、最简便的风险度量方法。 ( )

参考答案

一、单项选择题

1. C	2. A	3. B	4. D	5. C
6. D	7. B	8. A	9. B	10. C
11. D	12. C	13. A	14. B	15. B
16. C	17. A	18. C	19. B	20. C
21. D	22. A	23. A	24. D	25. A
26. C	27. C	28. A	29. B	30. A
31. D	32. B	33. A	34. B	35. C
36. A	37. C	38. A	39. D	40. C
41. D	42. D			

二、不定项选择题

1. BD	2. BCD	3. AD	4. ABCD	5. ABD
6. ABD	7. ABCD	8. ACD	9. AC	10. BCD
11. AC	12. BCD	13. ACD	14. ABCD	15. ABCD
16. BCD	17. D	18. ACD	19. ABCD	20. B
21. AD	22. AB	23. AC	24. AC	25. AC
26. BC	27. BCD	28. ABD	29. ABCD	30. BD

31. BD	32. ABCD	33. CD	34. AD	35. CD
36. ABC	37. C	38. CD	39. ABD	40. AB

三、判断题

1. √	2. ×	3. √	4. ×	5. √
6. √	7. ×	8. ×	9. √	10. ×
11. √	12. ×	13. ×	14. √	15. √
16. ×	17. √	18. √	19. ×	20. ×
21. ×	22. ×	23. √	24. ×	25. √
26. ×	27. ×	28. √	29. √	30. ×
31. √	32. √	33. ×	34. √	35. ×
36. √	37. √	38. √	39. ×	40. ×
41. √	42. ×	43. ×	44. √	45. √
46. √	47. ×	48. √	49. ×	50. ×
51. √				

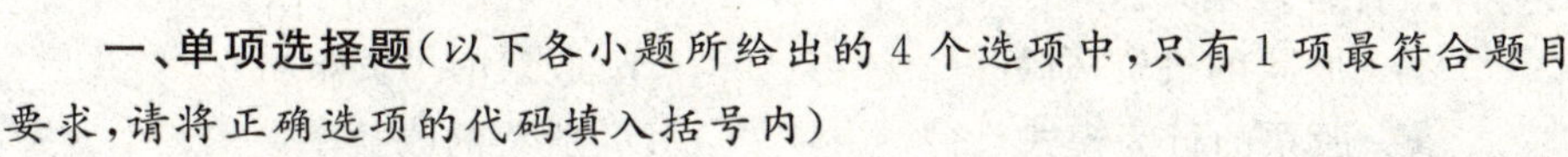

考前冲刺同步预测试卷(十三)

一、单项选择题(以下各小题所给出的4个选项中,只有1项最符合题目要求,请将正确选项的代码填入括号内)

1. 根据对(　　)的不同判断,股票投资组合管理演化出积极型和消极型两类投资策略。

A. 投资收益　　B. 投资风险

C. 市场有效性　　D. 投资策略

2. (　　)旨在通过基本分析和技术分析构造投资组合,并通过买卖时机的选择和投资组合结构的调整,获得超过市场组合收益的回报。

A. 积极型投资策略　　B. 长期型投资策略

C. 消极型投资策略　　D. 短期型投资策略

3. 股票投资组合管理的目标是(　　)。

A. 降低系统风险　　B. 获得超额收益

C. 降低非系统风险　　D. 实现效益最大化

4. 组合投资管理理论最早由(　　)于1952年系统提出,他开创了对投资进行整体管理的先河。

A. 巴奇列　　B. 罗斯

C. 威廉·夏普　　D. 马柯威茨

5. 如果股票市场是一个有效市场,以下说法不正确的是(　　)。

A. 股票市场基金不存在价值被低估或者价值被高估的股票

B. 投资者可能获得超出市场平均的收益水平

C. 基金管理人不应当尝试获得超出市场的投资回报

D. 基金管理人应当获得与大盘同样的收益水平,减少交易成本

6. 如果股票市场不是有效市场,则以下说法不正确的是(　　)。

A. 股票价格不能完全反映影响价格的信息

B. 市场中存在着错误定价的股票

C. 可以获得超过市场平均的收益率

D. 基金管理人应当采取积极型管理策略,通过挑选价值高估股票超越大盘

7. 股票投资风格管理是基金经理人以(　　)为基准确定基金投资类型的一种组合管理模式。

A. 股票的投资风险　　B. 股票的投资策略

C. 股票的行为模式　　D. 股票的收益率

8. (　　)的存在使得基金经理人可以根据不同股票集合的行为模式规划投资策略。

A. 投资风险　　B. 子市场

C. 不同股票种类　　D. 市场有效性

9. 从实践经验来看,人们通常用公司股票的(　　)所表示的公司规模作为流动性的近似衡量标准。

A. 投资收益　　B. 市场价值

B. 市盈率　　D. 市净率

10. 按(　　)划分的股票投资风格通常包括小型资本股票、大型资本股票和混合型资本股票三种类型。

A. 资本规模　　B. 投资策略

C. 公司规模　　D. 资产流动性

11. 如果市场不是有效市场,基金管理人(　　)。

A. 买入"价值低估"的股票和"价值高估"的股票

B. 卖出"价值低估"的股票和"价值高估"的股票

C. 买入"价值低估"的股票,卖出"价值高估"的股票

D. 卖出"价值低估"的股票,买入"价值高估"的股票

12. 以下说法错误的是(　　)。

A. 通常小型资本股票的流动性较高,而大型资本股票的流动性则较低

B. 股票投资收益是对投资者承担风险和放弃收益的综合补偿

C. 从长期来看,小型资本股票的回报率实际上要比大型资本股票更高

D. 从赢利角度考虑,标准普尔 500 种股票指数通常被划分到资本总

额较大的组别,被当做大型资本的主要代表

13. (　　)是对一家公司增长能力非常直接而且客观的度量。

A. 红利收益率　　B. 持续增长率

C. 市净率　　D. 市盈率

14. 从长期来看,小型资本股票回报率和大型资本股票回报率相比(　　)。

A. 更低　　B. 更高

C. 一样　　D. 二者回报率没有可比性

15. 在基金经理人利用持续增长率和红利收益率对公司的增长前景进行预测时,必须注意到它们之间的(　　)关系。

A. 正相关　　B. 负相关

C. 线性　　D. 成比例

16. 积极型股票投资战略的目标是(　　)。

A. 实现平均收益　　B. 实现经济利润

C. 获取市场超额收益　　D. 以上都不正确

17. (　　)可以使基金经理更清楚地了解某类股票在一定时期内的走向。

A. 红利收益率　　B. 持续增长率

C. 风格指数　　D. 市净率

18. 以技术分析为基础的投资策略不包括(　　)。

A. 道氏理论　　B. 移动平均法

C. 低市盈率法　　D. 价格与交易量的关系

19. (　　)是技术分析的鼻祖。

A. 移动平均法　　B. 股利贴现模型

C. 道氏理论　　D. 低市盈率法

20. 对于集中投资于某一种风格股票的基金经理人而言(　　)。

A. 消极的股票风格管理有意义

B. 消极的和积极的股票管理均有意义

C. 积极的股票风格管理有意义

D. 消极的和积极的股票管理均无意义

21. 以技术分析为基础的投资策略是在否定(　　)的前提下,以历史交易数据为基础，预测单只股票或市场总体未来变化趋势的一种投资策略。

A. 强势有效市场　　B. 弱势有效市场

C. 半强势有效市场　　D. 市场有效性

22. 以下关于道氏理论的说法不正确的是（　）。

A. 美国人查尔斯·道是道氏理论的创始人

B. 道氏理论最具历史价值之处在于其完整的技术体系

C. 道氏理论认为市场价格可以解释和反映市场的大部分行为

D. 目前世界资本市场应用最广泛的标准普尔500指数、金融时报指数等均是源于道氏理论的思想

23. 积极的股票风格管理，若股票前景不妙则应该（　），若前景良好则（　）。

A. 增加权重，增加权重　　B. 增加权重，降低权重

C. 降低权重，降低权重　　D. 降低权重，增加权重

24. 道氏理论认为，在所有价格中，（　）最重要。

A. 开盘价　　B. 收盘价

C. 全天最高价　　D. 全天最低价

25. 指数型消极投资策略认为在有效市场中（　）。

A. 少数积极型股票投资战略可能取得高于其风险承担水平的超额收益

B. 多数积极型股票投资战略都不可能取得高于其风险承担水平的超额收益

C. 任何积极型股票投资战略都不可能取得高于其风险承担水平的超额收益

D. 只要投资战略合适就能取得高于其风险承担水平的超额收益

26. 道氏对市场波动三种趋势的划分为以后的（　）打下了基础。

A. 波浪理论　　B. K线理论

C. 切线理论　　D. 指标理论

27. 复制的组合包含的股票数越少，跟踪误差（　），调整所花费的交易成本（　）。

A. 越大，越低　　B. 越大，越高

C. 越小，越低　　D. 越小，越高

28. 以下关于价量关系指标的说法正确的是(　　)。

A. 市场行为最基本的表现是成交价和成交量

B. 买卖双方的市场行为反映在价、量上就会呈现出一种这样的趋势:价升量减、价低量升

C. 买卖双方对价格的认同程度通过成交量的大小得到确认

D. 价和量是技术分析的基本要素,一切技术分析方法都是以价量关系为研究对象的

29. 指数型策略(　　)。

A. 试图预测股票市场的未来变化

B. 重点是进行风险控制

C. 是一种以实现市场投资组合业绩为管理目标的投资组合

D. 不试图用基本分析的方式来区分价值高估或低估的股票

30. (　　)已成为技术分析的基本手段。

A. 市盈率分析　　B. 价量关系的对比分析

C. 成交量分析　　D. 市净率分析

31. 目前国际应用较多的基本分析方法不包括(　　)。

A. 权益资本比率　　B. 市盈率

C. 股利贴现模型　　D. 内含报酬率

32. 基金分析是在否定(　　)的前提下,以公司基本面情况为基础进行的分析,其内容包括公司的基本结构、资产运作效率等方面。

A. 强势有效市场　　B. 弱势有效市场

C. 半强势有效市场　　D. 市场有效性

33. N日的乖离率=(　　)。

A. (当日开盘价－N日移动总价)÷N日移动平均价×100%

B. (当日开盘价－N日移动平均价)÷N日移动平均价×100%

C. (当日收盘价－N日移动平均价)÷N日移动平均价×100%

D. (当日收盘价－N日移动平均价)÷N日移动价×100%

34. 以下关于股利贴现模型(DDM)的说法错误的是(　　)。

A. 通过净现值来判断股票是否被错误定价

B. 如果净现值大于0,即股票价值被高估,应卖出

C. 模型中的预期现金流量包括预期的股利支付和未来某时股票的

预期售价

D. 按照对未来股利支付的不同假设，DDM 可演化为固定增长模型、三阶段 DDM 或随机 DDM 等具体表现形式

35. 有效市场的最佳选择是（　　）。

A. 积极型管理　　B. 消极型管理

C. 混合型管理　　D. 以上都不合适

36. 在一个有效的股票市场上（　　）。

A. 存在价值高估

B. 存在价值低估

C. 既有高估，也有低估

D. 既没价值高估，也没价值低估

37. 市盈率是股票价格与每股（　　）的比值。

A. 净资产　　B. 红利

C. 净利润　　D. 收益

38. 市净率是股票价格与每股（　　）的比值。

A. 净资产　　B. 红利

C. 净利润　　D. 收益

39. 按公司规模划分的股票投资风格通常不包括（　　）。

A. 小型资本股票　　B. 中型资本股票

C. 大型资本股票　　D. 混合型资本股票

40. 以下不属于以技术分析为基础的投资策略与以基本分析为基础的投资策略的区别的是（　　）。

A. 面临的市场风险不同　　B. 对市场有效性的判定不同

C. 分析基础不同　　D. 使用的分析工具不同

41. 消极型股票投资策略以（　　）为理论基础，可以分为简单型和指数型两类策略。

A. 半强势有效市场假说　　B. 强势有效市场假说

C. 弱势有效市场假说　　D. 有效市场假说

42. 道氏理论认为市场波动具有（　　）趋势。

A. 1 种　　B. 2 种

C. 3 种　　D. 4 种

43. 以下关于指数型消极投资策略的说法不正确的是(　　)。

A. 其核心思想是相信市场是有效的

B. 任何积极的股票投资策略都不能取得超过市场的投资收益

C. 其投资管理人可以采用基本分析的方法来区分价值被高估或低估的股票

D. 投资管理人力图模拟市场构造投资组合,以取得与市场组合相一致的风险收益结果

44. 根据移动平均法,如果某只股票价格超过平均价的某一百分比时则应该(　　)。

A. 买入　　B. 卖出

C. 清仓　　D. 满仓

45. 以下关于加强指数法说法不正确的是(　　)。

A. 其核心思想是将指数化投资管理与积极型股票投资策略相结合

B. 其重点是在复制组合的基础上加强风险的控制

D. 其目的在于寻求投资收益最大化

D. 不会引起投资组合特征与基准指数之间的实质性背离

二、不定项选择题(以下各小题所给出的4个选项中,至少有1项以上符合题目要求,请将符合题目要求选项的代码填入括号内)

1. 根据对市场有效性的不同判断,股票投资组合管理演化出(　　)的投资策略。

A. 积极型　　B. 长期型

C. 消极型　　D. 短期型

2. 构建股票投资的组合的原因有(　　)。

A. 获得超过市场的收益　　B. 降低证券投资风险

C. 实现证券投资最大化　　D. 消除系统风险

3. 以下关于分散风险的说法正确的是(　　)。

A. 风险是指预期收益的不确定性

B. 资产间关联性高的多元化证券可以有效地降低个别风险

C. 股票投资组合的方差是由组合中各股票的方差和股票之间的协

方差两部分组成

D. 组合资产的风险仅由各股票的方差决定

4. 以下关于消极型管理的说法正确的是（　　）。

A. 认为市场是有效的

B. 股票市场上不存在价值高估或低估的股票

C. 认为投资者不能获得超出市场平均的收益水平

D. 基金管理人应努力获得与大盘同样的收益水平，减少交易成本

5. 按公司规模划分的股票投资风格通常包括（　　）。

A. 小型资本股票　　B. 大型资本股票

C. 混合型资本股票　　D. 综合性资本股票

6. 股票投资风格分类的标准有（　　）。

A. 公司成长性　　B. 公司规模

C. 股票的获利能力　　D. 股票价格行为

7. 按股票价格行为所表现出来的行业特征，可以将股票分为（　　）等类型。

A. 增长类　　B. 周期类

C. 稳定类　　D. 能源类

8. 以下属于非增长类股票类型是（　　）。

A. 周期类　　B. 稳定类

C. 混合类　　D. 能源类

9. 以下可以用来描述公司成长性的是（　　）。

A. 持续增长率　　B. 市盈率

C. 红利收益率　　D. 市净率

10. 以下关于股票风格指数说法正确的是（　　）。

A. 股票风格指数是指对股票投资风格进行业绩评价的指数

B. 可以使基金经理更清楚的了解某类股票在一定时期内的走向

C. 其所起的作用就像对市场状况有广泛代表性的标准普尔 500 种股票指数一样

D. 为精确的评价投资经理的投资组合业绩提供了一个标准

11. 以技术分析为基础的投资策略有（　　）。

A. 道氏理论　　B. 移动平均法

C. 价格与交易量的关系　　　　D. 低市盈率法

12. 道氏理论的主要观点有(　　)。

A. 市场价格指数可以解释和反映市场的大部分行为

B. 市场波动具有两种趋势

C. 交易量在确定趋势中的作用

D. 开盘价是最重要的价格

13. 以下关于以技术分析为基础的投资策略的说法正确的是(　　)。

A. 否定弱势有效市场

B. 以历史数据为基础,预测单只股票或市场总体未来变化趋势的一种投资策略

C. 道氏理论是技术分析的鼻祖

D. 价、量是技术分析的基本要素

14. 以下关于道氏理论的说法正确的是(　　)。

A. 道氏理论是技术分析的鼻祖

B. 道氏理论最具历史价值之处在于其精确的科学化的思想方法

C. 标准普尔 500 指数、日经指数均是源于道氏理论的思想

D. 道氏理论对短期波动的预测有较大的作用

15. 根据选定的参考基准和计算方法的差异,相继出现了(　　)。

A. 简单过滤器规则　　　　B. 移动平均法

C. 上涨和下跌线　　　　D. 相对强弱理论

16. 积极的股票风格管理(　　)。

A. 只改变投资组合中增长类股票在组合中的比重

B. 主动改变投资组合中增长类、周期类、稳定类和能源类股票权重

C. 若股票前景不妙,降低权重

D. 若股票前景良好,增加权重

17. 以下关于价量关系指标说法正确的是(　　)。

A. 市场行为反映在价量上往往呈现出这样的趋势:价升量减、价跌量升

B. 市场行为的基本表现就是成交量和成交价

C. 价量是技术分析的基本要素

D. 买卖双方对价格的认同程度通过成交量的大小得到确认

18. 以下关于以基本分析为基础的投资策略的说法正确的是(　　)。

A. 否定了强势有效市场

B. 以公司基本面状况为基础进行分析

C. 价量关系对比分析属于基本分析

D. 期望获得超额利润

19. 目前国际应用较多的基本分析方法有(　　)。

A. 低市盈率　　B. 价量关系对比分析

C. 股利贴现模型　　D. 参考乖离率

20. 消极型股票投资策略以有效市场假说为理论基础,可以分为(　　)两类。

A. 简单型　　B. 复杂型

C. 指数型　　D. 混合型

21. 积极型股票投资战略主要包括(　　)。

A. 以基本分析为基础的投资策略

B. 市场异常投资策略

C. 以价格分析为基础的投资策略

D. 以技术分析为基础的投资策略

22. 以下关于指数型消极投资策略的说法正确的是(　　)。

A. 其核心思想是相信市场是有效的

B. 任何积极的股票投资策略都不能取得超过市场的投资收益

C. 其投资管理人可以采用基本分析的方法来区分价值被高估或低估的股票

D. 投资管理人力图模拟市场构造投资组合,以取得与市场组合相一致的风险收益结果

23. 以下属于技术分析理论的是(　　)。

A. 随机漫步理论　　B. K 线理论

C. 切线理论　　D. 波浪理论

24. 基本分析主要以(　　)等数据为基础进行综合分析。

A. 宏观经济指标　　B. 历史交易数据

C. 行业基本数据　　D. 公司财务指标

25. 对公司基本面状况分析,其内容包括(　　)。

A. 资本结构　　B. 资产运作效率
C. 盈利能力　　D. 市场占有率

26. 从国外证券市场的实践来看,指数投资基金的收益水平总体上超过了非指数基金的收益水平,这主要得益于(　　)。

A. 市场的有效性　　B. 市场的高效性
C. 收益较高　　D. 成本较低

27. 如基金管理人希望复制的投资组合的股票数小于目标股票价格指数的成分股股票数目,其可以使用(　　)来构造具体的投资组合。

A. 市值法　　B. 指数法
C. 分层法　　D. 比例法

28. 以下关于加强指数法说法正确的是(　　)。

A. 其核心思想是将指数化投资管理与积极型股票投资策略相结合
B. 其重点是在复制组合的基础上加强风险的控制
D. 其目的在于寻求投资收益最大化
D. 加强指数法与积极型股票投资策略的风险控制程度不同

29. 关于价量关系指标的说法正确的有(　　)。

A. 技术分析就是利用过去和现在的成交量、成交价资料,以图形分析和指标分析为工具,来解释预测未来的市场走势
B. 价升量减,价跌量增
C. 在某一点上的价和量反映的是买卖双方在这一时点上共同的市场行为,是双方的暂时均势点
D. 成交量是推动股价上涨的原动力,是测量股市行情变化的温度计,通过其增加或减少的速度可以推断出多空之间的力量对比和股价涨跌的幅度

30. 根据股利贴现模型,应该(　　)。

A. 买入被低估的股票,卖出被高估的股票
B. 买入被低估的股票,买入被高估的股票
C. 卖出被低估的股票,卖出被高估的股票
D. 卖出被低估的股票,买入被高估的股票

31. 组合管理的基本目标是(　　)。

A. 分散风险　　B. 最大化投资收益

C. 降低风险　　　　　　　　　D. 最大化股东收益

32. 结合对(　　)的挑战,人们提出的市场异常策略,如小公司效应、日历效应等。

A. 强势有效市场　　　　　　　B. 弱势有效市场

C. 半强势有效市场　　　　　　D. 无效市场

33. 常见的市场异常策略包括(　　)。

A. 小公司效应　　　　　　　　B. 低市盈率效应

C. 日历效应　　　　　　　　　D. 遵循内部人的交易活动

34. 目前世界资本市场应用最广泛的(　　)等都是源于道氏理论的思想。

A. 道琼斯工业指数　　　　　　B. 金融时报指数

C. 标准普尔 500 指数　　　　　D. 日经指数

35. 道氏理论认为价格的波动尽管表现形式不同,但最终可以将它们分为(　　)。

A. 主要趋势　　　　　　　　　B. 次要趋势

C. 短暂趋势　　　　　　　　　D. 长期趋势

36. 以技术分析为基础的投资策略与以基本分析为基础的投资策略的区别有(　　)。

A. 分析的方向不同　　　　　　B. 对市场有效性的判定不同

C. 分析基础不同　　　　　　　D. 使用的分析工具不同

37. 衡量一只股票或股票组合的风险指标有(　　)。

A. 协方差　　　　　　　　　　B. 跟踪误差

C. 投资收益的方差　　　　　　D. 股票的 β 值

38. 按照对未来股利支付的不同假定,股利贴现模型可演化为(　　)等具体表现形式。

A. 变动比率增长贴现模型　　　B. 固定增长模型

C. 随机股利贴现模型　　　　　D. 三阶段股利贴现模型

39. 以下属于逆时针理论的八大循环的是(　　)。

A. 价稳量增　　　　　　　　　B. 价量齐升

C. 价涨量稳　　　　　　　　　D. 价格快速下跌而量小

40. 如果股票市场是一个有效的市场,则以下说法正确的是(　　)。

A. 存在价值被低估的股票　　　B. 不存在价值被高估的股票

C. 不存在价值被低估的股票　　　　D. 可以获得超额收益

三、判断题(判断以下各小题的对错,正确的打"√",错误的打"×")

1. 股票投资组合管理是在组合管理投资理念的基础上发展起来的。( )

2. 降低风险和最大化投资收益是组合管理的基本目标。( )

3. 根据对市场有效性的不同判读,股票投资组合管理演化为积极型和消极型两类投资策略。( )

4. 股票投资组合管理的目标是实现收益最大化。( )

5. 组合资产的风险仅由各股票之间的方差决定。( )

6. 在给定的风险水平下,通过多样化的股票选择,可以在一定程度上减轻股票价格的过度波动,从而在一个较长的时期内获得最大收益。( )

7. 基金管理人在进行股票组合投资时,首先应当决定投资的理念。( )

8. 积极型管理是有效市场的最佳选择。( )

9. 积极型股票以战胜市场为目的。( )

10. 股票投资风格管理是基金经理人以股票的赢利模式为基准确定基金投资类型的一种组合管理模式。( )

11. 具有相同特征的股票集合可以看做是股票市场中的子市场。( )

12. 股票投资风格分类关键是对股票特征的把握和分类标准的选取。( )

13. 有效市场的存在使得基金经理人可以根据不同股票集合的行为模式规划投资策略。( )

14. 对股票按公司规模划分是基于不同规模公司的股票具有不同的风险性。( )

15. 从实践经验来看,人们通常用公司股票的市场价值所表示的公司规模作为流动性的近似衡量指标。( )

16. 道氏理论认为开盘价是最重要的价格。( )

17. 通常小型资本股票流动性较高,而大型资本股票的流动性则相对

较低。（ ）

18. 股票投资收益是对投资者承担风险和放弃收益的综合补偿。（ ）

19. 选择低市盈率、高市净率股票作为自己的目标投资对象是目前机构投资者普遍运用的投资策略。（ ）

20. 小型资本股票的波动性较低，长期回报率较高。（ ）

21. 按公司规模划分的股票投资风格通常包括小型资本股票、大型资本股票和中型资本股票。（ ）

22. 按照公司的成长性可以将股票分为增长类股票和非增长类股票。（ ）

23. 红利收益率是对一家公司增长能力非常直接而且客观的度量。（ ）

24. 红利收益率和公司增长能力呈正向变化关系。（ ）

25. 持续增长率和红利收益率是互补的，它们之间成负相关关系。（ ）

26. 股票投资风格指数是对股票投资风格进行业绩评价的指数。（ ）

27. 以技术分析为基础的投资策略是在否定强势有效市场的前提下，以历史交易数据为基础，预测单只股票或市场总体未来变化趋势的一种投资策略。（ ）

28. 所谓的小公司效应是指以市场资本总额衡量的小型资本股票，它们的投资组合收益通常优于股票市场的整体表现。（ ）

29. 道氏理论的核心思想是市场价格指数可以解释和反映市场的大部分行为。（ ）

30. 在股票价格未来走势进行预测时，趋势反转点是作出判断的一个重要参考指标。（ ）

31. 从操作效果来看，道氏理论对短期波动的预测有较大的作用，而对大的趋势预测则显得无能为力。（ ）

32. 移动平均法其实质是简单过滤器的一种变形。（ ）

33. 市场行为最基本的表现是成交量和成交价。（ ）

34. 价量关系的对比分析已经成为基本分析的基本手段。（ ）

35. 选择市盈率和市净率较高股票的理论基础在于，这两类股票的股价

有较高的实际收益的支持。 ( )

36. 低市盈率指标受到普遍的欢迎正是在股市过热之后,投资理念向价值回归的一种表现。 ( )

37. 加强指数法的核心思想是将指数化投资管理与积极型股票投资策略相结合,所以加强指数法与积极型股票投资策略之间没有显著的区别。 ( )

38. 投资策略发展到今天,以技术分析为主,并辅以基本分析,目前也是投资策略的主流。 ( )

39. 简单型消极投资策略一般是在确定了恰当的股票投资之后,在3至5年的持有期间内不再发生积极的股票买入或卖出行为。 ( )

40. 乖离率是描述股价与股价移动平均线距离远近程度的一个指标。 ( )

41. 指数型消极投资策略的核心思想是相信市场是无效的。 ( )

42. 加强指数法的核心思想是将指数化投资管理与积极型股票投资策略相结合。 ( )

43. 如果净现值大于0,即股票价值被高估,应卖出;如果净现值小于0,即股票价格被低估,应买入。 ( )

44. 加强指数法的重点是在复制组合的基础上加强风险控制。 ( )

45. 跟踪误差是难以避免的。 ( )

46. 增长类股票有较高的盈余保留率和高的赢利性;非增长类有较低的盈余保留率和低的赢利性,但有较高的红利收益率。 ( )

47. 相对于前面提到的消极战略来说,类别轮换战略是一种积极的股票风格管理方法。 ( )

48. 内含报酬率就是在净现值不等于0时的折现率,它反映了股票投资的内在收益情况。 ( )

参考答案

一、单项选择题

1. C	2. A	3. D	4. D	5. B
6. D	7. C	8. B	9. A	10. C

11. C	12. A	13. B	14. B	15. B
16. C	17. C	18. C	19. C	20. A
21. B	22. B	23. D	24. B	25. C
26. A	27. B	28. B	29. D	30. B
31. A	32. C	33. C	34. B	35. B
36. D	37. C	38. A	39. B	40. A
41. D	42. C	43. C	44. A	45. C

二、不定项选择题

1. AC	2. BC	3. AC	4. ABCD	5. ABC
6. ABD	7. ABCD	8. ABD	9. AC	10. ABCD
11. ABC	12. AC	13. ABCD	14. ABC	15. ABCD
16. BCD	17. BCD	18. BD	19. AC	20. AC
21. ABD	22. ABD	23. BCD	24. ACD	25. ABCD
26. BD	27. AC	28. ABD	29. ACD	30. A
31. AB	32. BC	33. ABCD	34. ABCD	35. ABC
36. BCD	37. CD	38. BCD	39. ABCD	40. BC

三、判断题

1. √	2. ×	3. √	4. ×	5. ×
6. √	7. ×	8. ×	9. √	10. ×
11. √	12. √	13. ×	14. ×	15. √
16. ×	17. ×	18. √	19. ×	20. ×
21. ×	22. √	23. ×	24. ×	25. √
26. √	27. ×	28. √	29. √	30. √
31. ×	32. √	33. √	34. ×	35. ×
36. √	37. ×	38. ×	39. √	40. √
41. ×	42. √	43. ×	44. √	45. √
46. √	47. √	48. ×		

考前冲刺同步预测试卷(十四)

一、单项选择题(以下各小题所给出的4个选项中,只有1项最符合题目要求,请将正确选项的代码填入括号内)

1. 在对单一债券收益率的衡量上,可以采取多种办法,其中,(　　)是被普遍采用的方法。

A. 债券期限收益率　　B. 债券到期收益率

C. 利息的再投资收益率　　D. 息票的再投资利率

2. (　　)被定义为使债券的支付现值与债券价格相等的贴现率,即内部收益率。

A. 债券到期收益率　　B. 利息的再投资收益率

C. 息票的再投资利率　　D. 债券期限收益率

3. (　　)的投资回报主要由三个部分组成:本金、利息与利息的再投资收益。

A. 股票　　B. 零息债券

C. 付息式债券　　D. 混合债券

4. (　　)是获取息票时的现实收益率,而不是一个固定的数值。

A. 利息再投资收益率　　B. 债券期限收益率

C. 债券到期收益率　　D. 息票的再投资利率

5. (　　)也为称期限收益率,它允许资产管理人根据计划的投资期限、预期的有关再投资利率和未来市场收益率预测债券的表现。

A. 现实复利收益率　　B. 利息再投资收益率

C. 债券到期收益率　　D. 息票的再投资利率

6. 可能影响风险溢价的因素不包括(　　)。

A. 发行人种类　　B. 税收负担

C. 基础利率　　D. 到期期限

7. 以下属于完全预期理论的观点的是(　　)。

A. 远期利率相当于市场参与者对未来短期利率的预期,流动性溢价为零

B. 长期债券的收益可以直接和远期利率相联系

C. 上升的收益曲线意味着市场预期短期利率水平会在未来下降

D. 水平的收益曲线意味着市场预期短期利率水平会在未来保持不变

8. 大多数债券价格与收益率的关系都可以用一条(　　)弯曲的曲线来表示。而且(　　)的凸性有利于投资者提高债券投资收益。

A. 向下　较低　　B. 向下　较高

C. 向上　较低　　D. 向上　较高

9. 以下关于流动性偏好理论说法不正确的是(　　)。

A. 认为市场是由长期投资者控制的

B. 认为远期利率包括了预期的未来利率与流动溢价

C. 其理论基础是投资者在收益相同的情况下更愿意持有短期债券,以保持资金较好的流动性

D. 长期债券的收益率必然要在预期的利率基础上增加对流动性的补偿

10. 以下不属于集中偏好理论观点的是(　　)。

A. 债券结构反映了未来利率走势与风险补贴

B. 风险补贴必然随期限的增长而增加

C. 在一定的期限范围内,资金供求的失衡将引导借款人与贷款人趋向于对自己有利的期限

D. 风险补偿将引导投资者改变他们原有的对期限的喜好

11. 收益率曲线反映了市场的利率期限结构,对于收益率曲线的不同形状解释产生了不同的期限结构理论,其中不包括(　　)。

A. 预期理论　　B. 市场分割理论

C. 优先置产理论　　D. 市场有效理论

12. 完全预期理论认为,下降的收益率曲线意味着市场预期短期利率水平会在未来(　　)。

A. 下降　　B. 上升

C. 保持不变　　D. 先上升后下降

13. (　　)是债券投资者所面临的主要风险。

A. 利率风险　　B. 再投资风险

C. 流动性风险　　D. 汇率风险

14. 以下关于流动性风险说法不正确的是(　　)。

A. 主要用于衡量投资者持有债券的变现难易程度

B. 可以根据某种债券的买卖差价来判断其流动性风险的大小

C. 买卖价差越小,流动性风险就越高

D. 对于打算将债券长期持有至到期为止的投资者来说,流动性风险就不再重要

15. 以下关于经营风险的说法不正确的是(　　)。

A. 经营风险可以通过公司期间运营收入的分布状况来度量

B. 运营收入变化越大,经营风险就越大

C. 经营风险主要分为外部经营风险和内部经营风险

D. 所有债券均存在经营风险

16. 有偏预期理论认为远期利率应该是预期的未来利率(　　)。

A. 与购买力风险补偿的差额

B. 与购买力风险补偿的累加

C. 与流动性风险补偿的累加

D. 与流动性风险补偿的差额

17. 以下不属于测算债券价格波动的指标的是(　　)。

A. 基点价格值　　B. 到期收益率

C. 价格变动收益率　　D. 久期

18. 以下关于久期的说法不正确的是(　　)。

A. 久期是测量债券价格相对于收益率敏感性的指标

B. 最重要的一种久期是修正的麦考莱久期

C. 附息债券的麦考莱久期和修正的麦考莱久期小于其到期期限

D. 对于附息债券而言，麦考莱久期与到期期限相同

19. 有偏预期理论认为，投资者在收益率相同的情况下更愿意持有(　　)。

A. 优先股票　　B. 长期债券

C. 中期债券　　D. 短期债券

20. 以下关于凸性的说法错误的是(　　)。

A. 由于存在凸性，债券价格随着利率的变化而变化的关系就接近于一条凸函数

B. 其作用在于可以弥补债券价格计算的误差，更准确的衡量债券价格对收益率的敏感程度

C. 在其他条件相同时，投资者应选择凸性更大的债券进行投资

D. 凸性对投资者是不利的

21. 水平分析是一种基于对未来利率预期的债券组合管理策略，其中一种主要的形式为(　　)。

A. 利率预期策略　　B. 收益预期策略

C. 风险预期策略　　D. 价格预期策略

22. 以(　　)为基础，可以将债券互换分为替代互换，市场间利差互换以及税差激发互换。

A. 风险分析　　B. 投资期分析

C. 收益分析　　D. 利率分析

23. 以下关于市场间利差互换的说法正确的是(　　)。

A. 这种互换不能在国债和企业债之间进行互换

B. 此种互换比替代互换的风险小一些

C. 投资者进行此种互换的动机是获取超额收益

D. 此种互换是指不同市场之间的互换

24. 当收益率曲线有(　　)的斜率，并且预计收益率曲线(　　)时，长期债券的收益率较短期债券的收益率更高。

A. 负　不变　　B. 正　上升

C. 负　上升　　D. 正　不变

25. (　　)管理者通常把市场价格看作均衡交易价格。

A. 积极的债券组合　　B. 消极的债券组合

C. 混合的债券组合　　D. 有效的债券组合

26. 指数策略和免疫策略的区别在于(　　)的不同。

A. 交易机制　　B. 处理利率暴露风险的方式

C. 投资收益　　D. 风险预警的方式

27. 指数化投资策略的目标是使债券投资组合达到与某个特定指数相同的收益,它以(　　)的假设为基础,属于消极型债券投资策略之一。

A. 市场无效　　B. 市场是强势的

C. 市场是弱势的　　D. 市场是充分有效的

28. 在利率水平变化时,长期债券价格的变化幅度与短期债券的变化幅度的关系是(　　)。

A. 两者相等　　B. 前者大于后者

C. 前者小于后者　　D. 没有可比性

29. 债券互换的估价方法之一——投资期分析法把债券互换的各个方面的回报率分解为(　　)个组成部分。

A. 5　　B. 4

C. 3　　D. 2

30. 子弹组合能否优于两极组合将取决于收益率曲线的(　　)。

A. 斜率　　B. 凸性

C. 高度　　D. 弧度

31. 债券投资者所面临的主要风险是(　　)。

A. 经营风险　　B. 赎回风险

C. 利率风险　　D. 再投资风险

32. 在指数化的方法中,(　　)适合于证券数目较小的情况。

A. 优化法　　B. 分层抽样法

C. 方差最小化法　　D. 相关系数最大化法

33. 当作为基准的债券数目较大时,(　　)比较适用,但要求采用大量的历史数据。

A. 优化法　　B. 分层抽样法

C. 方差最小化法　　D. 相关系数最大化法

34.（　）是衡量资产管理人管理绩效的指标。

A. 收益率　　B. 跟踪误差

C. 风险控制能力　　D. 实际回报率

35. 基点价格值是指应计收益率每变化1个基点时引起的债券价格的（　）。

A. 凸性变动值　　B. 相对变动额

C. 绝对变动额　　D. 敏感度变动值

36. 应计收益率每下降或上升1个基点时的价格波动性是（　）。

A. 相同的　　B. 不同的

C. 递减的　　D. 递增的

37.（　）债券不存在经营风险。

A. 政府　　B. 高质量的公司

C. 金融机构　　D. 银行

38. 其他条件相同时，债券价格收益率值越小，说明债券的价格波动性（　）。

A. 围绕原值波动　　B. 越大

C. 越小　　D. 无关

39. 在实践中，可以根据某种债券的（　）来判断其流动性风险的大小。

A. 到期期限的长短　　B. 发行主体的质量

C. 买卖价差　　D. 价格变动收益率值

40. 已知债券价格、债券利息、到期年数，可以通过（　）计算债券的到期收益率。

A. 终值法　　B. 复利法

C. 单利法　　D. 试算法

41. 工业公司、公用事业公司、金融机构、外国公司等不同的发行人发行的债券与基础利率之间存在的一定利差也称为(　　)。

A. 市场板块内利差　　B. 市场行业内利差

C. 市场区域内利差　　D. 市场利差

42. 预期理论暗含着一个假定是:不同期限的债券是(　　)的。

A. 可以相互替代　　B. 不能相互替代

C. 在一定条件下可以替代　　D. 以上都不对

43. 零息债券需要支付的税收为(　　)。

A. 所得税　　B. 增值税

C. 资本利得税　　D. 营业税

44. 在进行(　　)时使用债券互换的主要目的是通过债券互换提高组合的收益率。

A. 消极债券分散管理　　B. 积极债券分散管理

C. 积极债券组合管理　　D. 消极债券组合管理

45. 由于大多数债券价格与收益率存在凸性,当收益率降低时,估算的价格上升幅度(　　)实际的价格上升幅度。

A. 大于　　B. 大于等于

C. 小于　　D. 小于等于

46. 一般而言,只有在存在(　　)的收益级差和(　　)的过渡期时,债券投资者才会进行互换操作。

A. 较高　较长　　B. 较高　较短

C. 较低　较长　　D. 较低　较高

47. 消极的债券组合管理者通常把市场价格看作(　　)。

A. 均衡交易价格　　B. 非均衡交易价格

C. 高估交易价格　　D. 低估交易价格

48. (　　)是使投资组合中债券的到期期限集中于收益曲线的一点。

A. 梯式策略　　B. 子弹式策略

C. 两极策略　　D. 以上三种均可

49. 债券价格波动风险与再投资风险之间存在着(　　)关系。

A. 正相关　　B. 负相关

C. 替代　　　　　　　　　　D. 线性

50. 税收对债券投资收益影响的主要途径不包括(　　)。

A. 现金流的形式

B. 现金流的时间特征

C. 现金流的数量

D. 债券收入现金流本身的税收特性不同

二、不定项选择题(以下各小题所给出的4个选项中，至少有1项以上符合题目要求，请将符合题目要求选项的代码填入括号内)

1. 附息式债券的投资回报主要由三部分组成，包括(　　)。

A. 本金　　　　　　　　　　B. 利息

C. 资本利得　　　　　　　　D. 利息的再投资收益

2. 现实复利收益率允许资产管理人根据计划的(　　)预测债券的表现。

A. 投资期限　　　　　　　　B. 预期的有关再投资利率

C. 未来市场收益率　　　　　D. 到期收益率

3. 用来计算投资组合的收益率的常规方法有(　　)。

A. 试算法　　　　　　　　　B. 加权平均投资组合收益率

C. 投资组合内部收益率　　　D. 期限收益率

4. 投资组合内部收益率的计算需要满足以下(　　)假定。

A. 市场中的风险是可控的

B. 现金流能够按计算出的内部收益率进行再投资

C. 投资者为风险规避型

D. 投资者持有该债券投资组合直至组合中期限最长的债券到期

5. (　　)是债券收益率的构成因素。

A. 息票利率　　　　　　　　B. 再投资利率

C. 未来到期收益率　　　　　D. 期限收益率

6. 以下属于影响收益率的因素的是(　　)。

A. 基础利率　　B. 发行人信用度

C. 税收负担　　D. 期限结构

7. 可能影响风险溢价的因素包括(　　)。

A. 基础利率　　B. 发行人信用度

C. 税收负担　　D. 期限结构

8. 债券投资者的税收状况也将影响其税后收益率,其中包括(　　)。

A. 营业税　　B. 所得税

C. 资本利得税　　D. 增值税

9. 收益率曲线反映了市场的利率期限结构,对于收益率曲线的不同形状解释产生了不同的期限结构理论,其中包括(　　)。

A. 预期理论　　B. 市场分割理论

C. 市场有效理论　　D. 优先置产理论

10. 根据是否承认还存在其他可能影响远期利率的因素,可以将预期理论划分为(　　)。

A. 完全预期理论　　B. 不完全预期理论

C. 有偏预期理论　　D. 市场分割理论

11. 以下属于有偏预期理论的是(　　)。

A. 流动性偏好理论　　B. 集中偏好理论

C. 完全预期理论　　D. 优先置产理论

12. 以下属于市场分割理论观点的是(　　)。

A. 长、短、中期债券被分割在不同的市场上,各自有独立的市场均衡状态

B. 长期借贷活动决定长期债券的利率

C. 短期交易决定短期债券利率

D. 利率期限结构和债券收益率曲线是由相同的市场供求关系决定的

13. 风险种类包括(　　)。

A. 利率风险　　B. 再投资风险

C. 流动性风险　　D. 购买力风险

14. 以下关于经营风险说法正确的是(　　)。

A. 经营风险可以通过公司期间运营收入的分布状况来度量

B. 运营收入变化越大,经营风险就越大

C. 经营风险主要分为外部经营风险和内部经营风险

D. 政府债券不存在经营风险

15. 赎回风险来源于(　　)。

A. 可赎回债券的利息收入具有很大的不确定性

B. 债券发行人往往在利率走高时行使赎回权,从而加大了债券投资者的再投资风险

C. 由于存在发行者可能行使赎回权的价位,因此限制了可赎回债券的上涨空间

D. 债券发行人往往在利率走低时行使赎回权,从而加大了债券投资者的再投资风险

16. 下列关于凸性的描述正确的是(　　)。

A. 凸性可以描述大多数债券价格与收益率的关系

B. 凸性对投资者是有利的

C. 凸性无法弥补债券价格计算的误差

D. 其他条件不变时,较大的凸性更有利于投资者

17. 对债券价格波动性和债券价格利率风险进行计量的指标有(　　)。

A. 到期收益率　　　　B. 基点价格值

C. 价格变动收益率值　　　　D. 久期

18. 不同债券在(　　)等方面的差别,决定了债券互换的可行性和潜在获利性。

A. 利息　　　　B. 违约风险

C. 久期　　　　D. 流动性

19. 投资分析法把债券互换各个方面的回报率分解为四个组成成分,它们所具有的风险是不同的,其中两种确定性的组成成分是源于(　　)所引起的收益率变化。

A. 时间成分　　　　B. 收益成分

C. 息票因素　　　　D. 息票的再投资收益

20. 投资期分析法把债券互换各个方面的回报率分解为四个组成成分，它们所具有的风险是不同的，其中两种不确定性的组成成分是(　　)。

A. 时间成分　　B. 收益成分

C. 息票因素　　D. 息票的再投资收益

21. 流通性较强的债券(　　)。

A. 折让的大小和凸性有关

B. 折让的幅度反映了债券流通性的价值

C. 在收益率上往往有一定折让

D. 比流通性一般的债券在收益率上折让的幅度小

22. 以投资期分析为基础，债券互换的类型有(　　)。

A. 应急免疫　　B. 替代互换

C. 市场间利差互换　　D. 税差激发互换

23. 替代互换也存在风险，其风险主要来自于以下方面(　　)。

A. 纠正市场定价偏差的过渡期比预期的更长

B. 价格走向与预期相反

C. 全部利率反向变化

D. 市场定价存在偏差

24. 进行市场间利差互换时投资者会面临(　　)风险。

A. 过渡期延长

B. 新买入债券价格与预期不同

C. 到期收益率走势与预期不同

D. 经营风险

25. 常用的收益率曲线策略包括(　　)。

A. 追踪策略　　B. 子弹式策略

C. 两极策略　　D. 梯式策略

26. 收益率曲线的变化方式有(　　)。

A. 平行移动　　B. 纵向移动

C. 横向移动　　D. 非平行移动

27. 以下关于骑乘收益率曲线策略说法正确的是(　　)。

A. 是水平分析的一种特殊形式

B. 债券收益率曲线随时间变化而变化

C. 较平缓的收益率曲线说明长期债券与短期债券之间的差额趋于递减

D. 较陡的收益率曲线预示长短期债券之间差额是递增的

28. 债券指数化投资的动机包括(　　)。

A. 经验证据表明积极型的债券投资组合的业绩并不好

B. 与积极型的债券组合管理相比,指数化组合管理所收取的管理费用更低

C. 有助于基金发起人增强对基金经理的控制力

D. 经验证据表明积极型的债券投资组合的业绩比较好

29. 在指数化的方法中,当作为基准的债券数目较大时,(　　)比较实用。

A. 优化法　　B. 成本最小化法

C. 方差最小化法　　D. 分层抽样法

30. 由于跟踪误差有可能来自于(　　)等方面,不同的组合构造方法将对跟踪误差产生不同的影响。

A. 建立指数化组合的交易成本

B. 指数化组合的组成与指数组成的差别

C. 建立指数机构所用的价格与指数债券的实际交易价格的偏差

D. 指数组合的风险

31. 以下说法正确的是(　　)。

A. 到期期限与风险溢价无关

B. 债券的流动性越大,投资者要求的收益率越高

C. 息票利率、再投资收益率和未来到期收益率是债券收益率的构成因素

D. 风险溢价反映了投资者投资于非国债债券时面临的额外风险

32. 以下属于集中偏好理论的是(　　)。

A. 风险补偿将引导投资者改变他们原有的对期限的喜好

B. 在一定的期限范围内，资金供求的失衡将引导借款人与贷款人趋向于对自己有利的期限

C. 债券期限结构反映了未来利率走势与风险补贴

D. 承认风险补贴也一定随期增长而增加

33. 债券指数化投资的方法包括(　　)。

A. 优化法　　B. 成本最小化法

C. 方差最小化法　　D. 分层抽样法

34. 以下属于完全预期理论的是(　　)。

A. 远期利率包括了预期的未来利率与流动溢价

B. 流动性溢价为零

C. 长期债券的收益率可以直接和远期利率相联系

D. 远期利率相当于市场参与者对未来短期利率的预期

35. 以下属于流动性偏好理论的是(　　)。

A. 流动性溢价的存在使收益率曲线向左上方倾斜

B. 投资者在收益率相同的情况下更愿意持有长期债券

C. 市场是由长期投资者所控制的

D. 远期利率包括了预期的未来利率与流动溢价

36. 以下说法属于优先置产理论的是(　　)。

A. 收益率曲线的上倾、下降、平稳甚至上凸都是有可能的

B. 任何一种期限的债券的债券利率都与其他债券的利率相联系

C. 不同期限的债券都在借贷双方的考察范围之内

D. 债券市场不是分割的，投资者会考察整个市场并选择溢价最低的债券品种进行投资

37. 在债券组合管理过程中，通常使用的消极管理策略有(　　)。

A. 股票策略　　B. 指数策略

C. 债券策略　　D. 免疫策略

38. 以下说法不正确的是(　　)。

A. 在计算收益率时，使用单利和复利对结果没有影响

B. 到期收益率的计算充分考虑了税收的因素

C. 内部收益率和到期收益率是同一个概念

D. 使用现实复利收益率比较容易得出市场普遍认可的结论

39. 下列说法中正确的是(　　)。

A. 在利率水平变化时,长期债券价格的变化幅度小于短期债券的变化幅度

B. 在利率水平变化时,长期债券价格的变化幅度大于短期债券的变化幅度

C. 运营收入变化越大,经营风险就越大

D. 期限较短的债券和息票率较高的再投资风险相对较大

40. 以下对于久期的描述不正确的是(　　)。

A. 假设其他因素不变,久期越小,债券的价格波动性就越大

B. 对于零息债券而言,麦考莱久期与到期期限不同

C. 附息债券的麦考莱久期和修正的麦考莱久期小于其到期期限

D. 对于普通债券而言,当其他因素不变时,票面利率越低,麦考莱久期及修正的麦考莱久期就越大

41. 最早提出免疫策略是在(　　)。

A. 1950 年　　　　B. 1951 年

C. 1952 年　　　　D. 1953 年

42. 以下关于凸性的描述不正确的是(　　)。

A. 没有内含选择权的债券不适合采用凸性计算公式

B. 凸性对投资者总是有利的

C. 其他条件不变时,较小的凸性更有利于投资者

D. 凸性可以描述大多数债券价格与收益率的关系

43. 以下关于债券风险说法正确的是(　　)。

A. 在利率走低时,再投资收益率就会降低,再投资的风险加大

B. 内部经营风险通过公司的运营效率得到体现

C. 未预期的通货膨胀使债券投资的收益率产生波动,在通货膨胀加速的情况下,将使债券投资者的实际收益率降低

D. 由于市场利率是用以计算债券现值折现率的一个组成部分,所有

证券价格趋于与利率水平变化正向运动

44. 指数是局限性不包括(　　)。

A. 指数的业绩并不一定代表投资者的目标业绩

B. 与指数相配比也并不意味着资管理人能够满足投资人的收益率需求目标

C. 指数构造过程中跟踪误差往往比较大

D. 指数化策略不可以保证投资组合业绩与某种债券指数相同

45. 以下关于测算债券价格波动性的方法说法正确的是(　　)。

A. 基点价格值是指应计收益率每变化 1 个基点所引起的债券价格的绝对变动

B. 久期是测量债券价格相对于收益率变动的敏感性的指标

C. 在所有其他因素不变的情况下,到期期限越长,债券价格的波动性越大

D. 麦考莱久期表示的是每笔现金流量的期限按其现值占总现金流量的比重计算出的加权平均数

46. 关于预期理论说法正确的是(　　)。

A. 预期理论假定对未来短期利率的预期可能影响市场对未来利率的预期

B. 完全预期理论相信还存在可以系统影响远期利率的因素

C. 根据是否承认还存在可以系统影响远期利率的因素,可以将预期理论划分为完全预期理论与有偏预期理论

D. 有偏预期理论认为市场是由短期投资者所控制的,一般来说远期利率超过未来短期利率的预期

47. 以下关于债券风格的说法不正确的是(　　)。

A. 所有证券价格趋于与市场利率水平变化正向运动

B. 内部经营风险通过公司的运营效率得到体现

C. 在利率走低时,再投资收益率就会降低,再投资的风险加大

D. 在通货膨胀加速的情况下,债券风险使债券投资者的实际收益率降低

48. 关于积极债券组合管理说法正确的是(　　)。

A. 水平分析是一种基于对未来利率预期的债券组合管理策略

B. 久期是衡量利率变动敏感性的重要指标

C. 对于以债券指数作为评价基准的资产管理人来说,预期利率上升时,将增加投资组合的持续期

D. 一般而言,只有在存在较高的收益级差和较短的过渡期时,债券投资者才会进行互换操作

三、判断题(判断以下各小题的对错,正确的打"√",错误的打"×")

1. 债券到期收益率即是内部收益率。(　　)

2. 在对单一债券的衡量上,债券到期收益率是被普遍采用的计算方法。(　　)

3. 到期收益率的计算要考虑税收的因素。(　　)

4. 现实复利收益率和期限收益率不是同一个概念。(　　)

5. 与加权平均投资组合收益率相比,投资组合内部收益率具有一定优势。(　　)

6. 基础利率是投资者所要求的最低利率。(　　)

7. 工业公司、公用事业公司、金融机构、外国公司等不同的发行人发行的债券与基础利率之间存在一定的利差,这种利差有时也称为行业板块内利差。(　　)

8. 国债利息一般不需要支付资本利得税。(　　)

9. 一般来说,债券的流动性越大,投资者要求的收益率越高。(　　)

10. 到期期限对债券收益率也将产生显著的影响,投资者一般会对长期债券要求更高的收益率。(　　)

11. 一般使用无风险的国债收益率作为基础利率的代表,并应针对不同期限的债券选择相应的基础利率债券。(　　)

12. 预期理论假定对未来长期利率的预期可能影响市场对未来利率的预期,即远期利率。(　　)

13. 有偏理论相信存在可以系统的影响远期利率的因素,如市场流动性因素等。 ( )

14. 提前赎回等其他条款不影响债券的投资收益率。 ( )

15. 流动性偏好理论认为市场是为长期投资者所控制的。 ( )

16. 在大多数情况下,流动溢价的存在使收益率曲线向右上方倾斜。 ( )

17. 风险补偿将引导投资者改变他们原有的对期限的喜好,而收益率曲线的上倾、下降甚至上凸都是有可能的。 ( )

18. 有偏理论认为风险补贴必定随着期限的增长而增加。 ( )

19. 预期理论暗含着这样一个假定:不同期限的债券是可以互相替代的。 ( )

20. 市场分割理论认为,长、短、中期的债券被分割在不同的市场上,但具有相同的市场均衡状态。 ( )

21. 指数构造中所包含的债券数量越多,由交易费用所产生的跟踪误差就越大。 ( )

22. 利率风险是投资者面临的主要风险。 ( )

23. 在利率水平变化时,长期债券价格的变化幅度小于短期债券价格的变化幅度。 ( )

24. 一般而言,期限较长的债券和息票率较高的债券的投资风险相对较小。 ( )

25. 可以根据某种债券的买卖差价来判断其流动性的大小。 ( )

26. 在一个交易活跃的市场中,债券交易的买卖价差通常很小,一般只有几个基点。 ( )

27. 指数化投资策略属于积极型债券投资策略之一。 ( )

28. 债券投资的名义收益率包括实际回报率和持有期内的通货膨胀率。 ( )

29. 久期是测量债券价格相对于利率的敏感性指标。 ( )

30. 附息债券的麦考莱久期和修正的麦考莱久期大于其到期期限。 ( )

31. 对于零息债券而言,麦考莱久期与到期期限相同。 ( )

32. 对于普通债券而言，当其他因素不变时，票面利率越低，麦考莱久期和修正的麦考莱久期就越小。（　）

33. 假设其他因素不变，久期越大，债券的价格波动性就越大。（　）

34. 在利率水平变化时、长期债券价格的变化幅度小于短期债券的变化幅度。（　）

35. 凸性对投资者是有利的，在其他情况下相同时，投资者应当选择凸性更大的债券进行投资。（　）

36. 当预期利率波动较大时，较低的凸性有利于投资者提高债券投资收益。（　）

37. 在进行积极债券组合管理的主要目的是通过债券互换提高组合的收益率。（　）

38. 收益级差越大，过渡期越短，投资者从债券互换中获得收益率就越低。（　）

39. 市场间利差是不同市场之间债券的互换。（　）

40. 与替代互换相比，市场间利差互换的风险要小一些。（　）

41. 市场间利差互换可能在国债和企业债之间进行。（　）

42. 两极策略将组合中债券的到期期限集中于两极。（　）

43. 子弹组合是否能够优于两极组合取决于收益曲线的凸性。（　）

44. 税差激发互换的目的就在于通过证券互换来减少年度的应付税款。（　）

45. 当收益率曲线很陡时，子弹组合的业绩才会经常优于两极组合。（　）

46. 积极的债券组合管理者通常把市场价格看做均衡交易价格。（　）

47. 指数策略和免疫策略都假定市场价格是公平的均衡交易价格。（　）

48. 指数化投资策略以市场充分有效的假设为基础，属于积极型债券投资策略之一。（　）

49. 假设其他因素不变，久期越大，债券的价格波动性就越小。（　）

50. 分层抽样法适用于证券数目较小的情况。（　）

51. 零息债券的规避风险为零,是债券组合的理想产品。（ ）

52. 跟踪误差是衡量资产管理人管理绩效的指标。（ ）

53. 凸性对投资者来说并不总是有利的。（ ）

54. 一般来说,指数构造中所包含的债券数量越少,由交易费用所产生的跟踪误差就越小,由于投资组合与指数之间的不匹配所造成的跟踪误差就越小。（ ）

55. 当投资者认为市场效率较低,而自身对未来现金流没有特殊需求时,可采取免疫和现金流匹配策略。（ ）

56. 规避风险是指在市场收益率平行变动时,组合所蕴含的再投资风险。（ ）

57. 零息债券的规避风险为零,是债券组合的理想产品。（ ）

58. 规避是一种常用的投资方法,投资者首先要确定准确的规避收益。（ ）

59. 加权平均投资组合收益率是对投资组合中所有债券的收益率按所占比重作为权重进行加权平均后得到的收益率,是计算投资组合收益率最通用的方法,但其缺陷也很明显。（ ）

60. 实施积极的投资策略的关键在于对市场利率水平的预测能力。（ ）

参考答案

一、单项选择题

1. B	2. A	3. C	4. A	5. A
6. C	7. C	8. B	9. A	10. B
11. D	12. A	13. A	14. C	15. D
16. C	17. B	18. B	19. D	20. D
21. A	22. B	23. D	24. D	25. B
26. B	27. D	28. B	29. B	30. A
31. C	32. B	33. C	34. B	35. C

36. A	37. A	38. B	39. C	40. D
41. A	42. A	43. C	44. C	45. C
46. B	47. A	48. B	49. C	50. C

二、不定项选择题

1. ABD	2. ABC	3. BC	4. BD	5. ABC
6. ABCD	7. BCD	8. BC	9. ABD	10. AC
11. AB	12. ABC	13. ABCD	14. ABCD	15. ACD
16. ABD	17. BCD	18. ABCD	19. AC	20. BD
21. BC	22. BCD	23. ABC	24. ABC	25. BCD
26. AD	27. ABCD	28. ABC	29. AC	30. ABC
31. CD	32. ABC	33. ACD	34. BCD	35. D
36. BC	37. BD	38. ABD	39. BC	40. AB
41. C	42. AC	43. ABC	44. CD	45. ABCD
46. ACD	47. A	48. ABD		

三、判断题

1. √	2. √	3. ×	4. ×	5. √
6. √	7. ×	8. ×	9. ×	10. √
11. √	12. ×	13. √	14. ×	15. ×
16. √	17. √	18. ×	19. √	20. ×
21. √	22. √	23. ×	24. ×	25. √
26. √	27. ×	28. √	29. ×	30. ×
31. √	32. ×	33. √	34. ×	35. √
36. ×	37. √	38. ×	39. √	40. ×
41. √	42. √	43. ×	44. √	45. √
46. ×	47. √	48. ×	49. ×	50. √
51. √	52. √	53. ×	54. ×	55. ×
56. ×	57. √	58. √	59. √	60. √

考前冲刺同步预测试卷(十五)

一、单项选择题(以下各小题所给出的4个选项中,只有1项最符合题目要求,请将正确选项的代码填入括号内)

1. 使用现金比例变化法,首先需要确定基金的(　　)。

A. 现金比例　　B. 正常现金比例

C. 特殊现金比例　　D. 投资比例

2. 以下不属于基金评价业务的原则的是(　　)。

A. 长期性原则　　B. 公正性原则

C. 公平性原则　　D. 公开性原则

3. (　　)的计算不考虑分红再投资时间价值的影响。

A. 简单(净值)收益率　　B. 时间加权收益率

C. 算术平均收益率　　D. 几何平均收益率

4. 着重对管理公司本身素质的衡量属于(　　)。

A. 基金衡量　　B. 绝对衡量

C. 公司衡量　　D. 微观衡量

5. (　　)的假设前提是红利以除息前一日的单位净值减去每份基金分红后的份额净值立即进行了再投资。

A. 简单(净值)收益率　　B. 时间加权收益率

C. 算术平均收益率　　D. 几何平均收益率

6. (　　)可以准确的衡量基金表现的实际收益情况,因此,常用于对基金过去收益率的衡量。

A. 简单(净值)收益率　　B. 时间加权收益率

C. 算术平均收益率　　D. 几何平均收益率

7. (　　)一般可以用作对平均收益率的无偏估计,因此它更多地被用来对将来收益率的估计。

A. 简单(净值)收益率　　B. 时间加权收益率

C. 算术平均收益率　　D. 几何平均收益率

8. 现代投资理论的研究表明,(　　)在决定组合的表现上具有基础性的作用。

A. 投资结构　　B. 收益大小

C. 风险大小　　D. 基金经理人能力

. 特雷诺指数实际上是无风险的收益率与基金组合连线的(　　)。

A. 凸性　　B. 高度

C. 比例　　D. 斜率

10. 当一项资产只是资产组合中的一部分时,(　　)可以作为衡量基金绩效表现的恰当指标加以应用。

A. 特雷诺指数　　B. 夏普指数

C. 詹森指数　　D. 道氏指数

11. 当某基金就是投资者的全部投资时,可以用(　　)作为绩效衡量的事宜指标。

A. 特雷诺指数　　B. 夏普指数

C. 詹森指数　　D. 道氏指数

12. (　　)要求用样本期内所有变量的样本数据进行回归计算。

A. 特雷诺指数　　B. 夏普指数

C. 詹森指数　　D. 道氏指数

13. 基金收益率与基准组合收益率之间的差异收益率的(　　),通常被称为跟踪误差。

A. 标准差　　B. 方差

C. 协方差　　D. 斜率

14. 基金绩效衡量是对基金经理(　　)的衡量。

A. 投资能力　　B. 管理能力

C. 风险偏好　　D. 稳健性

15. (　　)是根据对市场走势的预测而正确改变现金比例的百分比来对基金择时能力进行衡量的方法。

A. 成功概率法　　B. 现金比例变化法

C. 二次项法　　　　　　　　D. 双贝塔法

16. 对个别基金绩效的衡量属于(　　)。

A. 绝对衡量　　　　　　　　B. 内部衡量

C. 微观衡量　　　　　　　　D. 实务衡量

17. 夏普比率和特雷诺比率两种衡量方法评价结果的不同是由(　　)的不同引起的。

A. 投资水平　　　　　　　　B. 收益率

C. 分散水平　　　　　　　　D. 风险水平

18. 择时能力是基金经理对(　　)的预测能力。

A. 市场风险　　　　　　　　B. 市场整体走势

C. 个别证券走势　　　　　　D. 市场收益

19. 正确的计算择时能力的公式是(　　)。

A. 择时损益=股票实际配置比例-正常配置比例+(现金实际配置比例-正常配置比例)×现金收益率

B. 择时损益=股票实际配置比例×股票指数收益率+(现金实际配置比例-正常配置比例)×现金收益率

C. 择时损益=(股票实际配置比例-正常配置比例)×股票指数收益率+现金实际配置比例-正常配置比例

D. 择时损益=(股票实际配置比例-正常配置比例)×股票指数收益率+(现金实际配置比例-正常配置比例)×现金收益率

20. (　　)由于考虑到了分红再投资,能更准确地对基金的真实投资表现作出衡量。

A. 简单(净值)收益率　　　　B. 时间加权收益率

C. 算术平均收益率　　　　　D. 几何平均收益率

21. 成功概率法是根据对市场走势的预测而正确改变(　　)对基金择时能力进行衡量的方法。

A. 现金比例的百分比　　　　B. 各种证券持有量

C. 预期收益率　　　　　　　D. 组合风险

22. (　　)以标准差作为基金风险的度量,给出了基金份额标准差的超额收益率。

A. 特雷诺指数　　B. 道氏指数

C. 夏普指数　　D. 詹森指数

23. 对表现好坏的基金衡量会涉及(　　)的选择问题。

A. 风险水平　　B. 比较基准

C. 操作策略　　D. 业绩计算时期

24. 具有择时能力的基金经理能够在(　　)。

A. 市场高涨时提高基金组合的β值,市场低迷时也提高基金组合的β值

B. 市场高涨时降低基金组合的β值,市场低迷时提高基金组合的β值

C. 市场高涨时降低基金组合的β值,市场低迷时降低基金组合的β值

D. 市场高涨时提高基金组合的β值,市场低迷时降低基金组合的β值

25. 信息比率以(　　)的均异模型为基础,可以用以衡量基金的均异特性。

A. 特雷诺　　B. 詹森

C. 马柯威茨　　D. 夏普

26. 用公式 R=(1+R1)(1+R2)...(1+Rn)-1 计算的收益率为(　　)。

A. 几何平均收益率　　B. 时间加权收益率

C. 简单净值收益率　　D. 算术平均收益率

27. 绩效衡量的一个隐含假设是(　　)。

A. 组合收益是可测的

B. 基金本身的情况是不稳定的

C. 基金本身的情况是稳定的

D. 组合风险是可测的

28. (　　)指的是基金经理所获得的超额回报的大小。

A. 广度　　B. 深度

C. 高度　　D. 长度

29.（　　）要求用样本期内所有变量的样本数据进行回归计算。

A. 詹森指数　　B. 夏普指数

C. 标准普尔指数　　D. 特雷诺指数

30. 对基金绩效做出有效的衡量，不需要考虑（　　）。

A. 基金的风险水平　　B. 比较基准

C. 基金的投资目标　　D. 基金经理的能力

二、不定项选择题（以下各小题所给出的4个选项中，至少有1项以上符合题目要求，请将符合题目要求选项的代码填入括号内）

1. 狭义的基金评价涉及（　　）方面。

A. 业绩衡量　　B. 业绩评价

C. 业绩比较　　D. 业绩归因

2. 以公开形式发布基金评价结果的机构在从事基金评价业务的过程中应当遵循以下（　　）原则。

A. 长期性原则　　B. 一致性原则

C. 全面性原则　　D. 客观性原则

3. 经典绩效衡量方法存在的问题有（　　）。

A. CAPM 模型的有效性问题

B. SML 误定可能引致的绩效衡量误差

C. 基金组合的风险水平并非一成不变

D. 以单一市场组合为基准的衡量指标会使绩效评价有失偏颇

4. 以下说法正确的是（　　）。

A. 简单(净值)收益率没有考虑分红的时间价值

B. 时间加权收益率没有考虑分红再投资

C. 时间加权收益率已经成为衡量基金收益率的标准方法

D. 在多期收益率的衡量比较上，常常会用到平均收益率指标

5. 平均收益率的计算有两种方法，包括（　　）。

A. 几何平均收益率　　B. 时间加权收益率

C. 简单净值收益率　　D. 算术平均收益率

6. 影响基金组合稳定性的因素有(　　)。

A. 基金操作策略的改变　　B. 基金经理的更换

C. 证券市场状况的变换　　D. 资产配置比例的重新设置

7. 以下关于几何收益率和算术收益率的说法不正确的是(　　)。

A. 几何平均收益率常用于对基金将来的衡量

B. 算术平均收益率更多地被用于对过去收益率的估计

C. 1年以上的长期收益率往往需要被转换为便于比较的年平均收益率

D. 对一年以下的收益率一般不进行年平均收益率的计算

8. 基金绩效收益率衡量的主要方法有(　　)。

A. 个体分析法　　B. 整体分析法

C. 分组比较法　　D. 基准比较法

9. 分组比较就是根据(　　)的不同,将具有可比性的相似的基金放在一起进行业绩比较。

A. 资产结构　　B. 资产配置

C. 风格　　D. 投资区域

10. 分组比较法存在的问题有(　　)。

A. 多分组含义模糊,因此有时投资者并不清楚在与什么比较

B. 分组比较隐含地假设了同组基金具有相同的风险水平

C. 在如何分组上,要做到"公平"分组很困难,从而也就使比较的有效性受到质疑

D. 公开的市场指数并不包含交易成本,而基金在投资中必定会有交易成本,常引起比较上的不公平

11. 一个良好的基准组合应具有的特征包括(　　)。

A. 具有明确的组成成分　　B. 可实际投资的

C. 可衡量的　　D. 可以预先确定的

12. 三大经典风险调整收益衡量方法是(　　)。

A. 特雷诺指数法　　B. 道氏指数法

C. 夏普指数法　　D. 詹森指数法

13. 择时能力的衡量方法有(　　)。

A. 贝塔值法　　　　　　　　B. 现金比例变化法

C. 二次项法　　　　　　　　D. 成功概率法

14. 以下关于特雷诺指数法的说法正确的是(　　)。

A. 特雷诺指数实际上是无风险收益率与基金组合连线的斜率

B. 特雷诺指数越小,基金的绩效表现越好

C. 特雷诺指数用的是系统风险而不是全部风险

D. 特雷诺指数的问题是无法衡量基金经理的风险分散程度

15. 基金绩效衡量需要考虑的因素包括(　　)。

A. 时期选择　　　　　　　　B. 风险水平

C. 比较基准　　　　　　　　D. 基金组合的稳定性

16. 基准比较法在实际应用中存在的问题有(　　)。

A. 基准指数的风格可能由于其中股票性质的变化而发生变化

B. 要从市场上已有的指数中选出一个与基金投资风格完全对应的指数非常困难

C. 基金经理常有与基准组合比赛的念头

D. 投资者更关心的是基金是否达到了其投资目的,如果仅关注基金在同组的相对比较,将会偏离绩效评价的根本目的

17. 以下关于夏普指数的说法正确的是(　　)。

A. 夏普指数以方差作为基金风险的度量

B. 夏普指标就是基金组合与无风险收益率连线的斜率

C. 夏普指数越大,绩效越好

D. 夏普指数调整的是全部风险

18. 关于风险调整衡量方法的区别与联系的说法正确的是(　　)。

A. 夏普指数与特雷诺指数衡量的都是单位风险的收益率,二者对风险的计量相同

B. 夏普指数与特雷诺指数在对基金绩效的排序结论上有可能不一致

C. 特雷诺指数与詹森指数只对绩效的深度加以了考虑,而夏普指数则同时考虑了绩效的深度与广度

D. 詹森指数要求用样本期内所有变量的样本数据进行回归计算

19. (　　)给出的是单位风险的超额收益率,因而是一种比率衡量

指标。

A. 特雷诺指数法　　　　B. 道氏指数法

C. 夏普指数法　　　　D. 詹森指数法

20. 基金绩效衡量的困难性在于(　　)。

A. 基金绩效表现的多面性

B. 基金之间绩效的不可比性

C. 比较基准的选择

D. 投资表现实质上反映了投资技巧与运气的综合影响

三、判断题(判断以下各小题的对错,正确的打“√”,错误的打“×”)

1. 基金在不同资产类别上的实际配置比例对正常比例的偏离,代表了基金经理在资产配置方面所进行的积极选择。(　　)

2. 夏普指数对基金绩效进行衡量时,存在一个隐含假设,即基金组合的β值是稳定不变的。(　　)

3. 使用现金比例法首先需要确定基金的正常现金比例。(　　)

4. 选股能力是指基金经理对个股的预测能力。(　　)

5. 信息比率越大,说明基金经理单位跟踪误差所获得超额收益越高。(　　)

6. 信息比率较大的基金其表现要劣于信息比率较低的基金。(　　)

7. 当 $Tp>0$ 时,说明基金经理在资产配置上具有良好的选择能力。(　　)

8. 基金组合的绩效可以从深度和广度两个方面进行。(　　)

9. 那些分散程度不高的组合,其夏普指数会较高。(　　)

10. 现金比例变化法是根据对市场走势的预测而正确改变现金比例的百分比来对基金择时能力进行衡量的方法。(　　)

11. 夏普指数要求用样本期内所有变量的样本数据进行回归计算。(　　)

12. 实务衡量的优点是直观易行。(　　)

13. 特雷诺指数与詹森指数只考虑了绩效的深度。（　）

14. 夏普指数与特雷诺指数在对基金绩效的排序结论上一致。（　）

15. 夏普指数与詹森指数是一种比率衡量指标。（　）

16. 具有择时能力的基金经理在牛市时降低现金头寸或提高基金组合的β值。（　）

17. 詹森指数给出的是差异收益率。（　）

18. 特雷诺指数考虑的是全部风险。（　）

19. 夏普指数调整的是全部风险。（　）

20. 简单收益率由于没有考虑分红的时间价值,因此只是一种近似计算;时间加权收益率由于考虑到了分红再投资,能更准确地对基金的真实投资表现做出衡量。（　）

21. 当某基金就是投资者的全部投资时,可以用詹森指数作为绩效衡量的适宜指标。（　）

22. 由于市场原因而引起的业绩的相对变动将不利于对基金经理投资技巧高低的区分。（　）

23. 一般的,算术平均收益率要大于几何平均收益率,每期的收益率差距越大,两种平均方法的差距越大。（　）

24. 基准组合可以是全市场指数、风格指数,也可以是由不同指数复合而成的复合指数。（　）

25. 时间加权收益率没有考虑分红的时间价值。（　）

26. 宏观衡量主要是考察整个宏观经济对基金业绩的影响。（　）

27. 基金的投资目标不同、其投资范围、操作策略及所受的投资约束也就不同。（　）

28. 基金绩效衡量的目的是把有潜力的基金鉴别出来。（　）

29. 基金评价的基础在于假设基金经理比普通投资大众具有信息优势。（　）

30. 可以根据特雷诺指数对基金的绩效加以排序。特雷诺指数越大,基金的绩效表现越差。（　）

参考答案

一、单项选择题

1. B	2. C	3. A	4. C	5. B
6. D	7. C	8. C	9. D	10. A
11. B	12. C	13. A	14. A	15. A
16. C	17. C	18. B	19. D	20. B
21. A	22. C	23. B	24. D	25. C
26. B	27. C	28. B	29. A	30. D

二、不定项选择题

1. ABD	2. ABCD	3. ABCD	4. ACD	5. AD
6. ABD	7. AB	8. CD	9. BCD	10. ABC
11. ABCD	12. ACD	13. BCD	14. ACD	15. ABCD
16. ABC	17. BCD	18. BCD	19. AC	20. ABCD

三、判断题

1. √	2. ×	3. √	4. √	5. √
6. ×	7. √	8. √	9. ×	10. ×
11. ×	12. √	13. √	14. ×	15. ×
16. √	17. √	18. ×	19. √	20. √
21. ×	22. √	23. √	24. √	25. ×
26. ×	27. √	28. ×	29. √	30. ×

2011年证券从业资格考试《证券投资基金》真题

一、单项选择题(本大题共60小题,每小题0.5分,共30分。以下各小题所给出的4个选项中,只有1项最符合题目要求)

1.基金年度报告的编制者和披露义务人是(　　)。

A.基金份额持有人　　B.基金托管人

C.基金管理人　　D.基金托管人和基金管理人

2.在基金整个运作过程中,起核心作用的是(　　)。

A.基金份额持有人　　B.基金管理人

C.基金托管人　　D.基金管理人和基金托管人

3.(　　)是基金托管人全面行使职责的主要阶段。

A.签署基金合同阶段　　B.基金募集阶段

C.基金运作阶段　　D.基金终止阶段

4.直销是指基金管理公司将基金直接销售给公众,其不通过(　　)实现。

A.广告宣传　　B.电话营销

C.直销人员上门服务　　D.公司网站

5.一般认为,世界上第一只公司型开放式基金是(　　)。

A.海外及殖民地政府信托基金

B.马萨诸塞投资信托基金

C.马萨诸塞政府信托基金

D.美国波士顿投资信托基金

6.2004年年底,我国发行的首只交易型开放式基金是(　　)。

A.上证红利ETF　　B.上证180ETF

C.上证50ETF　　D.上证200ETF

7.资产配置是指根据投资需求将投资资金在不同资产类别之间进行分配,配置的原则是(　　)。

A.回归均衡原则　　B.全面性原则

C. 公正性原则　　D. 客观性原则

8. 下列关于债券组合管理免疫策略的表述，正确的是(　　)。

A. 其目标是使债券投资组合达到与某个特定指数相同的收益

B. 目的是使所管理的资产组合免于市场利率波动的风险

C. 目的是使所管理的资产组合尽量接近于某个债券市场指数的表现

D. 获得超额投资收益

9. 下列关于行为金融理论应用的表述，错误的是(　　)。

A. 所有人包括专家在内都会受制于心理偏差的影响，因此机构投资者包括基金经理也可能变得非理性

B. 所有人包括专家在内都会受制于心理偏差的影响，因此机构投资者包括基金经理也可能变得理性

C. 投资者可以在大多数投资者意识到错误之前采取行动而获利

D. 行为金融理论的一个研究重点在于确定在怎样的条件下，投资者会对新信息反应过度或不足

10. 保本基金的安全垫等于(　　)。

A. 价值底线超过投资组合现时净值的数额

B. 投资组合现时净值超过价值底线的数额

C. 投资组合中风险资产与保本资产的比例

D. 投资组合中风险资产与保本资产的比例

11. 目前，我国对投资者买卖基金份额的(　　)征收印花税。

A. 按照1‰的税率　　B. 按照2‰的税率

C. 按照3‰的税率　　D. 暂免

12. ETF 的建仓期不超过(　　)。

A. 1 个月　　B. 2 个月

C. 3 个月　　D. 4 个月

13. 假设上证 A 股指数上周上涨了 10%，本周下跌了 10%，则(　　)。

A. 两周累计上涨 1%　　B. 两周累计下跌 1%

C. 两周累计收益为 0　　D. 两周累计收益率无法计算

14. 基金招募说明书的内容不包括的内容是(　　)。

A. 风险警示内容

B. 基金份额发售方式

C. 基金合同摘要

D. 基金持有人结构及前 10 名基金持有人

15. 根据中国证监会对基金类别的分类标准,(　　)以上的基金资产投资于股票的为股票基金。

A. 50%　　B. 55%

C. 60%　　D. 70%

16. 下列关于詹森指数和特雷诺指数的说法,正确的是(　　)。

A. 只对绩效的深度加以了考虑

B. 同时考虑了绩效的深度和广度

C. 都是单位风险的收益率,但二者对风险的计量不同

D. 在对基金绩效的排序结论上有可能不一致

17. 下列关于基金管理公司股权处置的表述,错误的是(　　)。

A. 法规要求持有基金管理公司股权未满 1 年的股东,不得将所持股权出让

B. 出让基金管理公司股权未满 2 年的机构,中国证监会不受理其设立基金管理公司或受让基金管理公司股权的申请

C. 基金管理公司股东不得为其他机构代持基金管理公司的股权,不得委托其他机构代持基金管理公司的股权

D. 股东及其实际控制人不得以任何形式占用基金管理公司资产

18. 影响债券收益率的因素不包括(　　)。

A. 基础利率　　B. 票面利率

C. 风险溢价　　D. 到期期限

19. 下列对基金信息披露的完整性原则的表述,正确的是(　　)。

A. 要求将信息向市场上所有的投资者平等公开地披露

B. 要求用精确的语言披露信息

C. 要求披露所有可能影响投资者决策的信息

D. 要求披露的信息应当是以客观事实为基础

20. 下列关于基金信息披露的及时性原则的表述，正确的是（　　）。

A. 在重大事件发生之日起 1 日内披露临时报告

B. 在重大事件发生之日起 2 日内披露临时报告

C. 在重大事件发生之日起 3 日内披露临时报告

D. 在重大事件发生之日起 4 日内披露临时报告

21. 下列各项，不属于封闭式基金内容的是（　　）。

A. 基金份额在基金合同期限内固定不变

B. 一般有一个固定的存续期

C. 基金份额不固定

D. 是在证券市场的投资者之间进行转让

22. 套利定价模型（APT）与资本资产定价模型（CAPM）相比，其特点在于（　　）。

A. 投资者可以以相同的无风险利率进行无限制的借贷

B. 与 CAPM 一样，APT、假设投资者具有单一的投资期

C. 资本资产定价模型只能告诉投资者市场风险的大小，却无法告诉投资者市场风险来自何处，APT 明确指出了影响资产收益率的因素都有哪些

D. APT 建立在“一价原理”的基础上

23. 证券投资基金对我国证券市场的稳定和健康发展的作用，不包括（　　）。

A. 改善我国证券市场的投资者结构

B. 抑制市场过度投机

C. 倡导理性投资理念

D. 将储蓄转化为投资，提高社会资金使用效率

24. 为了保障广大投资者的利益，防止基金资产被挤占、挪用等情况发生，证券投资基金一般都要由（　　）来保管基金资产。

A. 基金管理人　　　　B. 基金份额持有人

C. 基金托管人　　　　D. 基金销售机构

25. 下列关于基金的说法中，正确的是（　　）。

A. 封闭式基金没有规模限制

B. 开放式基金规模固定

C. 封闭式基金的基金份额在证券交易所上市交易

D. 开放式基金的基金份额不能在证券交易所上市交易

26. 证券投资基金具有优化金融机构、促进经济增长的作用,这种作用是通过(　　)实现的。

A. 将储蓄资金转化为生产资金　　B. 直接向工商企业提供信贷资金

C. 提供就业机会　　D. 购买大量消费品

27. 在一国境内设立,经该国有关部门批准从事境外证券市场的股票、债券等有价证券投资的基金是指(　　)。

A. QDII 基金　　B. ETF 基金

C. ETF 联接基金　　D. LOF 基金

28. 如果某债券基金的久期为 4 年,市场利率由 5%上升到 6%,则该债券的净值约(　　)。

A. 增加 4%　　B. 减少 4%

C. 增加 24%　　D. 减少 24%

29. ETF 基金最大的特色是(　　)。

A. 指数型基金

B. 被动操作

C. 一级市场与二级市场并存的交易制度

D. 实物申购、赎回机制

30. 投资者提交基金认购申请后,一般可于(　　)日后到办理认购的网点查询认购申请的受理情况。

A. T　　B. T+1

C. T+2　　D. T+3

31. 某投资人投资 1 万元申购某基金,申购费率为 1.5%,假定申购当日基金份额净值为 1.0500 元,则其可得到的申购份额为(　　)。

A. 9280.95 份　　B. 9350.95 份

C. 9383.06 份　　D. 9480.95 份

32. 基金管理人应当自收到投资者的申购(认购)、赎回申请之日起(　　)个工作日内,对该申购(认购)、赎回申请的有效性进行确认。

A. 1　　B. 2

C. 3　　D. 5

33. 特定客户资产管理业务,又称"专户理财业务",其资产托管人由(　　)担任。

A. 商业银行　　B. 资产委托人

C. 中国证监会　　D. 基金管理公司

34. 基金监察稽核的目的是检查和评价公司(　　)制度的合规性。

A. 监事会　　B. 董事会

C. 独立董事　　D. 内部控制

35. 就债券研究而言,它主要侧重于(　　)。

A. 债券的久期判断　　B. 债券的走势形态判断

C. 债券的到期时间判断　　D. 债券的到期收益率判断

36. 资产管理人开展特定客户资产管理业务,可通过(　　)公开推介具体的特定客户资产管理业务方案。

A. 广播　　B. 电视

C. 报刊　　D. 基金管理公司网站

37. 以下不属于基金管理公司指定内部控制制度的原则的是(　　)。

A. 全面性原则　　B. 成本效益原则

C. 合法、合规性原则　　D. 审慎性原则

38. (　　)负责保管基金的重大合同、基金的开户资料、预留印鉴、实物证券的凭证等重要文件。

A. 督察长　　B. 基金经理

C. 基金托管人　　D. 基金管理人

39. 对所托管基金投资比例超标、资金头寸不足等问题,托管人的处理方式是(　　)。

A. 电话提示　　B. 书面报告

C. 定期报告　　D. 书面警示

40. 下列不属于基金市场营销特殊性的是（　　）。

A. 服务性　　B. 专业性

C. 一次性　　D. 持续性

41. 基金产品设计的起点在于（　　）。

A. 确定目标客户　　B. 确定基金风格

C. 选择适当的产品组合　　D. 考虑相关法律法规的约束

42.（　　）是指基金销售机构提供的，由基金投资人独自完成业务操作的应用系统。

A. 后台管理系统

B. 辅助式前台系统

C. 自助式前台系统

D. 信息管理平台应用系统的支持系统

43. 系统数据应逐日备份并异地妥善存放，系统运行数据中涉及基金投资人信息和交易记录的备份应当在不可修改的介质上保存（　　）年。

A. 5　　B. 10

C. 15　　D. 20

44. 首次发行未上市的股票，在估值技术难以可靠计量公允价值的情况下，按（　　）计量。

A. 成本　　B. 估算价

C. 评估价　　D. 预计市价

45. 关于基金交易费，以下说法不正确的是（　　）。

A. 交易佣金由证券公司按成交金额的一定比例向基金收取

B. 基金交易费是指基金在进行证券买卖交易时所发生的相关交易费用

C. 交易费中的印花税、过户费、经手费、证管费等由托管人按有关规定收取

D. 我国证券投资基金的交易费主要包括印花税、交易佣金、过户费、经手费、证管费

46. 一只基金在利润分配前的份额净值是1.23元，假设每份基金分配

0.05 元，进行利润分配后的基金份额净值将会下降到(　　)元。

A. 1.28　　B. 1.23

C. 1.18　　D. 1.16

47. 可能对基金持有人权益及基金份额的交易价格产生重大影响的事项不包括(　　)。

A. 延长基金合同期限

B. 基金份额持有人大会的召开

C. 基金管理人或基金托管人变更

D. 开放式基金发生巨额赎回且按期支付赎回款项

48. 当影子定价所确定的基金资产净值超过摊余成本法计算的基金资产净值(即产生正偏离)时，表明基金组合中存在(　　)。

A. 浮盈　　B. 先浮盈后浮亏

C. 浮亏　　D. 先浮亏后浮盈

49. 下列不属于基金监管所依据的部门规章的是(　　)。

A.《基金运作管理办法》　　B.《基金销售管理办法》

C.《基金管理公司管理办法》　　D.《基金管理公司治理准则》

50. 下列说法不正确的是(　　)。

A. 证券组合管理强调构成资合的证券应多元化

B. 证券间关联性极低的多元化证券组合可以有效地降低系统风险，使证券组合的投资风险趋向于市场平均水平

C. 承担风险越大，收益越高；承担风险越小，收益越低

D. 投资收益是对承担风险的补偿

51. 某投资者买入证券 A 每股价格为 14 元，一年后卖出价格为每股 16 元，期间获得每股税后红利 0.8 元，不计其他费用，投资收益率为(　　)。

A. 14%　　B. 17.5%

C. 20%　　D. 24%

52. 异常现象更多的时候出现在(　　)之中。

A. 弱势有效市场　　B. 半强势有效市场

C. 强势有效市场　　D. 有效市场

53. 能体现投资资产时间尺度和价格尺度之间关系的是资产的(　　)。

A. 风险性　　B. 收益性

C. 波动性　　D. 流动性

54. 下列关于投资组合保险策略，说法错误的是(　　)。

A. 支付曲线为凸型

B. 强趋势是其有利的市场环境

C. 对市场流动性有一定要求但要求不高

D. 在股票下降时卖出股票并在上升时买入股票

55. 要通过股票组合更好地分散非系统风险，应当(　　)。

A. 选择同一行业的股票　　B. 选择不同行业的股票

C. 选择相关性较差的股票　　D. 选择每股收益差别很大的股票

56. 某股票的 120 平均价格为 10 元，当日开盘价为 12.5 元，收盘价为 12.7 元，其 120 日乖离率是(　　)。

A. 5%　　B. 25%

C. 27%　　D. 30%

57. 加强指数法与积极型股票投资战略之间存在显著的差别，即(　　)。

A. 时机抉择不同　　B. 风险控制程度不同

C. 预期收益率不同　　D. 适用范围不同

58. 收益率曲线反映了债券市场的(　　)。

A. 债券到期结构　　B. 利率风险结构

C. 利率期限结构　　D. 利率信用结构

59. 基金评价是对基金经理(　　)的衡量。

A. 稳健性　　B. 风险态度

C. 投资能力　　D. 管理能力

60. (　　)是一种较为直观的、通过分析基金在不同市场环境下现金比例的变化情况来评价基金尽力择时能力的一种方法。

A. 现金变化法　　B. 比例变化法

C. 现金比例变化法　　D. 银行存款比例变化法

二、多项选择题（本大题共40小题，每小题1分，共40分。以下各小题所给出的4个选项中，至少有两项符合题目的要求）

1. 持有证券的上市公司行为中，证券投资基金需要进行会计核算的有（　　）。

A. 红股　　B. 红利

C. 资产出售　　D. 配股

2. 根据有关规定，一般来说，基金份额持有人的权利包括（　　）。

A. 剩余基金财产分配权　　B. 基金份额处置权

C. 日常投资决策权　　D. 基金投资收益权

3. 基金托管人应安全保管的基金财产包括（　　）。

A. 基金的清算备付金　　B. 基金持有的股票

C. 基金的应收债券利息　　D. 基金的银行存款

4. 基金合同当事人包括（　　）。

A. 基金份额持有人　　B. 基金托管人

C. 基金管理人　　D. 基金销售代理人

5. 基金托管人对基金管理人投资运作的监督，主要包括（　　）。

A. 基金投资品种监督　　B. 基金投资范围监督

C. 基金投资比例监督　　D. 基金投资策略监督

6. QDII基金不得有下列行为（　　）。

A. 购买贵重金属或代表贵重金属的凭证

B. 购买实物商品

C. 购买不动产和房地产抵押按揭

D. 借入临时用途现金比例超过基金资产净值的5%

7. 证券投资基金常见的营业推广手段有（　　）。

A. 广告促销　　B. 激励手段

C. 投资者交流　　D. 销售网点宣传

8. 资产配置的情景综合分析法可用于（　　）。

A. 分析宏观经济形势　　B. 分析上市公司运营情况

C. 确定投资者的风险承受能力　　D. 确定资产类别收益预期

9. 以下哪些属于基金公司的基本管理制度（　）。

A. 风险控制制度　　B. 投资管理制度

C. 基金会计制度　　D. 信息披露制度

10. 基金托管人对基金管理人的会计核算进行复核的内容包括（　　）。

A. 基金资产净值　　B. 基金头寸

C. 基金费用　　D. 基金账务

11. 目前，对基金信息披露进行管理的部门主要有（　　）。

A. 证券交易所　　B. 证券业协会

C. 中国证监会及其派出机构　　D. 中国人民银行

12. 用于分析 ETF 运作效率的指标主要有（　　）。

A. 折（溢）价率　　B. 周转率

C. 费用率　　D. 跟踪偏离度

13. 根据中国证监会 2007 年 3 月的最新统一规定，关于认购费用及份额计算，下列说法正确的是（　　）。

A. 认购份额＝认购金额/基金份额面值

B. 认购份额＝（净认购份额＋认购利息）/基金份额面值

C. 认购费用＝认购金额×认购费率

D. 认购费用＝净认购金额×认购费率

14. 基金募集信息披露包括（　　）。

A. 基金资产净值和份额净值公告　B. 基金合同

C. 基金季度报告　　D. 基金招募说明书

15. 对厌恶风险投资者来说（　　）。

A. 他的无差异曲线是一条水平直线

B. 他的无差异曲线是一条向右上凸的曲线

C. 他的无差异曲线是一条向右下凸的曲线

D. 他的无差异曲线之间互不相交

16. 股票投资策略中的市场异常策略，包括（　　）。

A. 小公司效应　　B. 低市盈率效应

C. 日历效应　　D. 遵循内部人的交易活动

17. 关于绩效贡献分析，下列说法正确的是(　　)。

A. 研究业绩贡献的目的就是把总的业绩分解为一个一个的组成部分，以考察基金经理在每一个部分的选择能力

B. 基金在不同资产类别上的实际配置比例对正常比例的偏离，代表了基金经理在资产配置方面所进行的消极选择

C. 不同类别资产实际权重与正常比例之差乘以相应资产类别的市场指数收益率之和，就可以作为资产配置选择能力的一个衡量指标

D. 基金在不同类别资产上的实际收益率与相应类别资产指数收益率的差乘以基金在相应资产的实际权重之和，就可以作为证券选择能力的一个衡量指标

18. 基金评价的基准比较法的关键在于设立适当的基准组合，这个基准组合可以是(　　)。

A. 行业指数　　B. 复合指数

C. 风格指数　　D. 全市场指数

19. 以下关于债券风险的说法，正确的有(　　)。

A. 内部经营风险通过公司的运营效率得到体现

B. 在利率走低时，再投资收益率就会降低，再投资的风险加大

C. 由于市场利率是用以计算债券现值折现率的一个组成部分，所以证券价格趋于与利率水平变化正向运动

D. 未预期的通货膨胀使债券投资的收益率产生波动，在通货膨胀加速的情况下，将使债券投资者的实际收益率降低

20. 基金本期已实现收益是指(　　)扣除相关费用后的余额。

A. 基金本期利息收入　　B. 投资收益

C. 公允价值变动收益　　D. 本期利润

21. 所谓“双低”股票指的是(　　)。

A. 低换手率　　B. 低乖离率

C. 低市盈率　　D. 低市净率

22. 关于股票投资组合管理基本策略，以下说法正确的有(　　)。

A. 在有效市场中，消极型管理是最佳选择

B. 积极型管理的目标是获取超出市场平均的收益水平

C. 如果股票市场是一个有效的市场，投资者不可能通过寻找错误定价的股票获取超出市场平均的收益水平

D. 如果股票市场是一个无效的市场，投资者不可能通过寻找错误定价的股票获取超出市场平均的收益水平

23. 进行资产配置时，构造最优投资组合的内容有（　　）。

A. 计算资产配置的风险

B. 计算组合的期望收益率

C. 确定不同资产投资之间的相关程度

D. 确定不同资产投资之间的投资收益率相关程度

24. 影响投资者风险承受能力和收益要求的因素通常包括（　　）。

A. 投资者的年龄　　B. 投资者的投资周期

C. 投资者的财富状况　　D. 投资者的风险偏好

25. 会计异常体现在（　　）。

A. 市盈率效应　　B. 市净率效应

C. 小公司效应　　D. 盈余意外效应

26. 关于最优证券组合，以下论述正确的有（　　）。

A. 最优证券组合恰恰是无差异曲线簇与有效边界的切点所表示的组合

B. 最优证券组合是在有效边界的基础上结合投资者个人的偏好得出的结果

C. 最优证券组合就是相对于其他有效组合，该组合所在的无差异曲线的位置最低

D. 投资者的偏好通过其无差异曲线来反映，无差异曲线位置越靠下，其满意程度越高

27. 证券投资分析的目的在于（　　）。

A. 发现那些价格偏离价值的证券

B. 明确影响证券价格波动的诸因素

C. 明确影响证券价格波动的诸因素的作用机制

D. 明确证券组合管理投资政策中确定的金融资产中的证券的价格形成机制

28. 下列关于股票、债券、基金风险收益的描述正确的有（　　）。

A. 股票的收益是不确定的

B. 普通股的收益要小于基金

C. 基金投资的风险大于债券

D. 证券投资基金的收益要高于债券

29. 我国目前已推出的基金品种包括（　　）。

A. QDII 基金　　B. ETF 联接基金

C. 社会责任基金　　D. 生命周期基金

30. 基金运作费用主要包括（　　）。

A. 托管费

B. 交易佣金

C. 基金管理费

D. 基于基金资产计提的营销服务费

31. ETF 的收益率与所跟踪指数的收益率之间往往会存在跟踪误差。产生跟踪误差的原因主要有（　　）。

A. 现金留存　　B. 基金费用

C. 基金分红　　D. 抽样复制

32. 开放式基金非交易过户主要包括（　　）。

A. 捐赠　　B. 继承

C. 出售　　D. 司法强制执行

33. 投资决策制定通常包括（　　）。

A. 投资决策委员会的责任　　B. 投资决策委员会的权限

C. 投资决策的依据　　D. 决策的方式和程序

34. 控制银行间债券市场信用风险的方式包括（　　）。

A. 交易方式的控制　　B. 交易时间的控制

C. 交易数量的控制　　D. 交易对手的资信控制

35. 基金销售业务流程控制中，基金销售机构需要制定《投资人权益须知》，其内容应当包括(　　)。

A. 投资风险提示

B. 基金销售机构联络方式

C. 投资人办理基金业务流程

D.《证券投资基金法》规定的基金份额持有人的权力

36. 基金财务会计报告分析可能达到的目的包括(　　)。

A. 保证未来的高收益、低风险

B. 评价基金过去的经营业绩及投资管理能力

C. 预测基金未来的发展趋势，为基金投资者的投资决策提供依据

D. 通过分析基金现时的资产配置及投资组合状况来了解基金的投资状况

37. 目前，我国(　　)买卖基金差价收入不征收营业税。

A. 银行　　B. 个人

C. 非金融机构　　D. 非银行金融机构

38. 目前，披露上市交易公告书的基金品种主要有(　　)。

A. ETF　　B. LOF

C. 封闭式基金　　D. 货币市场基金

39. 销售机构应在分发或公布基金宣传推介材料之日起5个工作日内向其主要办公场所所在地证监局报送材料，报送的材料包括(　　)。

A. 宣传推介材料

B. 托管银行出具的基金业绩复核函

C. 宣传推介材料的形式和用途说明

D. 基金管理公司督察长出具的合规意见书

40. 基金监管目标中，降低系统风险是指(　　)。

A. 通过风险规避等措施，以完全消除风险

B. 要求投资者将风险承担限制在能力范围之内，并且监控过度的风险行为

C. 要求基金管理机构满足资本充足率和一定的运营条件以及其他谨慎要求

D. 基金管理机构及其他相关机构出现财务危机时，监管者应当尽量减轻危机对整个市场造成的冲击

三、判断题（本大题共 60 小题，每小题 0.5 分，共 30 分。判断以下各小题的对错，正确的为 A，错误的为 B）

1. 证券组合管理就是力争将期望收益率最大的一组证券组合在一起，以实现投资组合的优化。（ ）

2. 在均值标准差平面上，资本市场线是一条从无风险利率出发，与有风险资产构成的有效前沿相切的切点相连而形成的直线。（ ）

3. 保本基金在募集说明书中明确规定了相关的担保条款，任何投资者的本金和收益都有保障。（ ）

4. 尽管基金托管人的核心工作之一是基金资金清算，但是没有基金管理人的划款指令，基金托管人不得办理基金名下资金清算。（ ）

5. 基金份额的转换按照转换申请日的基金份额净值为基础计算转换基金份额。（ ）

6. 在各个股票完全正相关的情况下，股票组合的标准差将小于各股票的标准差的加权平均值。（ ）

7. 资产的流动性是指资产以公平价格出售的难易程度，它体现了投资资产的时间尺度和价格尺度之间的关系。（ ）

8. 战略性资产配置是在战术性资产配置的基础上根据市场的短期变化，对具体的资产比例进行微调。（ ）

9. 基金市场营销是围绕基金公司的需要而展开的。（ ）

10. 从性质上看，可以将 ETF 联接基金看作是一种指数型的基金中的基金。（ ）

11. 在总收益不变的情况下，货币市场基金按日结转份额的 7 日年化收益率，低于按月结转份额的 7 日年化收益率。（ ）

12. 基金资产与公司资产应分别核算，但同一基金公司管理的不同基金的资产可合并核算。（ ）

13. 债券凸性对于投资者是不利的，在其他情况相同时，投资者应当选择凸性较小的债券进行投资。（ ）

14. 在二级市场上，LOF 的净值报价频率比 ETF 低。（ ）

15. 基金管理人、基金托管人和基金代销机构是基金信息披露的主要义务人。（ ）

16. 证券交易所是基金信息披露义务人。（ ）

17. 多个证券组合可行域的特点是，其左边界必然是向外凸的曲线或直线。（ ）

18. 基金绩效评价本质上是对基准组合收益水平的衡量。（ ）

19. 跟踪误差是衡量指数化投资管理绩效的指标。（ ）

20. ETF 基金当日发布的申购、赎回清单，当日不得修改。（ ）

21. 当收益率曲线有正的斜率，并且预计收益率曲线不变时，短期债券的收益率比长期债券的收益率高。（ ）

22. 投资人在投资股票基金时，须根据对基金净值高低合理与否的判断决定是否投资。（ ）

23. 按照市场分割理论，短期、中期与长期债券的市场利率水平完全由相应的资金供求关系决定。（ ）

24. 为保证基金会计核算和基金净值计算的准确性，基金管理人和托管人须配置相同的技术系统。（ ）

25. 在熊市中，基金经理应提高基金组合的β值。（ ）

26. 基金发生的基金运作费用如果影响基金份额净值小数点后第五位，则应采用待摊或预提的方法。（ ）

27. 中国证监会各地方证监局不负责对本辖区内异地基金管理公司的分支机构进行日常监管。（ ）

28. 动态资产配置策略对资产管理人预测资产收益变化的能力要求较高，而对其及时采取有效行动的能力则要求不高。（ ）

29. 基金管理公司的督察长由董事会提名，报中国证监会核准。（ ）

30. 对于不同的投资人来说，资产配置的动机不同，进而资产配置的结果也各不相同。（ ）

31. 市场有效意味着你可以随机挑选股票组成一个投资组合。（ ）

32. 开放式基金连续发生巨额赎回，已经接受的赎回申请可以延缓支付赎回款项，但不得超过正常支付时间 20 个工作日。（ ）

33. 在实际应用中，债券到期收益率并不能准确地反映债券的实际价值。（ ）

34. 基金管理公司的投资决策委员会是公司常设的最高投资决策机构。（ ）

35. 基金公司为了鼓励证券公司为其多销售基金，可以承诺在销售金额达到一定规模时，保证在该证券公司交易席位上的最低股票交易量。（ ）

36. 夏普指数以基金β值作为风险度量指标，因而是一种单位风险收益率。（ ）

37. 持续增长率和红利收益率是反映公司成长率的指标，通常持续增长率与红利收益率成负相关关系。（ ）

38. 基金管理公司办理开放式基金的登记业务，应向中国证监会提出申请并报送材料。（ ）

39. 一般用未分配利润的大小来衡量基金的经营成果。（ ）

40. 基金托管人对基金管理人的会计核算进行复核，不应按基金进行独立会计核算。（ ）

41. 基金分组比较法和基准比较法都是判断基金相对业绩表现的方法。（ ）

42. M_2 测度是指当将基金的风险水平调整到与基准指数相同的水平时，计算基金业绩与基准指数的差异。（ ）

43. 股票投资组合管理的加强指数法的重点是在复制组合的基础上加强风险控制，其目的在于积极寻求投资收益的最大化。（ ）

44. 由于交易是实现基金经理投资指令的最后环节，交易员必须对投资比例的合规性和投资价值中的合理性把好最后一道关。（ ）

45. 基金交易费用中的交易佣金由证券公司向基金收取。（ ）

46. 目前，我国对基金从上市公司分配取得的股息红利，由扣缴义务人代扣代缴50%的个人所得税。（ ）

47. 基金管理人对股票投资组合基本策略的选择，建立在对股票市场的有效性的认识上。（ ）

48. 基金特雷诺指数与投资分散程度有关。（ ）

49. 开放式基金份额的注册登记业务可以由基金管理人办理，也可以委托中国证监会认定的其他机构办理。（ ）

50. 证券公司根据法律法规规定的程序提出申请后，可以从事境内证券

投资基金管理业务。（ ）

51. 道氏理论的核心思想是市场价格指数可以解释和反映市场的大部分行为。（ ）

52. 投资基金适合中长线投资，也适合短线投资。（ ）

53. 在我国，承担基金份额注册登记工作的只有中国结算公司。（ ）

54. 开放式基金的基金管理人没有基金份额持有人随时要求赎回的压力。（ ）

55. 封闭式基金的价格受市场供求关系的影响，开放式基金的申购、赎回价格则取决于基金份额净值的大小。（ ）

56. 平衡型基金又被称为混合基金。（ ）

57. ETF 的申购、赎回是基金份额与现金的对价；而 LOF 与投资者交换的是基金份额与一揽子股票。（ ）

58. 股债平衡型基金股票与债券的配置比例会根据市场状况进行较大幅度调整，有时股票的比例较高，有时债券的比例较高。（ ）

59. ETF 的跟踪偏离度等于考察期内跟踪误差的方差。（ ）

60. 一般情况下，QDII 基金申购、赎回的币种为外国货币。（ ）

参考答案

一、单项选择题

1. C	2. B	3. C	4. B	5. B
6. C	7. A	8. B	9. B	10. B
11. D	12. C	13. B	14. D	15. C
16. A	17. B	18. B	19. C	20. B
21. C	22. C	23. D	24. C	25. C
26. A	27. A	28. B	29. D	30. C
31. C	32. C	33. A	34. D	35. A
36. D	37. B	38. C	39. D	40. C
41. A	42. C	43. C	44. A	45. C
46. C	47. D	48. A	49. D	50. B

51. C	52. B	53. D	54. C	55. C
56. C	57. B	58. C	59. C	60. C

二、多项选择题

1. ABD	2. ABCD	3. ABCD	4. ABC	5. BC
6. ABC	7. BCD	8. CD	9. ABCD	10. ABCD
11. AC	12. ABCD	13. BD	14. BD	15. CD
16. ABCD	17. ACD	18. BCD	19. ABD	20. AB
21. CD	22. ABC	23. ABCD	24. ABCD	25. ABD
26. AB	27. ABCD	28. ACD	29. ABCD	30. ACD
31. ABCD	32. ABD	33. ABCD	34. AD	35. ABCD
36. BCD	37. BC	38. ABC	39. ABCD	40. BCD

三、判断题

1. B	2. B	3. B	4. A	5. A
6. B	7. A	8. B	9. B	10. A
11. B	12. B	13. B	14. A	15. B
16. A	17. A	18. A	19. A	20. A
21. B	22. B	23. B	24. B	25. B
26. A	27. B	28. B	29. B	30. A
31. B	32. A	33. A	34. B	35. B
36. B	37. A	38. B	39. B	40. B
41. A	42. A	43. B	44. B	45. A
46. A	47. A	48. B	49. A	50. B
51. A	52. B	53. B	54. B	55. A
56. B	57. B	58. B	59. B	60. B

2010年证券从业资格考试《证券投资基金》真题

一、单项选择题(本大题共60小题,每小题0.5分,共30分。以下各小题所给出的4个选项中,只有1项最符合题目要求)

1. 开放式基金是通过投资者向(　　)申购或赎回实现流通的。

A. 基金托管人　　B. 基金受托人

C. 基金管理公司　　D. 证券交易市场

2. 证券投资基金诞生于(　　)。

A. 美国　　B. 英国

C. 德国　　D. 法国

3. 资源配置策略中的买入并持有策略对市场流动性的要求(　　)。

A. 较高　　B. 适中

C. 较低　　D. 极高

4. 时间加权收益率反映了(　　)在不取出的情况下的收益率,其计算将不受分红的影响。

A. 分红再投资　　B. 1元投资

C. 100元投资　　D. 基金份额净值投资

5. 在二级市场买卖ETF时,申报价格最小变动单位为(　　)。

A. 0.0001元　　B. 0.001元

C. 0.1元　　D. 0.01元

6. 基金招募说明书的内容不包括以下(　　)方面。

A. 风险警示内容

B. 基金份额发售方式

C. 基金合同摘要

D. 基金持有人结构及前十名基金持有人

7. 通常,基金管理公司内部制定和监督执行风险控制政策的机构是(　　)。

A. 投资决策委员会　　B. 风险控制委员会

C. 董事会　　D. 基金份额持有人大会

8. 马柯威茨均值方差模型所需要的基本输入变量不包括(　　)。

A. 证券的期望收益率　　B. 收益率的方差

C. 证券间的协方差　　D. 证券的贝塔值

9. 根据有关规定，基金管理人应当自收到核准文件之日起(　　)个月内进行开放式基金的募集。

A. 2　　B. 3

C. 1　　D. 6

10. (　　)是衡量一个基金经营好坏的主要指标，也是基金单位交易价格的计算依据。

A. 基金规模　　B. 基金收益率

C. 基金资产净值　　D. 基金赎回率

11. (　　)阶段是基金托管人全行使职责的阶段。

A. 签署基金合同　　B. 基金终止

C. 基金运作　　D. 基金募集

12. 积极型股票投资战略的重要标志之一是(　　)。

A. 相机抉择　　B. 指数化投资

C. 长期持有　　D. 投资高风险高收益的产品

13. 一般来说，资产配置的情景综合分析法的预测区间为(　　)。

A. 9～10 年　　B. 6～8 年

C. 3～5 年　　D. 1～2 年

14. 在契约型基金的运作关系中，处于核心地位的是(　　)。

A. 基金管理人　　B. 基金托管人

C. 基金监管机构　　D. 基金持有人

15. 我国基金管理公司全部为(　　)。

A. 有限责任公司　　B. 股份有限公司

C. 股份公司　　D. 合伙公司

16. 目前，我国开放式基金的最低认购金额一般为(　　)人民币。

A. 10000 元　　B. 5000 元

C. 1000 元　　D. 100 元

17. 下列基金类型中，实行实物申购、赎回机制的是(　　)。

A. ETF　　　　B. 货币基金

C. LOF　　　　D. 封闭式基金

18. 基金会计核算的责任主体是(　　)。

A. 基金持有人大会　　　　B. 基金监管部门

C. 基金持有人　　　　D. 基金管理公司

19. 消极债券组合的管理者通常把(　　)看作均衡交易价格。

A. 买方报价　　　　B. 卖方报价

C. 市场价格　　　　D. 债券面值

20. 已知基金的平均收益率、平均无风险利率和标准差,可以计算(　　)。

A. 特雷诺指数　　　　B. 詹森指数

C. M^2 测度　　　　D. 夏普指数

21. 关于货币市场基金的说法,正确的是(　　)。

A. 只适合长期投资

B. 只适合短期投资

C. 没有投资风险

D. 既适合短期投资,也适合长期投资

22. 下列基金类型中,投资风险最高的是(　　)。

A. 混合基金　　　　B. 股票基金

C. 货币市场基金　　　　D. 债券基金

23. (　　)是指执行基金管理人的投资指令,办理基金名义的资金来往的结算账户。

A. 资产保管　　　　B. 资金清算

C. 资产核算　　　　D. 资金交割

24. 不主动寻求取得超越市场的表现,而是试图复制某一市场表现的基金是(　　)。

A. 收入型基金　　　　B. 平衡型基金

C. 指数型基金　　　　D. 成长型基金

25. 基金上市交易公告书的编制主体是(　　)。

A. 基金管理人　　　　B. 基金托管人和基金管理人

C. 基金托管人　　D. 基金份额持有人

26. 乖离率(BIAS)是技术分析指标之一,它属于(　　)。

A. 摆动型指标　　B. 震荡型指标

C. 量能指标　　D. 超买超卖指标

27. 基金清算账册以及有关文件由(　　)来保存。

A. 基金托管人　　B. 基金发起人

C. 基金管理人　　D. 基金清算小组

28. 债券基金投资风格主要依据基金所持债券的(　　)来划分。

A. 凸度　　B. 收益

C. 久期与信用等级　　D. 发行人

29. 下列不属于基金市场营销特殊性的是(　　)。

A. 持续性　　B. 营利性

C. 专业性　　D. 服务性

30. (　　)对威廉·夏普的资本资产定价模型(CAPM)的可检验性提出了质疑,并提出了替代的套利定价模型。

A. 马柯威茨　　B. 詹森

C. 法玛　　D. 罗斯

31. (　　),证券投资基金在世界范围内得到普及性的发展。

A. 20 世纪 90 年代末　　B. 20 世纪 80 年代以后

C. 20 世纪 60 年代以后　　D. 20 世纪 40 年代以后

32. 基金管理人、基金托管人等有关信息披露义务人编制临时报告书,经(　　)核准后予以公告,同时报告中国证监会。

A. 基金上市的证券交易所　　B. 基金份额持有人大会

C. 中国人民银行　　D. 证券业协会

33. 合理的基金费用可以从(　　)中支付。

A. 管理人收益　　B. 托管人收益

C. 基金资产　　D. 投资人受益

34. 甲投资者投资 10000 元认购基金,假设管理人规定的认购费率为 1%,则其可得到的认购份额为(　　)份。

A. 9900　　B. 9901

C. 9900.99　　D. 10000

35. 证券投资基金市场营销的中心是(　　)。

A. 确定目标客户　　B. 扩大销量

C. 利润最大化　　D. 分割市场

36. 目前,我国货币型基金的认购费率一般为(　　)。

A. 1%～5%　　B. 1%以下

C. 5%以下　　D. 0

37. ETF基金份额折算比例以四舍五入的方法,保留小数点后(　　)。

A. 2位　　B. 5位

C. 7位　　D. 8位

38. 基金管理公司的独立董事人数不得少于(　　)。

A. 2人　　B. 3人

C. 5人　　D. 10人

39. 市场竞争越激烈,基金费率通常(　　)。

A. 越高　　B. 越低

C. 波动越大　　D. 无变化

40. 采用(　　)策略时,股价上升卖出股票,股价下跌买入股票。

A. 战略性资产配置　　B. 恒定混合策略

C. 战术性资产配置　　D. 投资组合保险策略

41. 根据有效市场假说,在(　　)内,证券价格可以及时的反映所有信息。

A. 半弱势有效市场　　B. 半强势有效市场

C. 强势有效市场　　D. 弱势有效市场

42. 指数化投资策略的目标是使债券投资组合达到与某个特定指数相同的收益,它以(　　)的假设为基础,属于消极型债券投资策略之一。

A. 强势市场　　B. 市场效应

C. 弱势市场　　D. 市场充分有效

43. 我国基金管理人对外披露的基金中期报告需要由(　　)复核。

A. 中国证监会　　B. 基金发起人

C. 证券交易所　　D. 基金托管人

44.（　　）是指应计收益率每变化 1 个基点时引起的债券价格的绝对变动额。

A. 价格变动收益率值　　B. 基点价格值

C. 麦考莱久期　　D. 修正久期

45. 确定资产类别收益预期的主要方法是（　　）。

A. 风险收益法　　B. 情景综合分析法

C. 界面法　　D. 成本收益法

46. 下列有关组合型消极投资策略的说法，正确的是（　　）。

A. 该策略重点是进行风险控制

B. 是一种以现实市场投资组合业绩为管理目标的投资组合

C. 可以扩展到基金型股票投资策略的实施过程中

D. 不试图用基本分析的方式来区分价值高估或低估的股票

47. 根据《证券投资基金法》规定，应当经参加大会的基金份额持有人所持表决权的 2/3 以上通过的事项不包括（　　）。

A. 转换基金运作方式

B. 调增基金管理费用

C. 更换基金管理人或者基金托管人

D. 提前终止基金合同

48. 用于衡量投资者持有债券的变现难易程度的风险是（　　）。

A. 利率风险　　B. 再投资风险

C. 流动性风险　　D. 赎回风险

49. 在证券投资基金信托关系中，（　　）是基金资产的监护人。

A. 基金管理人　　B. 基金托管人

C. 基金公司　　D. 基金董事会

50.（　　）反映了两个证券收益率之间的走向关系。

A. 证券投资组合的期望收益率　　B. 协方差

C. 证券各自的方差　　D. 证券各自的权重

51. 市盈率和市净率是基本分析的重要指标，某公司的股价为 20 元，每股净利润为 0.5 元，每股净资产为 5 元，其市盈率和市净率分别是（　　）。

A. 30　5　　B. 40　4

C. 10　2.5　　　　　　　　D. 15　10

52. (　　)是指基金托管人依据相关法律法规，对基金管理人的估值结果即基金份额净值，累计基金份额净值以及期初基金份额净值进行的核对。

A. 基金财务的复核　　　　B. 基金头寸的复核

C. 基金资产净值的复核　　D. 基金财务报表的复核

53. 投资时机的选择是证券组合管理基本步骤中(　　)阶段的主要工作。

A. 进行证券投资分析　　　B. 组建证券投资组合

C. 投资组合的修正　　　　D. 投资组合业绩评估

54. 我国证券投资基金托管费以(　　)为基础计提。

A. 基金资产总额　　　　　B. 基金资产净值

C. 基金发行规模　　　　　D. 固定金额

55. 下列关于资本市场线的说法，不正确的是(　　)。

A. 资本市场线反映的是有效资产组合的期望收益率与风险程度之间的关系

B. 资本市场线上的各点反映的是单项资产或任意资产组合的期望收益率与风险程度之间的关系

C. 资本市场线反映的是资产组合的期望收益率与其全部风险间的依赖关系

D. 资本市场线上的每一点都是一个有效资产组合

56. 投资者在股价上升时买入股票，股价下跌时卖出股票。其采用的是(　　)。

A. 战略性资产配置策略　　B. 恒定混合策略

C. 战术性资产配置策略　　D. 投资组合保险策略

57. 目前，我国对基金管理人从事基金管理活动取得的收入(　　)。

A. 征收营业税，不征收企业所得税

B. 不征收营业税，征收企业所得税

C. 征收营业税，征收企业所得税

D. 不征收营业税，不征收企业所得税

58. 下列有关道氏理论的说法，正确的是(　　)。

A. 证券市场价格波动由长期波动和短期波动两种趋势构成

B. 开盘价最重要

C. 交易量与价格没有关系

D. 证券市场价格波动由主要趋势、次要趋势和短暂趋势三种趋势构成

59. 下列属于基金首次募集披露的信息的是( )。

A. 基金份额上市交易公告书

B. 基金资产净值

C. 基金年度报告

D. 基金份额发售公告

60. 基金监管在内容上不涉及的一方面是( )。

A. 对基金份额持有人的监管

B. 对基金服务机构的监管

C. 对基金运作的监管

D. 对基金高级管理人员的监管

二、多项选择题(本大题共 40 小题,每小题 1 分,共 40 分。以下各小题所给出的 4 个选项中,至少有两项符合题目的要求)

1. 筹集的资金主要投向实业领域的直接投资工具有( )。

A. 股票　　B. 债券

C. 公司型基金　　D. 契约型基金

2. 基金份额持有人享有基金( )。

A. 资产所有权　　B. 资产管理权

C. 剩余资产分配权　　D. 资产保管权

3. 下列属于证券投资基金市场服务机构的是( )。

A. 基金销售机构　　B. 基金投资咨询公司

C. 证券交易所　　D. 基金评级公司

4. 影响封闭式基金交易价格的因素有( )。

A. 基金名称　　B. 利率变化

C. 基金资产净值　　D. 市场供求关系

5. 下列关于封闭式基金和开放式基金的说法，正确的是（　　）。

A. 前者一般有固定的存续期　　B. 后者一般没有固定的存续期

C. 前者投资人少　　D. 后者投资人多

6. 以下关于公司型基金的表述，正确的是（　　）。

A. 公司型基金在形式上类似于一般股份公司

B. 美国的绝大多数基金都是公司型基金

C. 目前在我国公司型基金已逐步完善

D. 在国际上也可以是上市基金

7. 下列属于成长型基金的主要投资对象是（　　）。

A. 有较大升值潜力的公司股票

B. 新兴行业股票

C. 大盘蓝筹股

D. 政府债券和公司债券

8. 证券投资基金对我国经济发展的积极作用有（　　）。

A. 为中小型投资者拓宽了投资渠道

B. 促进证券市场的稳定和健康发展

C. 促进了产业发展和经济增长

D. 促进了金融产品创新

9. 基金财产不得用于的投资或活动是（　　）。

A. 承销证券　　B. 向他人贷款

C. 投资股票　　D. 向他人提供担保

10. 根据《证券投资基金法》的规定，下列有关基金份额持有人大会的召开方式的说法，正确的是（　　）。

A. 可以是现场方式　　B. 可以是通讯方式

C. 必须是现场方式　　D. 必须是通讯方式

11. 基金资产托管业务或者托管人承担的职责主要包括（　　）等方面。

A. 资产保管　　B. 资金清算

C. 资产核算　　D. 投资运作监督

12. 后台管理系统应当具备的功能有（　　）。

A. 对基金销售分支机构、网点和基金销售人员的管理、考核、行为监

控等功能

B. 交易清算、资金处理的功能

C. 提供投资资讯功能

D. 对所涉及的信息流和资金流进行对账作业的功能

13. 开放式基金的销售主要分为直销和代销两种方式。其中,代销是一种通过(　　)等代销机构销售基金的方法。

A. 银行　　B. 证券公司

C. 保险公司　　D. 财务顾问公司

14. 在基金份额认购上存在的收费模式有(　　)。

A. 前端收费模式　　B. 后端收费模式

C. 全额收费模式　　D. 净额收费模式

15. 我国商业银行申请基金托管人资格,必须经(　　)审查批准。

A. 中国证券业协会　　B. 中国人民银行

C. 财政部　　D. 中国证监会

16. 目前,我国证券投资基金的会计核算应分别独立进行(　　)。

A. 账簿设置　　B. 账套管理

C. 财务处理　　D. 基金净值计算

17. 一般而言,基金财务会计报告分析可以达到的目的是(　　)。

A. 评价基金过去的经营业绩及投资管理能力

B. 了解基金的投资状况

C. 为基金投资者的投资决策提供依据

D. 反映基金某一特定日期的财务状况

18. 目前我国拥有基金托管资格的金融机构包括(　　)。

A. 中国工商银行　　B. 中国银行

C. 中国人民银行　　D. 国家开发银行

19. 用来描述公司成长性的指标有(　　)。

A. 市盈率　　B. 持续增长率

C. 资本债券　　D. 红利收益率

20. 下列关于基金管理公司独立董事任职资格的说法,不正确的是(　　)。

A. 具有3年以上金融、法律或者财务的工作经历

B. 有履行职责所需要的时间

C. 最近5年没有在任职的基金管理公司以及股东单位、与拟任职的基金管理公司存在业务联系或者利益关系的机构任职

D. 直系亲属不在拟任职的基金管理公司任职

21. 下列关于QDII基金份额净值的计算和披露的说法，正确的是(　　)。

A. 基金份额净值应当以人民币或美元等主要外汇货币单独计算或同时计算并披露

B. 基金份额净值应当在估值日的次日披露

C. 基金份额净值应当至少每周计算并披露一次，如基金投资衍生品，应当在每个工作日计算并披露

D. 基金资产的每一买入、卖出交易应当在最近份额净值的计算中得到反映

22. 下列属于定期报告的信息披露文件的是(　　)。

A. 公开说明　　B. 投资组合报告

C. 基金资产净值报告　　D. 中期报告

23. 下列关于基金财产保管的基本要求的说法，正确的有(　　)。

A. 基金托管人必须将基金资产与自有资产严格分开

B. 不同基金财产的债权债务不得相应抵消

C. 基金托管人没有单独处分基金财产的权利

D. 基金托管人可以与投资咨询客户约定分享投资收益或者分担投资损失

24. 下列需由基金份额持有人大会审议决定的事项包括(　　)。

A. 提前终止基金合同

B. 基金扩募或者延长基金合同期限

C. 转换基金运作方式

D. 提高基金管理人、基金托管人的报酬标准；更换基金管理人，基金托管人

25. 基金业委员会的主要职责包括(　　)。

A. 调查、收集、反映业内意见与建议

B. 草拟或审议证券投资基金业务有关规则

C. 负责基金业务数据统计分析

D. 研究、论证业内相关政策与方案

26. 契约型基金与公司型基金的区别主要体现在(　　)。

A. 法律形式不同　　B. 投资者的地位不同

C. 投资策略不同　　D. 基金的营运依据不同

27. 根据《证券投资基金法》规定，基金管理人不得有的行为是(　　)。

A. 将固有财产或者他人财产混同于基金财产从事证券投资

B. 不公平的对待其管理的不同基金财产

C. 利用基金财产为基金份额持有人以外的第三人谋取利益

D. 向基金份额持有人违规承诺收益或者承担损失

28. 按照基金流通方式分类，证券投资基金可以分为(　　)。

A. 公募基金　　B. 私募基金

C. 上市基金　　D. 非上市基金

29. 基金会计区别于其他会计的标志有(　　)。

A. 以公允价值计算　　B. 会计主体是证券投资基金

C. 会计分期细化到日　　D. 对未实现利得进行确认

30. 封闭式基金可提前终止，以下属于可提前终止的情况是(　　)。

A. 基金合同期限届满而未延期的

B. 基金份额持有人大会决定终止的

C. 基金管理人职责终止，在 6 个月内没有新基金管理人承接的

D. 10％以上的基金份额持有人集体要求的

31. 基金管理公司监察稽核的作用包括(　　)。

A. 实现内部人员控制

B. 保护基金份额持有人利益

C. 改进内部控制制度

D. 规范基金运作

32. 目前，对基金高管人员日常监管的手段主要有(　　)。

A. 持续教育制度　　B. 离任审计

C. 公示制度　　　　　　　　D. 谈话提醒制度

33. 积极型股票投资策略在否定弱势有效市场前提下以技术分析为基础的投资策略有(　　)。

A. 道氏理论　　　　　　　　B. 移动平均法

C. 价格与交易量的关系　　　D. 低市盈率法

34. (　　)等作为理财顾问或金融规划师,可以针对特定客户的需求,提供独立的咨询服务,将基金作为客户资产组合的一部分销售出去。

A. 银行　　　　　　　　　　B. 证券公司

C. 律师事务所　　　　　　　D. 会计事务所

35. 促销组合的要素是(　　)。

A. 人员推销　　　　　　　　B. 广告促销

C. 营业推广　　　　　　　　D. 公共关系

36. 资产配置按照其范围不同,可以分为(　　)。

A. 全球资产配置　　　　　　B. 股票、债券资产配置

C. 行业风格资产配置　　　　D. 资产混合配置

37. 下列属于消极的债券组合管理策略的是(　　)。

A. 指数化投资策略

B. 多重负债下的现金流匹配策略

C. 满足单一负债要求的投资组合免疫策略

D. 应急免疫

38. 托管人在对基金资产进行保管时,应做到的基本要求是(　　)。

A. 独立、完整、安全地保管基金的全部资产

B. 依法处分基金资产

C. 严守基金商业秘密

D. 对基金财产的一切损失都要承担赔偿责任

39. 给出单位风险的超额收益率的指数是(　　)。

A. 道－琼斯指数　　　　　　B. 夏普指数

C. 特雷诺指数　　　　　　　D. 詹森指数

40. 基金宣传推介材料必须真实、准确,与基金合同、基金招募说明书相符,与备案的材料一致,不得有下列的(　　)情形。

A. 违规承诺收益或者承担损失

B. 预测该基金的证券投资业绩

C. 登载单位或者个人的推荐性文字

D. 向投资者描述基金投资风险

三、判断题(本大题共 60 小题,每小题 0.5 分,共 30 分。判断以下各小题的对错,正确的为 A,错误的为 B)

1. 契约型基金的投资者没有管理基金资产的权利。( )

2. 所谓产品线的宽度,是指一家基金管理公司所拥有的基金产品总数。( )

3. 证券投资基金在运作中实行制衡机制,即投资人拥有所有权,管理人管理和运作基金资产,托管人保管基金资产。( )

4. 我国当前,只有中国证监会认定的机构才能从事基金的销售。目前商业银行尚不允许其销售证券投资基金。( )

5. 契约型基金的份额持有人是证券投资基金的受益人。( )

6. 从法律意义上讲,证券投资基金的基金份额持有人是委托方,基金管理机构和托管机构为受托方。( )

7. 一般情况下,基金的收益与风险程度都高于银行存款。( )

8. 根据有关规定,我国封闭式基金的募集期限为基金批准之日起 3 个月内,所以,募集时间必须到达 3 个月方可成立。( )

9. 系列基金中的子基金可以完全独立运作。( )

10. 封闭式证券投资基金的基金托管人从事基金管理活动取得的收入暂不征收营业税、企业所得税。( )

11. 指数基金通常采取积极主动的投资策略。( )

12. 封闭式基金在证券交易所上市交易,通过证券公司进行委托买卖。( )

13. 一般情况下,开放式基金的单位价格与净资产值趋于一致,即净资产值增长,基金价格也随之提高。( )

14. 我国封闭式基金的交收同股票一样实行 T+3 交割、交收,即指达成

交易后，相应的基金交割与资金交收在成交日的下一个营业日（T＋3日）完成。（ ）

15. 证券投资基金一般逐日结转损益。（ ）

16. 基金招募说明书应在基金合同生效之日起，每6个月更新一次。（ ）

17. 詹森指数是由詹森在CAPM模型基础上发展出的一个风险调整收益衡量指标。（ ）

18. 基金管理公司、基金代销机构在销售基金时不得给予投资人折扣，不得给予中间人佣金。（ ）

19. 股息通常是按照一定比例事先确定的，这是股息与红利的主要区别。（ ）

20. 公司型基金必须聘用专业的基金管理人从事基金管理，契约型基金可以聘请、也可以不聘请基金管理人。（ ）

21. 对证券投资基金买卖股票、债券的差价收入，免征营业税。（ ）

22. 如果投资组合A的特雷诺指数高于投资组合B，则一定能够认为A的投资绩效优于B。（ ）

23. 在一定范围内对投资组合进行排序和绩效比较时，一般应当考虑风险因素对排序结果的扭曲影响。（ ）

24. 完整性原则是基金信息披露最根本、最重要的原则。（ ）

25. 涉及重大事件揭示时，半年度报告只需披露支付给聘任会计师事务所的报酬。（ ）

26. 资产配置的动态调整策略中，买入并持有策略属于消极型长期再平衡策略。（ ）

27. 设立基金管理公司的主要股东注册资本不低于3亿元人民币。（ ）

28. 基金管理行业的最大特点是自有资产雄厚，投资广泛。（ ）

29. 基金的本期利润不包括未实现的估值增值或减值。（ ）

30. 投资于指数化型证券组合的投资者往往愿意通过延迟获得基本收益来求得未来收益的增长。（ ）

31. 证券组合管理的控制过程通常包括以下四个基本步骤：确定证券投

资政策、进行证券投资分析、组建证券投资组合、证券组合业绩评估。（ ）

32. 证券组合收益率只取决于各个证券的投资收益率。（ ）

33. 企业法人的分立、合并，其权利和义务由变更后的法人享有和承担。（ ）

34. 购买力风险是指现金流再投资时面临的利率变动的风险。（ ）

35. 如果股票市场价格处于震荡、波动状态之中，恒定混合策略劣于买入并持有策略。（ ）

36. BSV 模型将投资者分为有信息和无信息两类。（ ）

37. 战术性资产配置的核心在于对资产类别预期收益的动态监控与调整，而忽略了投资者是否发生变化。（ ）

38. 几何平均收益率已成为衡量基金收益率的标准方法。（ ）

39. 道氏理论的主要思想之一是市场价格指数可以解释和反映市场的大部分行为。（ ）

40. 加强指数法与积极型股票投资战略之间没有明显的差别。（ ）

41. 封闭式基金的资产净值应至少每月在指定的全国性报刊上公告一次。（ ）

42. 如果某一只股票的贝塔值小于 1，说明它是一只活跃或激进型的基金。（ ）

43. 基金管理费费率和基金托管费费率都由基金管理人确定。（ ）

44. 封闭式证券投资基金可以上市交易。（ ）

45. 收入型基金，是指以追求资产的长期增值和盈利为基本目标，投资于具有良好增值潜力的上市股票或其他证券的证券投资基金。（ ）

46. 投资管理可以只集中在提高收益这一单一目标之上，而不需要考虑风险水平。（ ）

47. 基金管理人可以委托取得基金代销业务资格的其他机构代为办理，未取得基金代理业务资格的机构不得接受基金管理人委托代为办理。（ ）

48. 开放式基金发生巨额赎回申请时，基金管理人应当在当日受理并执行全部赎回申请。（ ）

49. 对于价值型的股票，每股盈余成长率是最常用的辅助估值工具。（　）

50. 一般情况下，久期越大，债券的价格波动性就越大。（　）

51. 投资组合保险策略是指保持资产所占比重与该资产的相对价格同方向变动，则投资组合中的各类资产所占比重应随市场相对价格的下降而降低。（　）

52. 基金投资运作中，其关键是投资决策，而投资研究对基金投资绩效的影响有限。（　）

53. 通常基金规模越大，基金托管费率越低。（　）

54. 我国基金的会计年度为公历每年1月1日至12月31日。（　）

55. 基金进行利润分配时，不会导致基金份额的上升或下降。（　）

56. 系统运行数据中涉及基金投资人信息和交易记录的备份应当在不可修改的介质上保存10年。（　）

57. 基金托管人可以适当挪用部分基金财产。（　）

58. 采用估值技术确定公允价值时，应尽可能使用市场参与者在定价时考虑的所有市场参数，并应通过定期效验确保估值技术的有效性。（　）

59. 税差激发互换的目的在于通过债券互换来减少年度的应付税款，从而提高债券投资者的税后收益率。（　）

60. 证券投资基金招募说明书可以登载研究机构的推荐性用语。（　）

参考答案

一、单项选择题

1. C	2. B	3. B	4. B	5. B
6. D	7. B	8. D	9. D	10. C
11. C	12. A	13. C	14. A	15. A
16. C	17. A	18. D	19. C	20. D
21. B	22. B	23. B	24. C	25. A
26. D	27. A	28. C	29. B	30. D

31. B	32. A	33. C	34. C	35. A
36. D	37. D	38. B	39. B	40. B
41. C	42. D	43. D	44. B	45. B
46. D	47. B	48. C	49. B	50. B
51. B	52. C	53. B	54. B	55. B
56. D	57. C	58. D	59. D	60. A

二、多项选择题

1. AB	2. AC	3. ABD	4. CD	5. AB
6. ABD	7. AB	8. ABC	9. ABD	10. AB
11. ABCD	12. ABD	13. ABCD	14. AB	15. BD
16. ABCD	17. ABC	18. AB	19. BD	20. AC
21. ACD	22. BCD	23. ABC	24. ABCD	25. ABD
26. ABD	27. ABCD	28. CD	29. ABCD	30. ABC
31. BCD	32. ABD	33. ABC	34. ABCD	35. ABCD
36. ABC	37. ABC	38. ABC	39. BC	40. ABC

三、判断题

1. A	2. B	3. A	4. B	5. A
6. A	7. A	8. B	9. A	10. B
11. B	12. B	13. A	14. B	15. B
16. A	17. A	18. B	19. A	20. B
21. A	22. B	23. A	24. B	25. B
26. A	27. A	28. B	29. B	30. B
31. B	32. B	33. A	34. B	35. B
36. B	37. A	38. B	39. A	40. B
41. B	42. B	43. B	44. A	45. B
46. B	47. A	48. B	49. B	50. A
51. A	52. B	53. A	54. A	55. B
56. B	57. B	58. A	59. A	60. B

2009年证券从业资格考试《证券投资基金》真题

一、单项选择题(本大题共60小题,每小题0.5分,共30分。以下各小题所给出的4个选项中,只有1项最符合题目要求)

1. 常用来作为平均收益率的无偏估计的指标是(　　)。

A. 加权平均收益率　　B. 算术平均收益率

C. 时间加权收益率　　D. 几何平均收益率

2. 基金赎回费在扣除手续费后,余额不得低于赎回费总额的(　　)。

A. 50%　　B. 33%

C. 25%　　D. 10%

3. 信息披露人应在重大事件发生之日起(　　)日内编制并披露临时报告书。

A. 5　　B. 3

C. 2　　D. 1

4. 按照对未来股利支付的不同假定,股利贴现模型可以分为很多类型。下列表述中不属于股利贴现模型的是(　　)。

A. 现值增长模型　　B. 固定增长模型

C. 三阶段股利贴现模型　　D. 随机股利贴现模型

5. 下列关于基金托管人的内部控制的说法,错误的是(　　)。

A. 基金托管人必须将自有资产与基金资产严格分开

B. 基金托管人应以自己的名义代基金开立账户

C. 基金托管人应实行严格的岗位分离制度

D. 基金托管人应建立会计复核制度

6. 假设上证A股指数上周上涨了10%,本周下跌了10%,下列说法正确的是(　　)。

A. 两周累计收益为0　　B. 两周累计上涨1%

C. 两周累计下跌1%　　D. 两周累计收益率无法计算

7. 根据《证券投资基金法》的规定,封闭式基金成立的条件包括(　　)。

A. 基金份额总额超过核准的最低募集份额总额

B. 基金份额总额达到核准规模的60%以上

C. 基金份额总额达到核准规模的80%以上

D. 基金份额持有人人数达到10000人以上

8. 鉴于小型股票的流动性偏低，因此，从长期来看，小型资本股票的回报率(　　)大型资本股票。

A. 大于　　B. 小于

C. 等于　　D. 可能大于也可能小于

9. QDII基金不可用以下哪种货币为计价货币募集？(　　)

A. 人民币　　B. 泰币

C. 美元　　D. 欧元

10. 国内第一只契约型开放式证券投资基金是(　　)。

A. 基金金泰　　B. 基金开元

C. 华安创新证券投资基金　　D. 南方稳健发展证券投资基金

11. 对威廉·夏普资本资产定价模型(CAPM)的检验性提出质疑的是(　　)。

A. 法玛　　B. 马柯威茨

C. 詹森　　D. 罗斯

12. 从基金性质上来看，契约型基金的资金是通过发行基金收益凭证筹集起来的(　　)。

A. 信托资产　　B. 债务资产

C. 法人资产　　D. 借贷资产

13. 目前，我国封闭式证券投资基金(　　)披露一次信息。

A. 每日　　B. 每周

C. 每个月　　D. 每个季度

14. 一个基金下设立若干个子基金，各子基金独立进行决策，此基金为(　　)。

A. 套利基金　　B. 基金中的基金

C. 保本基金　　D. 伞形基金

15. 根据我国有关规定，符合基金契约规定或经基金份额持有人大会同意，并经（　　）批准后，封闭式基金可转换为开放式基金。

A. 独立董事　　B. 基金发起人

C. 基金托管人　　D. 监管机构

16. 我国证券投资基金持有的交易所上市的股票和权证的估值，采用的是（　）。

A. 收盘价

B. 当日加权平均价格

C. 开盘价

D. 当日最高价和最低价的算术平均价

17. （　　）是基金市场交易价格的价值基础，基金的市场价格以此为中心上下波动。

A. 基金面值　　B. 基金的发行价格

C. 1.01元　　D. 基金单位的资产净值

18. 基金管理人应当于收到基金投资人赎回申请之日的（　　）个工作日内，对该交易的有效性进行确认。

A. 7　　B. 3

C. 5　　D. 1

19. 对于每日按照面值进行报价的货币市场基金，应（　　）进行利润分配。

A. 每日　　B. 每周

C. 每月　　D. 每季

20. （　　）是QDII基金的会计核算和资产估值的责任主体。

A. 中国证监会　　B. 基金登记机构

C. 基金管理人　　D. 基金托管人

21. 根据我国《证券投资基金管理暂行办法》、《开放式证券投资基金试点办法》的规定，开放式基金的设立主体为（　　）。

A. 基金持有人　　B. 基金发起人

C. 基金管理人　　D. 基金托管人

22. 监察稽核采取(　　)相结合的方式进行。

A. 不定期检查与事先通知的临时检查

B. 不定期检查与不通知的临时检查

C. 定期检查与事先通知的临时检查

D. 定期检查与事先不通知的临时检查

23. 依据《证券投资基金管理暂行办法》的规定,封闭式基金自批准之日起应在多长期限内完成募集?(　　)

A. 3个月　　B. 6个月

C. 9个月　　D. 12个月

24. 在基金管理公司组织架构中,(　　)拥有对管理基金的投资事务的决策权。

A. 基金持有人大会　　B. 董事会

C. 投资部　　D. 投资决策委员会

25. 根据我国有关规定,基金清算结果由基金清算小组经中国证监会批准后,公告的时间是(　　)。

A. 3个工作日内　　B. 3日内

C. 5个工作日内　　D. 5日内

26. 开放式基金名称显示投资方向的,基金的非现金资产应当至少有(　　)属于该基金名称所显示的投资内容。

A. 65%　　B. 70%

C. 75%　　D. 80%

27. (　　)是监督基金管理人的投资运作行为是否符合法律法规及基金合同的规定。

A. 资产保管　　B. 资金清算

C. 投资监督　　D. 会计复核

28. (　　)担负投资计划反馈的职能,及时向投资决策委员会提供市场动态信息。

A. 市场部　　B. 交易部

C. 投资部　　D. 研究部

29. 如果要求债券组合的最低价值为200万元，剩余时间为2年，市场利率为8%，则应急免疫的触发点为（　　）。

A. 16万元　　B. 100万元

C. 171.47万元　　D. 233.28万元

30. 资产组合管理决策的各项步骤中，最重要的是（　　）。

A. 资产配置　　B. 分散经营

C. 风险与税收定位　　D. 收益生成

31. 依照《证券投资基金法》的规定，提前终止基金合同，应当经参加大会的基金份额持有人所持表决权的（　　）以上通过。

A. 1/4　　B. 1/2

C. 1/3　　D. 2/3

32. 封闭式基金份额要达到上市交易的条件，基金合同期限应该在（　　）以上。

A. 3年　　B. 5年

C. 10年　　D. 20年

33. 封闭式基金份额要达到上市交易的条件，基金募集金额不得低于人民币（　　）。

A. 5000万元　　B. 1亿元

C. 2亿元　　D. 5亿元

34. 根据我国有关规定，基金托管人由依法设立并取得基金托管资格的（　　）担任。

A. 证券公司　　B. 信托投资公司

C. 证券登记结算公司　　D. 商业银行

35. 目前，我国基金管理人编制基金年报由（　　）复核。

A. 中国证监会　　B. 基金发起人

C. 证券交易所　　D. 基金托管人

36.（　　）的主要任务是使客户在需要的时间和地点获得产品。

A. 促销　　B. 渠道

C. 代销　　D. 包销

37.（　）是指个别证券特有的风险，包括企业的信用风险、经营风险、财务风险等。

A. 操作风险　　B. 系统性风险

C. 非系统性风险　　D. 管理运作风险

38. 久期可以较准确地衡量利率的微小变动对债券价格的影响，但当利率变动幅度较大时，则会产生较大的误差，这主要是由债券所具有的（　　）引起的。

A. 凹性　　B. 久期

C. 凸性　　D. 收益性

39. 下列负责处理基金公司自身费用支付的部门是（　　）。

A. 行政管理部　　B. 财务部

C. 信息技术部　　D. 决策部

40. 一般而言，全球资产配置的期限为（　　）。

A. 1 个季度　　B. 半年以内

C. 1 年以上　　D. 10 年以上

41. 下列不属于证券投资基金的作用的是（　　）。

A. 为中小投资者拓宽了投资渠道

B. 促进产业发展和基金增长

C. 促进证券市场的稳定和健康发展

D. 促进了金融行业交易成本的降低

42. 根据沪、深证券交易所现行的资金清算规则，交易资金采用（　　）制度。

A. T＋0 日交割　　B. T＋1 日交割

C. T＋2 日交割　　D. T＋3 日交割

43. 积极调整的债券投资策略假定投资人（　　）。

A. 无论在短期还是在长期都不能持续获得超额收益

B. 在短期中有可能获得暂时的超额收益，但在长期中不能持续获得超额收益

C. 无论在短期还是在长期都可以持续获得超额收益

D. 在短期中有不能获得暂时的超额收益，但在长期中可以持续获得超额收益

44. 根据规定，基金清算后的全部剩余资产按（　　）分配给基金份额持有人。

A. 基金份额持有人持有的基金份额占基金总份额的比例

B. 实际持有的基金资产绝对数额

C. 实际持有的基金资产绝对数额扣除管理费

D. 实际持有的基金资产绝对数额扣除应付款

45. 基金资产估值的对象是基金所持有的（　　）。

A. 全部负债　　B. 全部资产

C. 高收益资产　　D. 扣除负债后的资产

46. 首次发行上市的股票，在估值技术难以可靠计量公允价值的情况下，按（　　）计量。

A. 评估价　　B. 估算价

C. 预计市价　　D. 成本

47. 债券基金基本上属于（　　）。

A. 收入型基金　　B. 成长型基金

C. 平衡型基金　　D. 指数基金

48. 随着新会计准则的实施，基金未实现估值增值（减值）作为公允价值变动损益计入当期损益，在会计上成为（　　）的。

A. 可分配　　B. 不可分配

C. 可增值　　D. 不可增值

49.（　　）指在申购或赎回基金份额时，申购或赎回款项中包含的按未分配基金净收益（或累计基金净损失）占基金净值比例计算的金额。

A. 基金净收益　　B. 基金经营业绩

C. 损益平准金　　D. 未分配基金净收益

50. 基金收益来源中，存款利息收入可以按照规定的利率确认存款利息，利息（　　）计提。

A. 逐周　　B. 逐日

C. 逐月　　D. 逐季

51. 基金管理公司应当建立健全独立董事制度,独立董事人数不得少于(　)。

A. 2人　　B. 3人

C. 4人　　D. 5人

52. 反映两个证券收益率之间的走向关系的是(　)。

A. 证券组合的期望收益率　　B. 协方差

C. 证券各自的权重　　D. 证券各自的方差

53. 一般情况下,基金管理公司内部制定和监督执行风险控制政策的机构是(　　)。

A. 投资决策委员会　　B. 风险控制委员会

C. 董事会　　D. 基金份额持有人大会

54. 下列不属于证券投资基金收益的是(　　)。

A. 基金管理费　　B. 基金买卖股票差价收入

C. 基金买卖债券差价收入　　D. 基金存款利息

55. 基金信息披露义务人不依法披露基金信息或者披露的信息有虚假记载、误导性陈述或者重大遗漏的,责令改正,没收违法所得,并处(　　)罚款。

A. 10万元以上100万元以下

B. 20万元以上200万元以下

C. 30万元以上300万元以下

D. 50万元以上500万元以下

56. 根据ETF跟踪的指数不同,可以将ETF分为(　　)。

A. 股票型、债券型　　B. 抽样复制型、完全复制型

C. 股票型、完全复制型　　D. 抽样复制型、债券型

57. 关于依法处分基金财产的说法,正确的是(　　)。

A. 基金托管人要根据有关规定和基金管理人合法、合规的投资指令办理资金清算交割

B. 基金托管人可以单独处分基金财产

C. 基金托管人可以自行运用基金的分红资产

D. 托管人应该完全执行基金管理人的指令

58. 在下列指标中,最能全面反映基金经营成果的是(　　)。

A. 基金分红　　B. 净值增长率

C. 久期　　D. 已实现收益

59. 保本比例是到期时投资者可获得的本金保障比率,常见的保本比例介于(　　)之间。

A. 70%～100%　　B. 80%～100%

C. 90%～100%　　D. 95%～100%

60. 投资者参与认购开放式基金,份(　　)个步骤。

A. 1　　B. 2

C. 3　　D. 4

二、多项选择题(本大题共40小题,每小题1分,共40分。以下各小题所给出的4个选项中,至少有两项符合题目的要求)

1. 基金托管协议是(　　)。

A. 基金管理人与基金托管人(一般为工商银行)就基金资产托管一事达成的协议书

B. 协议书以合同的形式明确委托人和托管人的责任和权利、义务关系

C. 确保基金财产的安全

D. 保护基金份额持有人的合法权益

2. 反映股票基金风险大小的指标有(　　)。

A. 贝塔值　　B. 标准差

C. 持股集中度　　D. 持股数量

3. 开放式基金中,股票、债券型基金的申购原则是(　　)。

A. 金额申购　　B. 份额申购

C. "已知价"交易　　D. "未知价"交易

4. 基金销售机构在实施基金销售适用性过程中,应遵循以下哪些原则?

（　　）。

A. 投资人利益优先原则　　B. 全面性原则

C. 客观性原则　　D. 及时性原则

5. 以下关于基金管理公司办事处，说法正确的是（　　）。

A. 办事处不得从事经营活动

B. 办事处经公司授权可以从事公司经营范围以内的经营性活动

C. 办事处经中国证监会批准可以从事公司经营范围以内的经营性活动

D. 办事处的法律责任由公司承担

6. 利率期限结构的完全预期理论认为（　　）。

A. 流动溢价是对投资者承担额外的流动性风险的补偿

B. 远期利率是对未来短期利率的无偏差的估计值

C. 市场对未来利率变动方向的预期会反映在利率曲线的斜率上

D. 利率曲线的斜率为负时，市场预期短期内利率会下降

7. 证券投资基金资产依其形态的不同分为（　　）。

A. 现金类资产　　B. 证券类资产

C. 无形类资产　　D. 固定资产

8. 基金托管人内部控制的目标是（　　）。

A. 保证基金保值增值

B. 保证托管资产的安全完整

C. 维护持有人的权益

D. 保障基金托管业务安全、有效、稳健运行

9. 如果股票市场是一个有效的市场，那么股票市场上（　　）。

A. 存在价值低估的股票　　B. 存在价值高估的股票

C. 不存在价值低估的股票　　D. 不存在价值高估的股票

10. 投资人在申购赎回开放式基金单位时直接承担的费用有（　　）。

A. 管理费　　B. 托管费

C. 申购费　　D. 赎回费

11. 基金管理公司的客户服务手段通常有（　　）。

A. 电话服务中心　　B. 一对一专人服务

C. 利用互联网　　D. 利用宣传手册

12. 开放式基金收取费用的方式应当在(　　)中予以载明。

A. 清算协议　　B. 基金契约

C. 招募说明书　　D. 回购协议

13. 公开披露基金信息时,不得有的情形是(　　)。

A. 在每个基金会计年度结束后 90 日内编制完成年度报告

B. 就基金业绩进行预测

C. 诋毁同行

D. 承诺最低收益

14. 影响投资者风险承受能力和收益需求的因素通常包括(　　)。

A. 投资者的年龄　　B. 投资者的投资周期

C. 投资者的风险偏好　　D. 投资者的财富状况

15. 契约型基金的当事人包括(　　)。

A. 委托人　　B. 受托人

C. 投资顾问　　D. 受益人

16. 关于证券投资基金的说法,正确的是(　　)。

A. 是一种利益共享、风险共担的集合证券投资方式

B. 通过发行股票集中投资者的资金

C. 由基金托管人托管,由基金管理人管理和运用资金

D. 主要业务是从事股票、债券等金融工具的投资

17. 下列关于期末可供分配利润的说法,正确的是(　　)。

A. 是一个能够全面反映基金在一定时期内经营成果的指标

B. 是指期末可供基金进行利润分配的金额

C. 如果期末未分配利润的未实现部分为正数,则期末可供分配利润的金额为期末未分配利润(已实现部分扣减未实现部分)

D. 如果期末未分配利润的未实现部分为负数,则期末可供分配利润的金额为期末未分配利润(已实现部分扣减未实现部分)

18. 当期中国证券投资基金发展中应从(　　)等机制方面进一步加以

完善。

A. 制度机制　　　　　　　　B. 销售机制

C. 管理机制　　　　　　　　D. 国际监管机制

19. 我国《证券法》规定，(　　)为知悉证券内幕交易信息知情人员。

A. 发行股票或者公司债券的公司董事、监事、经理、副经理及有关的高级管理人员

B. 持有1%以上股份的股东

C. 发行股票公司的控股公司的高级管理人员

D. 证券监督管理机构工作人员以及由于法定的职责对证券交易进行管理的其他人员

20. 关于基金临时报告，下列说法正确的是(　　)。

A. 基金临时报告须经上市的证券交易所核准之后予以公告，同时上报中国证监会

B. 基金临时报告须经中国证监会核准后予以公告，同时上报上市的证券交易所

C. 基金投资的上市公司出现重大事件，基金应编制临时报告并予以公告

D. 基金投资的上市公司出现重大事件，由于上市公司已经公告，基金无需再进行公告

21. 封闭式基金交易价格的影响因素有(　　)。

A. 基金名称

B. 基金份额持有人的数量和结构

C. 基金资产净值变动

D. 市场供求关系

22. 在基金管理公司组织架构下属于后台支持部门的机构是(　　)。

A. 行政管理部　　　　　　　B. 信息技术部

C. 财务部　　　　　　　　　D. 市场部

23. 目前，我国基金管理人禁止的行为有(　　)。

A. 运用基金资产

B. 不公平的对待其管理的不同基金财产

C. 发起设立基金

D. 向基金份额持有人违规承诺收益或者承担损失

24. 马柯威茨投资组合理论的主要缺陷有(　　)。

A. 当证券数量较多时,基金输入所要求的估计量非常大

B. 解的不稳定性

C. 数据误差带来解的不可靠性

D. 重新分配的成本高

25. 完善基金管理公司治理结构,应避免(　　)。

A. 大股东利益优先　　B. 管理人利益优先

C. 利益公平　　D. 责任到位

26. 久期综合考虑了(　　)对债券价格的影响,可以用以反映利率的微小变动对债券价格的影响,因此是一个较好的债券利率风险衡量指标。

A. 债券规模　　B. 到期时间

C. 债券现金流　　D. 市场利率对债券价格的影响

27. 基金运营部包括(　　)。

A. 行政管理部　　B. 机构理财部

C. 信息技术部　　D. 市场营销部

28. 下列关于保本基金的说法中,正确的有(　　)。

A. 保本基金一般都有保本期

B. 保本基金在本质上属于混合基金

C. "保本"的性质限制了基金收益的上升空间

D. 保本型基金无法回避通货膨胀的风险

29. 投资决策委员会的职责是制定(　　)。

A. 基金的投资计划　　B. 基金的投资策略

C. 基金的投资原则　　D. 基金的投资目标

30. 以下属于基金注册登记机构的职责或业务范围的是(　　)。

A. 建立投资人基金份额账户　　B. 负责基金份额注册登记

C. 确定并发放基金红利　　D. 保管基金投资人名册

31. 根据相关规定，封闭式基金扩募或续期应具备(　　)。

A. 基金运营业绩良好

B. 基金份额持有人大会决议通过

C. 经国务院证券监督管理机构核准

D. 基金管理人、托管人核准

32. 目前，我国的开放式基金的认购渠道主要有(　　)。

A. 证券公司　　B. 证券投资咨询机构

C. 商业银行　　D. 证券登记结算中心

33. 根据有关规定，基金管理人职责终止的情形为(　　)。

A. 被依法取消基金管理资格

B. 被基金份额持有人大会解任

C. 依法解散、被依法撤销或者被依法宣告破产

D. 基金合同约定的其他情形

34. 资产配置的买入并持有策略的特征包括(　　)。

A. 在市场变动时，不采取行动

B. 支付模式为直线

C. 在熊市时较为有利

D. 对市场流动性要求较小

35. 通常，积极型股票投资策略包括(　　)。

A. 以基本分析为基础的投资策略

B. 以技术分析为基础的投资策略

C. 市场异常策略

D. 指数投资法

36. 基金财产不得用于(　　)等投资活动。

A. 承销证券

B. 向他人提供贷款或者提供担保

C. 从事承担无限责任的投资

D. 向其基金管理人出资

37. 价值型股票可以进一步被细分为(　　)。

A. 低市盈率股　　B. 收益型股票

C. 防御型股票　　D. 逆势型股票

38. 优先置产理论认为(　　)。

A. 债券市场是不可分割的

B. 债券期限结构反映了预期的未来利率和流出溢价

C. 远期利率包括了预期的未来利率和流出溢价

D. 投资者会考察整个市场并选择溢价最高

39. 货币市场基金不得投资于以下哪些金融工具？(　　)。

A. 剩余期限在397天以内(含397)的资产支持证券

B. 可转换债券

C. 期限在1年以内(含1年)的债券回购

D. 剩余期限超过397天的债券

40. 道氏理论将市场划分为哪几种趋势？(　　)。

A. 主要趋势　　B. 次要趋势

C. 短暂趋势　　D. 稳定趋势

三、判断题(本大题共60小题，每小题0.5分，共30分。判断以下各小题的对错，正确的为A，错误的为B)

1. 对企业投资者从基金分配中获得的债券价差收入，暂不征收企业所得税。　　(　　)

2. 据有关规定，我国开放式基金申购费的法定上限低于赎回费的法定上限。　　(　　)

3. 开放式基金是指事先确定发行总额，在存续期内基金单位总数不变，投资者可以按基金的报价在规定的营业场所申购或赎回基金单位的一种基金类型。　　(　　)

4. 在我国，开放式基金赎回采用“未知价”法，按照“份额赎回”的方式进行。　　(　　)

5. 考虑到政策因素、系统的灵活性、方便对客户资料的运用等因素，我

国现有基金管理公司普遍采用内置型注册登记模式。（　　）

6. 开放式证券投资基金的申购、赎回和登记，只能由基金管理人直接办理。（　　）

7. 契约型证券投资基金管理人获得了基金份额持有人的委托后有权对所筹集的基金进行投资运作。（　　）

8. 证券投资基金招募说明书可以登载研究机构的推荐性用语。（　　）

9. 资产管理者进行资产配置时，不能脱离投资人的风险承受能力而无约束地进行。（　　）

10. 当市场收益率曲线大幅波动时，债券到期收益率与其实际回报率之间的误差较小。（　　）

11. 基金在资产变现时可能遭受的风险被称为市场风险。（　　）

12. 从长期来看，资本市场参与者从证券投资管理过程中获得是与其风险承担水平一致的正常收益，而不是超额收益，因为风险本身被消除了。（　　）

13. 在契约中没有明确给定具体的风险分散程度及受其影响的风险收益状况时，投资管理人才能自主决定投资分散化的程度。（　　）

14. 在决定资产配置过程中，资产管理人必须受制于投资者的资产负债状况。（　　）

15. 资产选择过程是指资产管理人在资产配置的基础上，确定自身投资策略，并据此构造投资组合的过程。（　　）

16. 债券收益率与基础利率之间的利差反映了投资者投资于非短期国债的债券时所面临的额外风险，即风险溢价。（　　）

17. 买入并持有策略下的投资组合依据短期市场的变化而变化。（　　）

18. 开放式基金的申购费只能在申购时收取。（　　）

19. 混合基金的风险低于股票基金，预期收益则要高于债券基金。（　　）

20. 主动型基金一般选取特定的指数作为跟踪的对象，因此通常称为指数型基金。（　　）

21. 投资组合理论中，风险厌恶投资者是指那些不喜欢波动的投资者，他们为了获得可能的高收益，愿意承担较高的风险。（ ）

22. 我国《证券投资基金法》规定，依法设立并取得基金托管资格的证券公司才能出任基金托管人。（ ）

23. 证券投资基金初创阶段，在类型上以封闭式基金为主。（ ）

24. ETF 的基金净值报价率较 LOF 的基金净值报价率要低。（ ）

25. 基金清算费用由基金清算小组优先从基金资产中支付。（ ）

26. 当市场具有较强的保持原有运动方向趋势时，投资组合保险策略的效果将优于买入并持有策略，进而将优于恒定混合策略。（ ）

27. M^2 测度与夏普指数对基金绩效表现的排序可能出现差异。（ ）

28. 在其他条件不变的情况下，票息越高修正期限越低，存续期限越长修正期限越高，到期收益率越高修正期限越低。（ ）

29. 一般来说，资产流动性越高，价格波动性越小，价格越高，则差价在价格中所占比重越小。（ ）

30. 风险调整的方法中，詹森指数衡量的是差异收益率，而另外两个指数衡量的是单位风险超额收益率。（ ）

31. 基金托管人负责查询资金到账情况，资金未到账时要查明原因，及时通知基金所有人。（ ）

32. 基金托管人对每一个基金单独设账、分账管理。（ ）

33. 托管银行要向监管机构报送内部监察稽核报告。（ ）

34. 我国开放式基金按规定需在合同中约定每年基金利润分配的最多次数和基金利润分配的最低比例。（ ）

35. 基金的市场部负责总证券投资基金托管业务的市场开拓、市场研究、客户管理关系的维护等。（ ）

36. 高管人员和基金经理有三代以内亲属在基金监管部门工作的，其中一方应当回避。（ ）

37. 如果一只股票的贝塔值小于 1，说明它是一只活跃或激进型的基金。

（ ）

38. 目前，我国契约型封闭式基金由发起人设立，然后委托基金管理人

管理，基金托管人托管。（ ）

39. 根据利率期限结构的完全预期理论，上升的收益率曲线意味着预期未来的短期利率会上升。（ ）

40. 根据审慎性原则，基金管理公司内部控制的核心是风险控制。（ ）

41. 资本资产定价模型的应用是资本市场线。（ ）

42. 预期理论假定不同期限的债券是可以相互替代的。（ ）

43. 行为金融理论以心理学的研究结果为依据，认为投资者行为是理性的，投资者的实际投资决策行为与投资者的理性投资行为一致。（ ）

44. 红利收益率通常和公司增长能力呈反向变化关系。（ ）

45. 从长期来看，大盘资本股票的回报率要比小型股票的回报率更高。（ ）

46. 开放式基金的资产净值应至少每月在指定的全国性报刊上公告一次。（ ）

47. 分散风险和最大化投资收益是组合管理的基本目标。（ ）

48. 恒定混合策略是指保持投资组合中各类资产的比例固定。（ ）

49. 数据库和操作系统的密码口令应当分别由不同人员负责。（ ）

50. 初始取得的股票投资，应采用估值技术确定其公允价值的基础。（ ）

51. 基金净值公告要求封闭式基金每周公告 2 次。（ ）

52. 基金收益分配最普遍的形式是分红再投资转换为基金份额。（ ）

53. 现金股息在除息日直接计入基金收益。（ ）

54. 对非金融机构买卖基金份额的差价收入不征收营业税。（ ）

55. 当市场利率上升时，债券发行人更倾向于提前偿还高息债券，这使得债券持有人面临提前赎回的风险。（ ）

56. 收入型基金的投资目标是资本的长期增值而不是现金收益。（ ）

57. 偏债型基金，债券的配置比例较低，股票配置比例则较高。（ ）

58. 公司型基金的法律上是具有独立法人地位的股份投资公司。（　）

59. 不同类型、不同投资对象、不同风险与收益特性的证券投资基金在给投资者提供广泛选择的同时，也成为资本市场不断变革和金融产品不断创新的源泉。（　）

60. 基金管理人一般拥有大量的专业投资研究人员和强大的信息网络，能够更好地对证券市场进行全方位的动态跟踪分析。（　）

参考答案

一、单项选择题

1. B	2. C	3. C	4. A	5. B
6. C	7. C	8. A	9. B	10. C
11. D	12. A	13. B	14. D	15. D
16. A	17. D	18. B	19. A	20. C
21. C	22. D	23. B	24. D	25. A
26. D	27. C	28. C	29. C	30. A
31. D	32. B	33. C	34. D	35. D
36. B	37. C	38. C	39. B	40. C
41. D	42. B	43. C	44. A	45. B
46. D	47. A	48. A	49. C	50. B
51. B	52. B	53. B	54. A	55. A
56. B	57. A	58. B	59. B	60. C

二、多项选择题

1. ABCD	2. ABCD	3. AD	4. ABCD	5. AD
6. BCD	7. AB	8. BCD	9. CD	10. CD
11. ABCD	12. BC	13. BCD	14. ABCD	15. ABD
16. ACD	17. BD	18. ACD	19. ACD	20. AC

21. CD 22. ABC 23. BD 24. ABCD 25. AB
26. BCD 27. ACD 28. ABCD 29. ABCD 30. ABD
31. ABC 32. ABC 33. ABCD 34. ABD 35. ABC
36. ABCD 37. ABCD 38. AD 39. BD 40. ABC

三、判断题

1. A 2. B 3. B 4. A 5. A
6. B 7. A 8. B 9. A 10. B
11. B 12. B 13. A 14. A 15. B
16. A 17. B 18. B 19. A 20. B
21. B 22. B 23. A 24. B 25. A
26. A 27. B 28. A 29. A 30. A
31. B 32. A 33. A 34. A 35. A
36. B 37. B 38. A 39. A 40. A
41. B 42. A 43. B 44. A 45. B
46. B 47. A 48. A 48. A 50. B
51. B 52. B 53. A 54. A 55. B
56. B 57. B 58. A 59. A 60. A

2008年证券从业资格考试《证券投资基金》真题

一、单项选择题(本大题共60小题,每小题0.5分,共30分。以下各小题所给出的4个选项中,只有1项最符合题目要求)

1. 在我国香港特别行政区和英国,证券投资基金一般被称为(　　)。

A. 共同基金　　B. 单位信托基金

C. 证券投资信托基金　　D. 私募基金

2. 基金持有人获取收益和承担风险的原则是(　　)。

A. “收益保底,超额分成”

B. “利益共享,风险共担”

C. 按“先进先出法”实现收益和风险

D. 获取无风险收益

3. 开放式基金的买卖价格以(　　)为基础。

A. 市场供求关系　　B. 市场存款利率

C. 基金份额净值　　D. 基金份额总额

4. 下列关于契约型证券投资基金性质的说法中,正确的是(　　)。

A. 证券投资基金属于债权类合同或契约,基金管理人对持有人负有完全的法定偿债责任

B. 证券投资基金属于信托契约,基金管理人只是代替投资者管理资金,并不保证资金的收益率,投资人也要承担一定的风险和费用

C. 证券投资基金实行专家理财,基金管理人没有义务向基金持有人披露有关基金运作信息

D. 证券投资基金的收益主要来源于持有证券的股息、红利和利息收入

5. 目前,我国的证券投资基金主要是(　　)。

A. 公司型基金　　B. 契约型基金

C. 单位信托基金　　D. 对冲基金

6. 以保障资本安全，当期收益分配、资本和收益的长期成长等为基本目标从而在投资组合中比较注重长短期收益——风险搭配的证券投资基金是(　　)。

A. 指数基金　　B. 成长型基金

C. 收入型基金　　D. 平衡型基金

7. 一国的证券基金组织在他国发行证券基金单位并将募集的资金投资于本国或第三国证券市场的证券投资基金是(　　)。

A. 全球基金　　B. 国际基金

C. 离岸基金　　D. 在岸基金

8. QDII 为应对赎回、交易清算等临时用途借入现金的比例不得超过基金、集合计划资产净值的(　　)。

A. 5%　　B. 8%

C. 10%　　D. 20%

9. 全球第一只公司型开放式投资基金是(　　)。

A. 英国“海外及殖民地政府信托”

B. 福来明创立的“苏格兰美国投资信托”

C. 波士顿“马萨诸塞投资信托基金”

D. 麦哲伦基金

10. 中国证监会发布的《开放式证券投资基金试点办法》，对我国开放式基金的试点起了极大的推动作用，其发布日期是(　　)。

A. 1997 年 11 月 14 日　　B. 1998 年 3 月 1 日

C. 2000 年 10 月 8 日　　D. 2001 年 9 月 1 日

11. (　　)作为基金管理人办理开放式基金的登记结算业务，是目前我国最大多数开放式基金采用的模式。

A. 基金管理公司　　B. 股份有限公司

C. 中国证监会　　D. 中国证券登记结算公司

12. 在我国，基金管理人和托管人之间的关系是(　　)。

A. 由托管人担任受托角色，托管人与管理人形成委托与受托的关系

B. 管理人担任受托人的角色,管理人与托管人形成委托与受托的关系

C. 平行受托关系,即基金管理人和基金托管人受基金持有人的委托,分别履行基金管理和基金托管的职责

D. 交叉受托关系,即基金管理人与托管人互为委托人和受托人

13. 我国《证券投资基金管理暂行办法》规定,作为基金托管人的商业银行实收资本不少于(　　)。

A. 20亿元人民币　　B. 50亿元人民币

C. 60亿元人民币　　D. 80亿元人民币

14. 考察基金产品线的内涵角度一般不包括(　　)。

A. 产品线的长度　　B. 产品线的宽度

C. 产品线的深度　　D. 产品线的测度

15. 基金管理公司自成立之日起(　　)内必须开业,逾期没有开业的,原批准文件自动失效,由中国证监会收回《基金管理公司法人许可证》。

A. 1个月　　B. 3个月

C. 6个月　　D. 12个月

16. 基金投资者在进行封闭式基金交易时,交易确认和账户管理由(　　)承担。

A. 证券交易所和登记结算公司　　B. 基金自身设立的注册登记机构

C. 基金托管人　　D. 基金销售机构

17. 目前,我国封闭式基金交易佣金不得高于成交金额的(　　)。

A. 0.3%　　B. 0.5%

C. 0.3%　　D. 0.5%

18. 托管人内部控制的基础是由(　　)构成。

A. 环境控制　　B. 风险评估

C. 控制活动　　D. 信息沟通

19. 封闭式基金的发起人确定后,通过签订(　　)文件界定相互间的权利与义务关系。

A. 基金契约　　B. 发起人协议

C. 基金上市公告书　　　　　　　　D. 基金招募说明书

20. 下列属于《证券投资基金法》规定的巨额赎回的是(　　)。

A. 开放式证券投资基金单个开放日,基金净赎回申请超过基金总份额的10%

B. 开放式证券投资基金连续7个开放日,只有赎回申请,没有申购申请

C. 单笔赎回单位超过1亿

D. 当日累计赎回单位超过2亿

21. 基金信息披露的作用不包括(　　)。

A. 有利于投资者的价值判断

B. 有利于消除证券市场的系统性风险

C. 有利于防止利益输送

D. 有利于提高证券市场的效率

22. 下列关于有效市场的说法,正确的是(　　)。

A. 在弱势有效市场中,证券价格充分反映了历史上一系列交易价格和交易量中所隐含的信息,投资者无法通过对历史信息的分析获得超额收益

B. 在半强势有效市场中,证券当前价格完全反映了所有公开的信息,因此内幕信息者无法获得超额回报

C. 20世纪60年代,美国经济学家哈里·马柯威茨提出了著名的有效市场假设理论

D. 在强势有效市场上,内幕信息的持有者可以获得超额收益

23. 下列关于市场组合的叙述,错误的是(　　)。

A. 它包括所有风险资产

B. 它在有效边界上

C. 市场组合中所有证券所占比重和它们市值成正比

D. 它是资本市场线和无差异曲线的切点

24. 下列有关独立董事任职资格的描述,错误的是(　　)。

A. 有履行职责所需要的时间

B. 具有3年以上金融、法律或者财务的工作经历

C. 直系亲属不在拟任职的基金管理公司任职

D. 最近3年没有受到证券、银行、工商和税务等行政管理部门的行政处罚

25. 下列不属于资产配置的目标是（　　）。

A. 改善投资者面临的环境

B. 降低投资风险

C. 提高投资收益

D. 消除投资者对收益所承担的不必要的额外风险

26. 与恒定混合策略相反，（　　）在股票市场上涨时提高股票投资比例，而在股票市场下跌时不放弃资产升值潜力。

A. 战术性资产配置策略

B. 买入并持有策略

C. 变动混合策略

D. 投资组合保险策略

27. 加强指数法的核心思想是将（　　）相结合。

A. 指数化投资管理与积极型股票投资策略

B. 指数化投资管理与消极型股票投资策略

C. 积极型股票投资策略与消极型股票投资策略

D. 积极型股票投资策略与简单型消极投资策略

28. 基金半年度报告的披露时间为每个基金会计年度前6个月结束后（　　）日内。

A. 15　　B. 30

C. 60　　D. 90

29. 所有绩效衡量指标均是（　　）。

A. 短期衡量　　B. 长期衡量

C. 事前衡量　　D. 事后衡量

30. 积极的债券组合管理策略不包括(　　)。

A. 水平分析

B. 多重负债下的组合免疫策略

C. 债券互换

D. 应急免疫

31. 基金销售业务是指基金管理公司通过自行设立的网点或电子交易网站把基金份额直接销售给(　　)的行为。

A. 基金经理　　B. 托管银行

C. 基金管理公司　　D. 基金投资人

32. 契约型基金依据(　　)成立。

A. 基金合同　　B. 发起人协议

C. 基金上市公告书　　D. 基金招募说明书

33. 依据《证券投资基金管理暂行办法》的规定,封闭式基金自批准之日起应在(　　)内完成募集。

A. 3 个月　　B. 6 个月

C. 9 个月　　D. 12 个月

34. (　　)定期评估基金行业的估值原则和程序,并对活跃市场上没有市价的投资品种、不存在活跃市场的投资品种提出具体估值意见。

A. 基金管理公司　　B. 托管银行

C. 基金估值工作小组　　D. 基金注册登记机构

35. 证券投资基金收益不包括(　　)。

A. 基金管理费　　B. 基金买卖股票差价收入

C. 基金买卖债券差价收入　　D. 银行存款利息

36. 基金管理人应当自收到投资者申购(认购)、赎回申请之日起(　　)内,对该申请(认购)、赎回的有效性进行确认。

A. 3 个工作日　　B. 3 日

C. 5 个工作日　　D. 5 日

37. 基金名称显示投资方向的,基金的非现金资产应当至少(　　)投资于该基金名称所显示的投资方向。

A. 65％　　B. 70％

C. 75％　　D. 80％

38. 下列关于开放式基金份额变动分析的说法，错误的是(　　)。

A. 一般来说，如果基金份额变动较大，会对基金管理人的投资有不利影响

B. 如果基金持有人中个人投资者较多，该基金的规模相对会稳定

C. 如果基金持有人中个人投资者较多，该基金的规模不太稳定

D. 如果基金持有人中机构投资者较多，表明机构比较认可该基金的投资

39. 基金公司的内部机构中最高投资决策机构是(　　)。

A. 基金持有人大会　　B. 董事会

C. 基金总经理　　D. 投资决策委员会

40. 基金公司进行投资运作的风险控制和内部监察的根本目的是(　　)。

A. 获得更多的投资收益　　B. 保护投资者的利益

C. 控制投资风险　　D. 防止内部人控制

41. 按目前法规，货币市场基金投资于同一公司发行的短期企业债券的比例，不得超过基金资产净值的(　　)。

A. 5％　　B. 10％

C. 50％　　D. 80％

42. 基金管理公司的核心业务是(　　)。

A. 基金设立　　B. 基金投资

C. 基金发行　　D. 风险管理

43. 基金经理管理基金未满(　　)主动提出辞职的，应当严格遵守法律法规和聘用合同竞业禁止有关规定，并向中国证监会及相关派出机构书面说明理由。

A. 6个月　　B. 1年

C. 2 年　　　　D. 5 年

44. 基金合同的主要披露事项不包括(　　)。

A. 基金运作方式

B. 基金收益分配原则

C. 基金资产净值的计算方法和公告方式

D. 风险警示内容

45. 债券的利息、银行存款利息、清算备付金利息、回购利息等各类资产的利息核算均应按(　　)计提。

A. 日　　　　B. 月

C. 季度　　　　D. 年

46. 下列属于基金托管人的是(　　)。

A. 证券公司　　　　B. 信托投资公司

C. 保险公司　　　　D. 商业银行

47. (　　)是目前较为合理的评价基金业绩表现的指标。

A. 期末基金份额净值

B. 期末可供分配基金份额利润

C. 加权平均基金份额本期利润

D. 基金净值增长指标

48. 下列关于基金税收的说法中,正确的是(　　)。

A. 对金融机构买卖基金的差价收入征收营业税

B. 企业投资者买卖基金份额征收印花税

C. 对企业投资者买卖基金单位获得的差价收入,不征收企业所得税

D. 企业投资者从基金分配中获得的收入,征收企业所得税

49. 假设某封闭式基金 7 月 18 日的基金资产净值为 35000 万元人民币,7 月 19 日的基金资产净值为 35125 万元人民币。该股票基金的基金管理费率为 0.25%。那么,该基金 7 月 19 日应计提的托管费是(　　)元。

A. 2397　　　　B. 2406

C. 2431　　　　D. 2439

50. 后端收费属于(　　),只不过在形式、时间上不是在申购时而是在赎回时收取。

A. 销售费用　　B. 管理费用

C. 惩罚性收费　　D. 托管费

51. 套利定价理论的提出者是(　　)。

A. 马柯威茨　　B. 夏普

C. 罗斯　　D. 罗尔

52. 在(　　)中,技术分析将无效。

A. 弱势有效市场　　B. 无效市场

C. 半强势有效市场　　D. 强势有效市场

53. 夏普指数以(　　)作为基金风险的度量,给出了基金单位标准差的超额收益率。

A. 方差　　B. 贝塔值

C. 标准差　　D. 波动率

54. 选择债券指数化投资的原因不包括(　　)。

A. 可获得超越市场的收益

B. 经验证据表明积极型的债券投资组合的业绩并不好

C. 指数化组合管理所收取的管理费用更低

D. 选择指数化债券投资策略,有助于基金发起人增强对基金经理的控制力

55. 在进行(　　)时使用债券互换的最主要的目的是通过债券互换提高组合的收益率。

A. 积极债券组合管理　　B. 消极债券分散管理

C. 积极债券分散管理　　D. 消极债券组合管理

56. 某贴息债券面值为 100 元,3 月 1 日的贴现价格为 98.5 元,5 月 1 日到期,采取单利计算,则到期收益率为(　　)。

A. 1.5%　　B. 4.5%

C. 6%　　D. 9%

57. 基本分析的优点是(　　)。

A. 能够比较全面地把握证券价格的基本走势,应用起来相对简单

B. 同市场接近,考虑问题比较直接

C. 预测的精度较高

D. 获得利益的周期短

58. 对管理公司本身表现的衡量属于(　　)。

A. 基金衡量　　B. 公司衡量

C. 微观衡量　　D. 绝对衡量

59. 如果股票价格波动较大,则投资组合的算术平均收益率与几何平均收益率之间的差异(　　)。

A. 越大　　B. 越小

C. 不变　　D. 无法判断

60. 对股票按公司规模分类是基于(　　)。

A. 同一规模公司的股票具有相同的流动性

B. 同一规模公司的股票具有不同的流动性

C. 不同规模公司的股票具有相同的流动性

D. 不同规模公司的股票具有不同的流动性

二、多项选择题(本大题共 40 小题,每小题 1 分,共 40 分。以下各小题所给出的 4 个选项中,至少有两项符合题目的要求)

1. (　　)是直接投资工具,筹集的资金主要投向实业领域。

A. 股票　　B. 债券

C. 公司型基金　　D. 契约型基金

2. 下列有关证券投资基金中的专业理财含义的描述,正确的是(　　)。

A. 专业理财就是由拥有超常能力的基金经理理财

B. 理财的主要方法是由投资者决定的

C. 理财机构的从业人员由专业人士组成

D. 理财是由专业机构运作的

3. 基金份额持有人享有的权利包括(　　)。

A. 分享基金财产收益

B. 参与分配清算后的剩余基金财产

C. 按照规定要求召开基金份额持有人大会

D. 依法转让或者申请赎回其持有的基金份额

4. 目前,我国开放式基金的销售逐渐形成了(　　)的销售体系。

A. 银行代销　　B. 证券公司代销

C. 证券交易所直销　　D. 基金管理公司直销

5. 下列有关我国各基金申购(认购)、赎回的资金和申购(认购)款的说法,正确的有(　　)。

A. 一般在 T+2 日内到达基金银行存款账户

B. 赎回款于 T+3 日内从基金银行存款账户划出

C. 货币市场基金,一般 T+2 日从基金银行存款账户划出

D. 对于货币市场基金,最快可在划出当天到达投资者资金账户

6. 出现巨额赎回时,基金管理人可以根据基金当时的资产组合状况决定(　　)。

A. 不赎回　　B. 接受全额赎回

C. 部分赎回　　D. 接受部分延期赎回

7. 证券投资基金对我国经济的发展的积极作用有(　　)。

A. 将储蓄转化为投资,提高社会资金使用效率

B. 推动证券市场的规范化发展

C. 完善金融体系和社会保障体系

D. 推动金融市场发展,促进金融产品创新

8. 封闭式基金与开放式基金的主要区别表现在(　　)。

A. 期限不同　　B. 份额限制不同

C. 交易场所不同　　D. 约束机制不同

9. 基金经理的(　　)是基金投资运作的关键,基金经理的水平的高低,

直接决定着基金的投资收益。

A. 投资理念　　B. 分析方法

C. 个人魅力　　D. 投资工具的选择

10. 对基金销售行为的规范包括对(　　)等方面内容的规范。

A. 基金销售机构人员的行为　　B. 基金宣传推介材料

C. 基金销售费用　　D. 销售适用性

11. 在我国下列收入中,必须征收营业税的是(　　)。

A. 银行对买卖基金的差价收入

B. 个人投资者买卖基金的差价收入

C. 非银行金融机构买卖基金的差价收入

D. 非金融机构买卖基金的差价收入

12. 下列关于基金管理公司一般决策程序的叙述,正确的是(　　)。

A. 研究发展部提出的研究报告

B. 投资决策委员会决定基金的总体投资计划

C. 基金投资部制定投资组合的具体方案

D. 风险控制委员会提出风险控制建议

13. 以某一特定行业或板块为投资对象的基金就是行业股票基金,如(　　)。

A. 房地产基金　　B. 科技股基金

C. 金融服务基金　　D. 公用事业基金

14. 基金管理人可以暂停估值的情形有(　　)。

A. 基金投资所涉及的证券交易所遇法定节假日或因其他原因暂停营业

B. 基金估值错误超过基金份额总额的0.5%

C. 因不可抗力或其他情形致使基金管理人与基金托管人无法准确评估基金资产价值

D. 基金托管人和基金管理人达成一致

15. 基金客户服务方式包括(　　)。

A. 电话服务中心　　B. 邮寄服务

C. “一对一”专人服务　　D. 讲座、推介会和座谈会

16. 基金托管人对基金管理人复核的财务报表有(　　)。

A. 基金资产负债表　　B. 基金经营业绩表

C. 基金收益分配表　　D. 基金净值变动表

17. 我国基金销售渠道包括(　　)。

A. 证券公司　　B. 独立的理财顾问

C. 商业银行　　D. 基金超市

18. 下列关于开放式基金的份额的描述,正确的是(　　)。

A. 上市开放式基金份额的转托管业务包括系统内转托管和跨系统转托管两种类型

B. 投资者通过深圳证券交易所交易系统获得的基金份额托管在证券营业部,登记在证券登记系统中,只能在深圳证券交易所交易,不能直接申请赎回

C. 投资者通过基金管理人及其代销机构获得的基金份额托管在代销机构、基金管理人处登记在TA系统中,可以直接在深圳证券交易所交易

D. 上市开放式基金份额跨系统转托管只限于在深圳证券账户和以其为基础注册的深圳开放式基金账户之间进行

19. 确定资产类别收益预期的主要方法有(　　)。

A. 历史数据法　　B. 情景综合分析法

C. 界面法　　D. 成本收益法

20. 运用战术性资产配置策略的前提条件有(　　)。

A. 资产管理人对风险的偏好

B. 资产管理人对风险的规避

C. 资产管理人能够有效实施战术性资产配置投资方案

D. 资产管理人能够准确地预测市场变化

21. 基金募集失败,基金管理人应承担的责任有(　　)。

A. 以固有财产承担因募集行为而产生的债务

B. 以固有财产承担因募集行为而产生的费用

C. 在基金募集期限届满后 30 日内返还投资者已缴纳的款项

D. 相关的银行存款利息

22. 有下列(　　)情形之一的,封闭式基金应当终止上市。

A. 基金合同期限届满

B. 基金份额持有人不足 1000 人

C. 基金折价率连续 20 个工作日超过 20%的

D. 基金份额总额低于核准的规模

23. 下列关于基金管理公司业务特点的描述,正确的是(　　)。

A. 经营风险相对较高

B. 收入主要来自以资产规模为基础的咨询费

C. 核心竞争力来自投资管理能力

D. 业务对时间与准确性的要求很高,任何失误和迟误都会造成很大问题

24. 证券投资基金的定期报告包括(　　)。

A. 基金年度报告　　B. 基金半年报告

C. 基金季度报告　　D. 公开说明书

25. 下列属于基金托管人的职责的是(　　)。

A. 资产保管　　B. 资产清算

C. 资产的投资运作　　D. 监督基金管理人

26. 督察长的职责包括(　　)。

A. 参加公司业务投资决策会议

B. 列席公司董事会

C. 调阅公司相关档案资料

D. 直接调整不合格的股票投资

27. 下列各项属于基金托管人内部控制原则的有(　　)。

A. 合法性原则　　B. 完整性原则

C. 灵活性原则　　　　　　　　　D. 审慎性原则

28. 下列关于封闭式基金利润分配的规定,正确的有(　　)。

A. 采用现金方式分配

B. 年度利润分配比例不得低于已实现利润的 90%

C. 当年利润应先弥补上一年度的亏损

D. 每年最多分配一次

29. 根据我国法规规定,基金管理公司的主要股东应具备的条件有(　　)。

A. 只能从事证券经营业务

B. 注册资本不低于 3 亿元人民币

C. 最近 1 年没有因违法违规行为受到行政处罚或者刑事处罚

D. 没有挪用客户资产等损害客户利益的行为

30. (　　)是常用的收益率曲线策略。

A. 水平策略　　　　　　　　　B. 梯式策略

C. 子弹式策略　　　　　　　　D. 两极策略

31. 下列基金资产账户中,属于以托管人和基金联名的方式开立的账户有(　　)。

A. 银行存款账户

B. 结算备付金账户

C. 上海证券交易所证券账户

D. 深圳证券交易所债券账户

32. 已知基金期末份额净值的情况下,要求计算本期的基金净值增长率,还需要以下哪些数据?(　　)。

A. 期初份额净值　　　　　　　B. 本期分红净额

C. 利率　　　　　　　　　　　D. 基金总份额

33. 下列关于虚假记载、误导性陈述或者重大遗漏的描述,正确的是(　　)。

A. 虚假记载是指信息披露义务人将不存在的事实在基金信息披露

文件中予以记载的行为

B. 误导性陈述是指使投资者对基金投资行为发生错误判断并产生重大影响的陈述

C. 重大遗漏是指披露中存在应披露而未披露的信息，以至于影响投资者做出正确决策

D. 虚假记载、误导性陈述或者重大遗漏行为将扰乱市场正常秩序，侵害投资者合法权

34. 套利组合存在的可能性的条件有(　　)。

A. 套利组合必须是一个零投资、零因素风险的组合

B. 资产价格存在稳定性

C. 套利组合表现为能够产生正的收益率

D. 套利组合可以为零收益

35. 开放式基金的成立需要满足的条件是(　　)。

A. 基金份额总额超过核准的最低基金份额总额

B. 基金份额总额达到核准的份额总额的 80%

C. 基金份额持有人人数达到 1000 人以上

D. 基金份额持有人人数达到 200 人以上

36. BSV 模型认为，人们在进行投资决策时会存在心理认知偏差，即指(　　)。

A. 反应性偏差　　B. 估计性偏差

C. 选择性偏差　　D. 保守性偏差

37. 目前国际应用较多的基本分析方法有(　　)。

A. 权益资本比例　　B. 股利贴现模型

C. 低市盈率　　D. 内含报酬率

38. 基金财务报表附注的披露内容主要包括(　　)。

A. 基金基本情况　　B. 会计报表的编制基础

C. 关联方关系及其交易　　D. 金融工具风险及管理

39. 下列关于简单型消极投资策略的说法，正确的有(　　)。

A. 具有交易成本最小化的优势

B. 具有管理费用最小化的优势

C. 放弃了从市场环境变化中获利的可能

D. 适用于投资者偏好变化较大的情形

40. 影响投资者风险承受能力和收益需求的因素有（　　）。

A. 投资者的年龄　　B. 资产负债状况

C. 财务变动状况与趋势　　D. 财富净值和风险偏好

三、判断题（本大题共60小题，每小题0.5分，共30分。判断以下各小题的对错，正确的为A，错误的为B）

1. 买入并持有资产配置策略的投资者通常重视市场的短期波动，着眼于短期的投资。（　　）

2. 在我国，基金托管人可以由依法设立并取得基金托管资格的商业银行担任，也可以由其他金融机构担任。（　　）

3. 将投资基金称作为共同基金的国家是日本。（　　）

4. 可赎回债券的利息收入具有较大的不确定性。（　　）

5. 目前，我国基金管理公司的形式主要是有限责任公司和股份有限公司两种类型。（　　）

6. 凡向投资人募集资金而形成的资金集合体都可以称为证券投资基金。（　　）

7. 在熊市中，基金经理应提高基金组合的贝塔值。（　　）

8. 目前，我国的证券投资基金大部分属于公司型基金。（　　）

9. 如果基金的平均收益率、平均市净率小于市场指数的市盈率，可以认为股票基金属于成长型基金。（　　）

10. 货币市场与股票市场的一个主要区别是：股票市场投资门槛通常很高，在很大程度上限制了一般投资者的进入。（　　）

11. 道氏理论认为价格的波动尽管表现形式不同，但是最终可以将它们

分为三种趋势，即主要趋势、次要趋势和短暂趋势。三种趋势的划分为其后出现的波浪理论打下了基础。 （ ）

12. 保本基金常见的保本比例介于80%～100%之间。 （ ）

13. 开放式基金份额持有人在变更基金申购与赎回业务的销售机构（网点）时，销售机构（网点）之间是通存通兑的。 （ ）

14. 基金的认购费和申购费可以在基金份额发售或者申购时收取，也可以在赎回时从赎回金额中扣除，但费率不得超过认购和申购金额的2%。 （ ）

15. 与其他会计主体相比，基金计量的明显特征在于其计量属性为历史成本。 （ ）

16. 根据《证券投资基金法》的要求，开放式基金的设立募集期限自基金设立申请批准之日起计算，不超过3个月。 （ ）

17. 已实现收益能很好地反映基金的经营成果。 （ ）

18. 投资于衍生品的QDII基金，应当在每个工作日计算并披露基金份额净值。 （ ）

19. 对基金托管人从事基金托管活动取得的收入，应征收企业所得税。 （ ）

20. 基金账户只能用于基金的认购及交易。 （ ）

21. 代表基金份额10%以上的基金份额持有人就同一事项要求召开基金份额持有人大会，而基金管理人、基金托管人都不召集的。代表基金份额10%以上的基金份额持有人有权自行召集，并报国务院证券监督机构备案。 （ ）

22. 内部控制制度应根据国家政策、法律及经营管理的需要适时修改完善，并保证得到全面落实执行，不得有任何空间、时限及人员的例外。这体现了内部控制的完整性原则。 （ ）

23. 股票价格会由于投资者买卖股票数量的大小和强弱的对比而受到影响；基金份额净值不会由于买卖数量或申购、赎回数量的多少而受到影响。 （ ）

24. 基金托管人应严格按照基金管理人的有效划款指令办理基金名下资金清算。没有基金管理人的划款指令不得办理基金名下资金清算。（　）

25. 我国基金监管的首要目标是保障市场的公平、效率和透明。（　）

26. 当市场利率上升时，债券发行人更倾向于提前偿还高息债券，这将使得债券持有人面临提前赎回风险。（　）

27. 基金管理人必须以投资者的利益为最高利益。（　）

28. 开放式基金应规定每周至少 2 天为基金开放日，每个开放日后 1 天公告开放日单位基金资产净值和单位基金累计净值等。（　）

29. 如果两个证券收益率之间表现为同向变化，它们之间的协方差和相关系数就会是负值。（　）

30. 内部控制机制是指公司的内部组织结构及其相互之间的运作制约关系。（　）

31. 对开放式基金来说，基金资产估值的时间通常与开放申购、赎回的时间一致。（　）

32. 证券投资基金与股票、债券同属证券范畴，都具有将社会上彼此分散的资金集中起来的功能。（　）

33. 基金的开户资料属于基金托管人负责保管的重要文件。（　）

34. 出于商业秘密的考虑，基金管理人、代销机构对机构投资者适用优惠费率，可以不进行公告。（　）

35. 从事宣传推介基金活动的人员应当取得基金从业资格。（　）

36. 市场有效性就是指股票的市场价格反映影响股票价格信息的充分程度。（　）

37. 基金销售机构内部控制应履行健全性、有效性、公开性和灵活性原则。（　）

38. 基金采用的估值方法不需要在募集文件中公开披露。（　）

39. 证券投资基金募集不成功，基金管理人须承担证券投资基金募集费用。（　）

40. 基金获准上市的，应在上市前一周内，将基金份额上市交易公告书登载在指定报刊和管理人网站上。（ ）

41. 据利率期限结构的完全预期理论，上升的收益率曲线意味着预期未来的短期利率会上升。（ ）

42. 基金利润分配不得低于基金净利润的95%。（ ）

43. 从配置策略上，资产配置的主要类型可分为买入并持有策略，恒定混合策略、投资组合保险策略和动态资产配置策略等。（ ）

44. "阳光是最好的消毒剂"。依靠强制性信息披露，培育和完善市场运行机制，增强市场参与各方对市场的理解和信心，是世界（地区）证券市场监管的普遍做法。（ ）

45. 动态资产配置的目标在于，在不提高系统性风险或投资组合波动性的前提下提高长期报酬，这和风险与收益匹配的原则相互矛盾。（ ）

46. 证券交易所对基金投资行为的监控就是指对证券投资基金在证券市场的投资行为进行监控。（ ）

47. 消极型股票投资管理战略认为，如果股票市场是一个有效的市场，股票的价格反映了影响它的所有信息，那么股票市场上不存在"价值低估"或"价值高估"的股票，那么基金管理人不应当尝试获得超出市场的投资回报，而是努力获得与大盘同样的收益水平，减少交易成本。（ ）

48. 跟踪误差越大，调整所花费的交易成本越低。（ ）

49. 根据审慎性原则，基金管理公司内部控制的核心是风险控制。（ ）

50. 货币市场基金投资于同一公司发行的短期企业债券的比例，不得超过基金资产净值的20%。（ ）

51. 行为金融可以利用人们的心理及行为特点获利。尽管人类的心理及行为基本上是稳定的，但是投资者不可以利用人们的行为偏差而长期获利。（ ）

52. 资产流动性越高，买卖差价在价格中的比重越小。（ ）

53. 当投资者对未来的现金流量有着特殊的需求时，可以采用积极的投

资策略。 ( )

54. 基金从业人员拟任基金管理公司、基金托管部高级管理人员，只需要取得中国证监会基金经理从业资格即可任职。 ( )

55. 基金业的行业自律管理由中国证券业协会和证券交易所具体负责组织实施。 ( )

56. 移动平均法应用于消极型股票投资策略。 ( )

57. 流动性偏好理论认为远期利率应该是预期的未来利率与流动性风险补偿的累加。 ( )

58. 投资组合保险策略的支付曲线是直线。 ( )

59. 证券组合收益率取决于各个证券的投资收益率。 ( )

60. 在对基金绩效进行评价时，应考虑风险对基金绩效的影响。( )

参考答案

一、单项选择题

1. B	2. B	3. C	4. B	5. B
6. D	7. C	8. C	9. C	10. C
11. A	12. C	13. D	14. D	15. C
16. A	17. C	18. A	19. B	20. A
21. B	22. A	23. D	24. B	25. A
26. D	27. A	28. C	29. D	30. B
31. D	32. A	33. A	34. C	35. A
36. A	37. D	38. C	39. D	40. B
41. B	42. B	43. B	44. D	45. A
46. D	47. D	48. A	49. A	50. A
51. C	52. A	53. C.	54. A	55. A
56. D	57. A	58. B	59. A	60. D

二、多项选择题

1. AB	2. CD	3. ABCD	4. ABD	5. ABD
6. BD	7. ABCD	8. ABCD	9. ABD	10. ABCD
11. AC	12. ABCD	13. ABC	14. AC	15. ABCD
16. ABCD	17. AC	18. AD	19. AB	20. CD
21. ABCD	22. AB	23. CD	24. ABC	25. ABD
26. ABC	27. ABD	28. ABC	29. BD	30. BCD
31. CD	32. AB	33. ABCD	34. AC	35. AD
36. CD	37. BCD	38. ABCD	39. ABC	40. ABCD

三、判断题

1. B	2. B	3. B	4. A	5. B
6. B	7. B	8. B	9. B	10. B
11. A	12. A	13. B	14. B	15. B
16. B	17. B	18. A	19. A	20. B
21. A	22. B	23. A	24. A	25. B
26. B	27. A	28. B	29. B	30. A
31. A	32. A	33. A	34. B	35. A
36. A	37. B	38. B	39. A	40. B
41. A	42. B	43. A	44. A	45. B
46. B	47. A	48. B	49. A	50. B
51. B	52. A	53. B	54. B	55. B
56. B	57. A	58. B	59. B	60. A